心理療法が
うまくいくための工夫

乾 吉佑　宮田敬一　[編]

金剛出版

まえがき

　『心理療法がうまくいくための工夫』のゲラを見た臨床系の大学院生が，「面白いネーミングですね」と言った。もう一人は「うえー，ぜひ読みたいなー」と反応した。この院生たちばかりでなく，心理療法に関与されている方々にとって，セラピーがクライエントのためにうまく進行してくれることを祈らない日は少ないであろう。とくに暗礁に乗り上げ，せっぱつまっている状況にいる場合などは，藁でも掴みたい思いでいっぱいだし，クライエントに会うことに気が進まないこともあろう。そのような時に，スーパーヴァイザーや他の心理療法家が，セラピーをうまく進めてゆくためにどんな工夫をしているか是非知りたくなる。

　心理療法家は，クライエントに役立つために日夜努力している。ざっと振り返っても，心理療法は150年以上の実践の努力と思索の集積から提供されている。この間，名前が残ったものでも200種類以上の心理療法があるといわれている。それらが"うまくいくための工夫"を続けているが，年余の努力にもかかわらず，すべてのクライエントに必ず適用され適合するような完全な心理療法は残念ながら認められない。クライエント100人が100人とも独自性をもった個別的な存在だからだ。A氏にとってセラピーがうまく展開したからといって，必ずしもB氏に同様に完全適用できないのである。何とかそれぞれの心理療法家，研究者たちは，うまくいくための工夫の般化を試みようとし，またそれらを新たな技法として組み入れ役立てようと努めているのが現状である。

　『心理療法がうまくいくための工夫』と本書のように直接的に取り上げた成書を知らない。どうしてこのタイトルで本書を企画したかを，まえがきとして述べておきたい。多少奇抜なネーミングだけれども，一方では先ほどの院生のコトバのように他の臨床家がどんな工夫をされているのか，私たちは覗いてみたい気持ちも正直ある。ちょうど学会で高名な臨床家の発表にたくさんの聴衆が集まるのも，その臨床家の対応を少しでも見聞して，可能ならば自分もそのような治療者になりたいという意図からであろう。そのように見習うこと，真似ることも心理療法家としては自分の職能力を高める体験となる。このネーミングになったのは，もう一人の編者の宮田敬一氏に負うところも大なのだが，私個人は以下のような経緯から本書刊行の企画を考えていたのである。

　2007年9月に，『臨床心理学』（金剛出版）の特集で「心理療法入門」（第7巻第5号）を取り上げたことがある。心理療法の一事例に対して，12名の心理

療法の学派や立場からコメントをしてもらうという企画である。企画には２つの目的があった。第１は，特集が心理療法の初学者に向けたものなので，各心理療法の特徴や守備範囲を明示したいと思った。コメンターの学派や立場のセラピーが，各々得意とする治療対象や課題解決の内容，その方法（技法など），さらに限界性などについて明確にしたいと考えた。したがって，少々無理な注文をあえて各コメンターに提示して，各々のセラピーを明示したかったのである。どんな方法かといえば，提出された事例は精神分析的な方向づけの個人療法で，しかも境界例の事例であった。これに対して，グループ・アプローチや家族療法の立場から，あるいは，ことば中心の心理療法の事例であるのに，身体動作法や行動療法の立場からコメントをお願いしたのである。私の予測では，提示された事例のクライエントは，自分の学派や立場のアプローチでは，アセスメントの評価の段階でセラピーの治療対象から外すとか，他のセラピーにゆだねるなどのコメントが率直に聞かれるだろう，そうすれば，初学者にとっても，このような治療対象の場合は〇〇心理療法の立場は難しく，〇〇療法は適切であるなどの指針が明示されることになり，その〇〇療法の特徴や限界性も判りやすく役立つと考えたのである。

　ところが，私の計算は見事に外れた。さすがその道のセラピーのベテランの方々のコメントであった。このコメントは，臨床に深く関与していなければ応接できないような経験と，その実績に裏打ちされた奥深さに触れる内容で率直に感動するものだった。また一方，セラピーでクライエントに取り組み，真剣に勝負をかける，心理臨床家のしたたかさをも強く感じるものだった。

　第２の企画目的として，12もの学派や立場が１つの事例に対して，どのような意見を述べるのか，各々の特徴が際立つことになるのか，それとも心理臨床家としての共通の見方，捉え方が提示されるのか，もしも共通するものが提示されるとすれば，ここ数年前から心理療法の世界で議論されている以下の課題に示唆を得ることになるかもしれないとの密かな考えをもっていた。つまり，昨今『精神療法』（金剛出版）誌上で特集された,心理療法についての研究動向は,「心理療法の評価」(1997),「心理療法の本質」(1998),などの心理療法自体への治療的評価を問う課題が検討され,「心理療法の概念を整理する」(2003),「心理療法の統合」(2007) などと展開して今日に至っている。とくに,「心理療法の評価」,「心理療法の統合」では，評価や統合を模索するに当たっての合理的な検討方法であるメタ分析，効果研究，プロセス研究が提示された。

　もちろん"科学的"に評価するのであれば，これらの分析の方法論が必要な

のであろうことは了解できる。しかし，その反面，セラピーは人の非合理な部分をも包み込み，対応しなければならない。人は多面的な関係の中に生きているし，種々の重層的な課題に絡め取られており，しかも時間軸で変化もする存在である。それらを読み取り，勘を働かし，時には直感的に嗅ぎ分け，素早く状況を踏まえた按配の仕方や振る舞いも心理療法家にとっては欠くことのできない重要な手段であり要素である。この度の特集企画では，それまで随分と異なると思っていた学派や立場に，クライエントを眼の前にした心理療法家としての視座に立つと，共通した見立てと見通しあるいは関わり合いが認められた。細かく，動機やそのクライエントに関連する種々の関係者や出来事を濃やかに，小まめに拾いながらアセスメントを行う様子や，まるで地を這うように，すべての情報（言語的，非言語的に示される）を的確に聴取しながら見立てと見通しを図ってゆく。その心理療法家としての姿勢は見事であったし，理論だけでは把握できないセラピーの真髄が，そこここに認められたのである。さらに治療者とクライエントの治療的相互作用も緻密に吟味され，治療関係が丁寧に描かれていったのであった。このような見立てから見通し，さらに関わりの実際に至るまで，臨床実践に即した心理臨床の異なる立場からのコメントが並ぶ様は全く壮観であった。そしてこの見立てと見通しに心理臨床の共通性が脈々と結び合っていることを新たにしたのであった。

　私は，この企画を通して，輸入文化としての心理療法が今や我が国の臨床の中で，とくに心理臨床の実践の中で，縦横に使われ論じられるようになってきたことに対して，率直に感動し嬉しく思った。それと共に，各々の心理療法家がこの国の事例を通して，実践し積み上げ経験しているセラピーをうまく進めていくための種々の技法的な努力，工夫あるいは心構え，そして諸注意を，さらに具体的にのべれば，たとえば，アセスメント，治療関係，治療構造，治療目標（ゴール）をどうしているのか，治療外の関係，リソースの発見と利用，感情や感覚についての注目，論理的や認知的，非論理的（無意識的）な体験，身体，イメージへの関心など，どのような観点や視点に注目しながら取り組むのかなどを調べたいと考えた。

　そして本書での15のセラピーのまとめが，次に続く後進の心理療法家の職能力向上に益するであろうし，また心理療法の評価・本質・統合などを吟味するときにも意義があることであろうと強く考えるに至り，現時点で是非まとめておきたいと強く願ったことも本書刊行の大きな意図である。

　一読していただければお判りのように，本書が以上の企画意図に適う内容を

読者に提供できたと考えている。さらに本書は，いろいろな学びの場を読者に提供できるのではないかと思う。たとえば，比較的臨床実践に取り組まれて経験年数が短い方々に対しては，15の各セラピーの学派や立場の「工夫」に触れて，一番自分に適った心理療法を学んでみようと決められる経緯を提供することになるであろう。またかなりベテランの臨床家には，各「工夫」の中に，ご自分の臨床経験と案外近い工夫や心構えを見出し，全く反対の学派あるいは立場と食わず嫌いで避けていたことに目を開かされることになると思う。私自身も編集する立場からすべての原稿に，何度か目を通すにつれ，幾つもの自分の臨床の立場を豊かにしていただける示唆を，読み返すたびに見出すことがあったからである。

　最後に老婆心を一つ述べておきたい。本書のタイトルの性質上，こんな工夫をしていればすべてうまくいく式の記述と受け取られがちなことをめぐってである。もちろん各執筆者はその点を十二分に意識されて，軽々しいものにならぬよう一つ一つの記述に細心な注意と配慮のもとで論述されている。つまり，「うまくいくための工夫」の大前提は，常にクライエントを中心に置いて，治療的変容をいかに手助けするかが第一の目標であること。そのために，セラピーの関わりの当初より細心な傾聴と緻密で詳細な観察理解の積み上げのもとで，はじめて達成されるものであることが明示されている。また各々の心理療法が長年の臨床実践を通して，観察眼を養い，技法や関わりの運用の修得と辛抱強い習熟が必要であること，時には治療者として責任と覚悟をもって取り組まねばならない大胆さの必要性をも言外に含めて語られている点を最後に確認しておきたいと思う。

　以上のような種々の心理療法の課題を含めて，丁寧な論述を心掛けて私たちに豊かな学びの場を提示された執筆者の方々にまず感謝申し上げたい。また，この私たちの企画意図に賛同して編集に当たられた金剛出版編集部の藤井裕二氏，池田直美氏に感謝申し上げたい。

2009年8月

乾　吉佑

目　次

まえがき　乾　吉佑　3

第1章　精神分析的心理療法における工夫　　　　　乾　吉佑　13
 Ⅰ　はじめに　……………………………………………………………13
 Ⅱ　精神分析的心理療法の治療的アプローチの特徴　………………14
 Ⅲ　うまく進めてゆくためのさらなる工夫　…………………………19
 Ⅳ　おわりに　……………………………………………………………27

第2章　ユンギアン・サイコセラピーの工夫　　　　名取琢自　28
 Ⅰ　イメージの取り扱い　………………………………………………32
 Ⅱ　相互作用の視点　……………………………………………………33
 Ⅲ　こころに対する倫理　………………………………………………34
 Ⅳ　個人の尊重と依存への配慮　………………………………………35
 Ⅴ　「影」への目配り　…………………………………………………37
 Ⅵ　神秘的現象への慎重な姿勢　………………………………………37
 Ⅶ　魂（ソウル）の視点　………………………………………………37
 Ⅷ　おわりに——ユングとの間合い　…………………………………38

第3章　ロゴセラピーにおける工夫　　　　　　　　吉田香里　40
 Ⅰ　はじめに　……………………………………………………………40
 Ⅱ　基本的考え　…………………………………………………………41
 Ⅲ　特徴的な技法　………………………………………………………44
 Ⅳ　事例と成功を導く工夫　……………………………………………46
 Ⅴ　まとめ　………………………………………………………………52

第4章　パーソン中心療法における工夫　　　　　　
リフレクションをめぐって，ひとりからふたりへ　岡村達也・小林孝雄　54
 Ⅰ　シュヴィング的「姿勢」の「技法」的工夫としてのプリセラピー
  ——統合失調症クライアントとの関与における不易から　……55
 Ⅱ　佐治守夫『治療的面接の実際　Tさんとの面接』から
  ——工夫としての「ありよう」の1つ　…………………………61
 Ⅲ　おわりに　……………………………………………………………67

第5章　フォーカシング指向心理療法における工夫　日笠摩子　69
 Ⅰ　基本的考え方　………………………………………………………70
 Ⅱ　特有の技法と工夫　…………………………………………………72

Ⅲ　事例の中での工夫の実際 ………………………………………………… 77
　　Ⅳ　フォーカシング：難しさと心理教育 …………………………………… 78
　　Ⅴ　まとめ …………………………………………………………………… 82

第6章　認知行動療法における工夫　　　　　　　　　神村栄一　84
　　Ⅰ　はじめに ………………………………………………………………… 84
　　Ⅱ　枠を提供・共有しつつ共同的関係を深めていく工夫 ………………… 85
　　Ⅲ　「実験」を通して動機づけを高めてもらうための工夫 ……………… 91
　　Ⅳ　おわりに ………………………………………………………………… 98

第7章　人生哲学感情心理療法（REBT）における工夫
　　　　　　　　　　　　　　　　　　　　　菅沼憲治・佐藤哲康　100
　　Ⅰ　基本的な考え方 ………………………………………………………… 100
　　Ⅱ　治療効果を高める面接の工夫 ………………………………………… 102
　　Ⅲ　事例を通して工夫を学ぶ ……………………………………………… 106
　　Ⅳ　まとめ ………………………………………………………………… 122

第8章　グループセラピーにおける工夫　　　　　　　高良　聖　124
　　Ⅰ　グループセラピーとは ………………………………………………… 124
　　Ⅱ　対象について ………………………………………………………… 124
　　Ⅲ　グループセラピーのプロセス ………………………………………… 127
　　Ⅳ　事例 …………………………………………………………………… 130
　　Ⅴ　レビュー ……………………………………………………………… 132
　　Ⅵ　沈黙へのアセスメント ………………………………………………… 133
　　Ⅶ　おわりに——場の雰囲気を読む ……………………………………… 135

第9章　家族療法における工夫　　　　　　　　　　　吉川　悟　137
　　Ⅰ　家族支援と家族療法とシステムズアプローチ ……………………… 137
　　Ⅱ　治療システム ………………………………………………………… 138
　　Ⅲ　ジョイニング ………………………………………………………… 139
　　Ⅳ　アセスメント対象 …………………………………………………… 141
　　Ⅴ　仮説設定 ……………………………………………………………… 144
　　Ⅵ　基礎的な治療プロセス ………………………………………………… 146
　　Ⅶ　理論的・方法論的多様性を包括するもの …………………………… 147

第10章　ブリーフセラピーにおける工夫　　　　　　　宮田敬一　150
　　Ⅰ　ブリーフセラピーの考え方 …………………………………………… 151
　　Ⅱ　事例 …………………………………………………………………… 153
　　Ⅲ　セラピーにおける工夫 ………………………………………………… 157

第11章　イメージ療法における工夫　　　　　　　福留留美　162
　　Ⅰ　心理臨床と関連するイメージの特性 ……………………………… 162
　　Ⅱ　イメージ療法を成功に導く要件 …………………………………… 164
　　Ⅲ　イメージ療法における技法上の工夫 ……………………………… 165
　　Ⅳ　イメージ適用事例からみた工夫の実際 …………………………… 166
　　Ⅴ　まとめ ……………………………………………………………… 173

第12章　催眠療法における工夫　　　　　　　　　松木　繁　175
　　　　　"治療の場"としてのトランス空間を活かす工夫
　　Ⅰ　はじめに …………………………………………………………… 175
　　Ⅱ　効果的な催眠療法を行うための工夫 ……………………………… 176
　　Ⅲ　効果的な催眠療法を行うための技法的な工夫 …………………… 181
　　Ⅳ　まとめ ……………………………………………………………… 185

第13章　臨床動作法における工夫　　　　　　　　吉川吉美　187
　　Ⅰ　はじめに …………………………………………………………… 187
　　Ⅱ　臨床動作法の概要 ………………………………………………… 188
　　Ⅲ　アプローチの流れ ………………………………………………… 189
　　Ⅳ　治療的工夫 ………………………………………………………… 192
　　Ⅴ　おわりに …………………………………………………………… 198

第14章　TAゲシュタルト療法における工夫　　　　中島　央　199
　　　　　催眠・ブリーフセラピーとの折衷的視点から
　　Ⅰ　はじめに …………………………………………………………… 199
　　Ⅱ　臨床場面での工夫と事例 ………………………………………… 201
　　Ⅲ　事例1 ……………………………………………………………… 202
　　Ⅳ　事例2 ……………………………………………………………… 205
　　Ⅴ　若干の考察――無意識のリソースと再決断 …………………… 207

第15章　統合的心理療法における工夫　　　　　　新保幸洋　210
　　Ⅰ　統合的心理療法を成立させる3つの柱 …………………………… 210
　　Ⅱ　クライエントの側に考える軸を置くことの重要性 ……………… 211
　　Ⅲ　クライエントから見た良い治療者の条件とは …………………… 211
　　Ⅳ　統合的心理療法の特徴と具体的着眼点や工夫 …………………… 212
　　Ⅴ　最後に ……………………………………………………………… 222

あとがき　宮田敬一　224
事項索引　227
人名索引　233

心理療法がうまくいくための工夫

第1章

精神分析的心理療法における工夫

乾　吉佑

I　はじめに

　「精神分析的心理療法がうまくいくための工夫」を力動的に考えると，二つの押さえ方があると思う。一つは治療者の立場からこの課題をどう考えるかであり，もう一つはいうまでもなく相談に来談された方々の立場からの理解であろう。ここで「いうまでもなく」と述べたが，少々違和感を持たれた方もおられよう。タイトルが「……の工夫」となっているので，一義的には治療者側の見方，つまりうまくいくためにはどのようなアプローチの工夫があるかとの前者の見方の方が腑に落ちる。その通りである。

　しかしながら，治療者のアプローチの工夫をどんなふうに押さえ展開しても，「来談者の協力がなければ，心理療法はうまく展開できない」のである。実は「……の工夫」には，来談者の有形無形の協力が前提だ。どの心理療法でも来談者の協力がなければ成立しない。来談者からの協力といっても，その場合積極的に「うまく心理療法が進行するのに自分も協力しよう」と自覚的に，来談者が振る舞うかといえば否であろう。特に心理療法の初期ではそうである。当初は話を聴いてもらえるからとか，気持ちがすーっとしたからなどの面接や治療者への肯定的な感情から来談するのであって，心理療法の進行に自分から協力しようという自覚は少ない。むしろ，来談者は無意識的ですらある。治療者はその肯定的な感情体験が来談者自らを変容させ，健常へと導く潜在力と位置づけて関わりを続ける。この来談者の潜在力が，治療者の心理療法をうまくいくために有形無形に働きかけていると私は考えるのである。その本人の潜在力と治療者の誠実な努力が，来談者自らの課題を率直に振り返らせるきっかけとな

13

る。そして，自分の癖や苛立ち，欲求，対人関係のあり方や構え方などが，今の問題点や症状などと関連するかもしれないとかすかに気づき，やがて意識的に治療者とうまく協力して自分の問題点を解決したいと取り組みを進めていくことになる。

II　精神分析的心理療法の治療的アプローチの特徴

　力動的な心理療法の代表である精神分析的心理療法では，上記で述べた治療者と来談者双方の協力と相互交流を起点に置いた視点から，常に対応していくところに最も基本的な特徴がある（Freud, 1937）。また，精神分析的心理療法は，心理療法をうまく進めていくための工夫という観点からも，長期間多くの治療者からの吟味と検討を受けて今日に至っている。以下に，その基盤となる精神分析的心理療法の治療的アプローチの特徴について述べておきたい。実はすでにこの特徴の中に，治療がうまくいくための工夫や仕掛けが備わっているのである。

　精神分析的心理療法のアプローチの特徴は，以下の5つの面から捉えることができる。

（1）無意識内容の意識化
（2）治療は治療契約と作業同盟のもとで行われる
（3）転移抵抗の分析が中心
（4）中立性受身的な治療者の態度と方法
（5）対話的自己洞察法と解釈技法

(乾, 1998)

（1）無意識内容の意識化

　第1に，精神分析的心理療法の目的は，広い意味での心的葛藤を含む無意識内容の意識化に置かれている。無意識にしまい込まれている受け入れがたい苦痛・怒り・不安あるいは恥・嫉妬などのさまざまな感情体験や空想などを，自覚的に理解（意識化）することである。また，それらの感情や空想に伴う来談者の性格特性や対人様式を知り，問題発生や発病に至らしめた内的生活史を治療者と再構成（再理解）してゆくことが，この治療の大きな眼目である。

（2）治療は治療契約と作業同盟のもとで行われる

　第2に，これらの目的を遂行するには，治療者と来談者が治療について共通の

目的と理解を持った治療契約（therapeutic contract）と作業同盟（therapeutic alliance）のもとで行なわれることを必要とする。

①治療契約

この治療の契約によって，治療者と来談者の交渉の仕方が規定される。この治療関係の交渉の様式は治療構造（therapeutic structure）と呼ばれている。治療構造は，外面的および内面的治療構造から捉えることができる（小此木，1990）。外面的治療構造とは，治療場面の雰囲気や条件，治療者と来談者の空間的配置の仕方，治療回数や期間，料金の規定，通院か入院かの選択などが含まれる。一方，内面的治療構造は，治療のルールや現実的な曜日や料金などの取り決めとしての治療契約などである。

この治療構造は，構造が設定され準備されると，今度はこの「治療構造」によって治療者も来談者も影響を受けるような性質を持っている。したがって私たちは，治療の構造設定がどのような心理的な影響を，来談者との治療関係や治療の過程に与えるのかについて十分に熟知すべきだと考えている。なお，実際の治療での治療契約は，今まで述べてきた，時間や回数，空間的構造，ルールおよび，治療の目標と方法などについて，十分に来談者が納得した上で了解して取り決められる。

②作業同盟

以上述べた治療契約とともに，その治療のはじめから治療者と来談者との間で，どのような気持の動きや感情の流れが起こってくるのか（精神力学）を，ともに見守ってゆける能力や一種の研究的な来談者の姿勢も治療を行なう上で重要となる。このような能力や姿勢を作業同盟（working alliance）と呼ぶ。

治療者は，この治療契約，作業同盟を基盤にして，来談者の無意識に防衛されている自我の支配権を回復させ，心の葛藤を解決するのである。自分で社会的な責任能力を持っている神経症水準を治療対象とする場合に比べ，小児や重症の精神障害（精神病圏内，パーソナリティ障害など）を対象にする場合には，時に治療契約が守れないとか作業同盟の形成に手こずる場合が多い。その際には仮の作業同盟を作り，期が熟すことを待つ場合もある。具体的には，治療時間を柔軟に来談者に合わせる。当面する問題点に付き合うなど，まず居場所や安定した関係を適宜形成することを当面の目標とし，機会を待って次第に来談者の内的問題点へと歩を進めてゆくなどの配慮が必要となるし，そのような工夫もうまく治療を進めてゆくためには大切となる（狩野，2002）。

以上述べた治療契約や治療同盟は，今後の治療経過全般にわたって，常に現

実的な治療関係のより所として，来談者の精神的な健康を回復させる基盤となる。

（3）転移抵抗の分析が中心

　第3のアプローチの特徴は，問題解決にあたって，治療者の"直接的指示や指導"は極力排する点にある。それではどのような手段を講じるかというと，「転移や抵抗の分析」という治療の中間過程（Provisorium）を通した"間接的な"治療技法（治療機序）を使って解決を図る点がポイントとなる。具体的には，治療場面で体験する"今そしてここ"（here and now）での情緒経験を媒介にして，治療が進められてゆくのである。その際，治療者に対して種々の来談者の感情（転移感情）が向けられてくる。

　a．転移

　治療初期には，来談者は関心を抱いて傾聴し続ける治療者に尊敬，信頼，愛情を向けてくることが多い。この感情を陽性転移と呼ぶ。陽性転移が向けられた治療関係では，しばしば症状の軽減が認められ，治療的交流もスムーズとなる。来談者はますます治療者から治療関係以上に信頼や愛情を得たいと期待を高める。しかし，これらの期待や要求は，治療者の統制された治療関係の態度（中立性や受け身性の原則）から満たされることはない。すると，来談者は次第に欲求の挫折に直面させられ，願っても満たされないやり場のない欲求不満が高まる。治療者に向けていた愛情は，やがて不信感や苛立ち，怒りなどの陰性の感情（陰性転移）に変化しだす。この来談者の陰性転移の出現とともに，それまで一見安定し改善したかに見えていた症状や問題点が再燃したり，あるいは治療者を避ける，遅刻や無断で休む，沈黙が続くなどの治療場面での言動（行動化）が見出されてくる。このような治療関係の交流の停滞や障害を治療の抵抗（resistance）という。

　b．抵抗

　抵抗というコトバには，来談者が意識的・意図的に反発する意味も含まれるが，大部分は無自覚で無意識的な来談者の反応であることが多い。この反応は，治療契約や分析状況の葛藤性に由来して引き起こされると考えられる。精神分析的心理療法の場面では，来談者は治療契約によって「何でも自由に批判選択せずに話さなければならない」との緊張感とともに，他方では時間をかけて悩みや苦痛をじっくりと聴いてもらう受容される体験をし，このようにして弛緩と緊張の葛藤的な対応を受けることになる。この弛緩と緊張の織り成す心の葛

藤と変動が来談者の内奥の無意識的な動きを活性化させるとともに，この葛藤的な分析状況を立て直すために，その人らしい固有の適応や防衛の機制（あり方）で対応することになる。

　つまり，この葛藤的で追い詰められた分析状況への対応として，来談者自身が示す対人関係（対象関係）や防衛機制（たとえば，反動形成，理想化するなど）のあり方を通して，治療者は，この人物のもともと症状として訴えられていた問題点との内的連関性（症状は日常的に来談者が示している関係や防衛の病態化したもの）を見出してゆくことになる。繰り返せば，静かに受容的だが沈黙を守り聴き続ける治療者を前にして，来談者は彼特有の反応の仕方で種々の行動化を出現させる。これが治療の交流を促進させたり，進展の障害を形成することになる。分析状況の転移関係によって引き起こされた抵抗（転移性抵抗）という現象である。

　ｃ．転移分析

　治療状況の中で出現してくる陽性・陰性の転移関係は，その来談者の幼児期的な願望，幻想，衝動あるいは対人関係などの表現されたもの（彼特有の反応の仕方）と考えられる。つまり，昔から（幼児期以来の）両親との間で繰り広げられたもっとも基本的な課題（内的願望や衝動，対人関係のあり方や葛藤などの症状形成に関与していた問題）が，分析状況での治療者との間で再現される。いいかえれば，両親らとの間で作られた神経症（起源神経症）が，分析状況に再現されてくるのである（転移神経症）。起源神経症の形では，直接的に取り扱えなかった内的葛藤（症状）は，今や分析状況での治療者との転移関係（転移神経症）として，双方（来談者，治療者）に目に見えるものとなり，治療操作が可能となる。このような起源神経症から転移神経症への分析状況を介した治療過程の中間領域（間接化した治療操作）が，転移分析といわれるものである。

　以上の転移・抵抗は，精神分析的心理療法においては必然的に生じるものと考えられている。この転移と抵抗を克服することを繰り返すこと（徹底操作）によって，次第に来談者が自己の衝動性や防衛のあり方，歪んだ対象関係などの，それまで無自覚で無意識的要素であった事柄に気づき洞察してゆくことになるのである。

（４）中立性受身的な治療者の態度と方法

　第４の特徴として，治療関係を維持する治療者の態度が挙げられる。転移・

抵抗の分析を治療手段として使用するには，治療者自身が十分に自分自身をコントロールした中立的で受動的な態度と方法を身につけていることが大切といわれる。ここでいう受動的な態度とは，決して何もしないというのではない。治療者は，来談者の話にじっくりと聞き入るとともに，問題となっている無意識内容に，直ちに直接的な解釈を加えず，また指示することを控え，来談者自らの気づきと改善を見守る統制された態度が要請される。また，中立的な態度とは，治療者が自分自身の宗教的・道徳的な価値判断や理想を押しつけずに，自由な立場で来談者の内面を理解するように心がけることである。

　以上のような治療者の態度を常に維持するには，治療者自身に生じてくる逆転移（counter transference）感情の自覚が必要となる。治療者は来談者の転移や抵抗の出現によって，神のように崇められたり，無能者のように蔑まれ不信を向けられるなどの感情反応に晒される。その際，治療者もさまざまに反応し，自分を偉大な人格と評価したり，価値のない人物と考えたりする場合がある。これは治療者の無意識的な願望やパーソナリティの問題が，来談者の感情に感応して生じたもので，逆転移と呼ばれる。この逆転移の十分な自覚や洞察は，来談者の転移や抵抗を正しく認識し分析操作する上で不可欠な課題である。

　特に，内面的な心性の理解が困難な重症事例では，治療者がその来談者について感じ取る気持ちの動き（逆転移感情）を利用して，重症事例を理解しようとする投影同一視（projective identification）の考え方が，今日治療で用いられるようになっている（小此木, 2002）。これも重症事例を理解し治療をうまく進めてゆく上で適切な技法的な認識を与えられている。

（5）対話的自己洞察法と解釈技法

　第5の特徴は，言語を媒体にした対話による自己洞察をめざす治療的アプローチという点にある。来談者は分析場面において，さまざまな態度や行動を示し，症状や問題点あるいは趣味や関心事，夢や空想生活などを思いつくまま自由に連想するが，なぜそのように振る舞い，連想するのかについてあまり意識せぬまま行っている場合が多い。また，すでに述べたように，当人も気づかぬまま潜在的な抵抗を示していることもある。

　治療者は来談者のこれらの何気ない言動や抵抗現象を通して，来談者の精神生活での幼児的な衝動や対人関係の葛藤，特有の防衛方法などが潜んでいることを読み取る。その理解を来談者に了解しやすい言葉で伝えるが，この洞察に導くために与える言葉や説明を解釈（interpretation）という。治療の実際で使

われる解釈技法には，明確化（clarification），直面化（confrontation）そして解釈の3つの方法がある。例えば，明確化・直面化の技法は，多くの場合来談者が口にし語られた素材，あるいは行動化されている材料を使って行なわれる技法である。一方，解釈はむしろ来談者本人には気づかれていないが，しばしば盲目的で機械的に反復している無意識的動機や因果関係について取り上げることである。

以上の明確化，直面化，解釈などの技法によってなされた言語的介入は，来談者の中で再び連想され，その連想をまた治療者に伝えるというコトバを媒体にした対話の連続的営みが行なわれる。このような言語的な繰り返し（徹底操作）を通してはじめて，「ああ，そうだったのか」と安心感を持った情動的な自覚を促し，来談者の心の防衛によって深くしまわれていた，辛くて惨めな情緒体験や葛藤を解きほぐしてゆける工夫がなされているのである。

III　うまく進めてゆくためのさらなる工夫

上記で述べたように精神分析的心理療法は，治療者と来談者双方の相互交流（関係性）を基点として，その関係の中でどんな展開が生じているかの力動性（あり方）を，お互いにその初期から認識し合い，やがて来談者自身の問題が共有されて解決へと導く方法である。精神分析的心理療法がうまく展開されていくための仕掛けやシステムは，数多く用意されている。これはほぼ100年以上かけて，欧米やわが国で培われてきた方法なので，かなり先人の智恵が集積されて生きているからである。それらの諸特徴を十分に理解して活用いただければと願うものである。

さて，これ以後は屋上屋を重ねる懸念もあるが，この精神分析的心理療法を有効に活用させるために私自身が心がけていることや工夫について紹介したいと思う。

来談者との治療展開を円滑に進めるには，治療継続したいという意志と問題に取り組もうとする意欲の2つが必要であろう。しかし，この区別は便宜的なもので，治療の実際では2つが織り成されて心理療法が進められていくので，ここではそれらを区別せずに述べたい。

心理療法に継続的に通ってみたいと思う来談者の動機を維持するものは何であろうか。まず，来談者の悩みとする問題点や症状の苦しみを素早く解消に導くことだろうが，残念ながら心理療法では一般にそう簡便には応えることができない。むしろ，解消できないまでも傍らに寄り添いながら，その苦しみを聴

き続けて、その人の悩みに共感することから開始されるであろう。そのために私の場合どのような聴き方を心がけ工夫しているか以下の5点を挙げて述べたい。

1．コンサルティーとしての来談者への対応を心がける

　第一に、聴き方として挙げておきたいのは、来談者を悩みやこころの課題を持つ病者ないし人と受けとめるより、むしろ私はコンサルティー（相談者）として、対応を希望してきた人と受けとめるように心がけている。その心がけにあたって私は、病態の軽重を問わずにそう理解するようにしている。前者と後者の違いは、「問題を持つ人」ではなく、「来談者が問題を持っている（抱えている、困っている）」と捉える点にある。前者は問題点や症状に重点が置かれ、後者は来談者と問題との関係性に視点を置き、主体としての来談者にまず働きかけようとするのである。

　多くの治療者は建前では当然後者に立つし、立たなくてはならないと主張する。しかし、臨床現場の多忙さや多数の来談者への対応に追われる現実では、この建前とは異なった前者の視点となり、「来談者＝問題を持つ人」と受けとめがちとなる。そのため「指導・援助・管理する」といった前者の色彩が濃くかつ強くなり、むしろ後者の「相談者が自発的に判断して心の相談に来ている」という、来談者に対応する姿勢は残念ながら次第に薄まってくる。

　治療者のこの姿勢は、来談者にも以下の影響を与える。来談者が悩みや不適応を自身のこころの課題の一テーマと受けとめるより、むしろ、これらの不適応を改善するのは治療者で、すべてお任せしていればよいと依存性を強め、治療者側の姿勢（前者的姿勢）とも相まって、しばしば退行的な状態を呈する。この来談者が治療者に仮託してしまう形での退行状況は、もっとも心理療法がうまく展開しにくい状況を当初より、治療者自らが無自覚に設定してしまうことになるので留意しなくてはならない。

　つまり、ここで述べる、コンサルティーとしての立場を尊重すると、できうるかぎりその人個人の判断を尊重し優先させる観点から支援を考え努力してゆくことになるので、当人を取り巻く職場、学校、家庭、友人などとの環境から一定距離を持った関わり方が要請されるであろう。その一例を挙げれば、たとえ治療者や周囲の関係者の好意から出た発想であっても、当人の不在のところで、治療者と職場関係者や家族が彼のこれからの対処方法や方針決定をすることは慎まねばならない。しばしば当人に聞かせたくないと、秘密裡に事を運び、

いやなことは伝えないようにと配慮してしまう場合が見られる。しかしたとえ彼にとって辛い事実であっても，うやむやにせずに当人の同席した場で充分に伝え，その善後策を本人も含めて検討することが望ましい。それがコンサルティーとしての来談者への対応を心がけることである。

　そのような治療者と周囲環境が当人の不適応に対する節度ある一定距離を保った関係（中立性）が充分に取れることは，彼の心の問題に対しても適切なアプローチを約束することになる。もちろん，スクールカウンセリングや病院等の施設環境の中で，治療者がこのような態度を取り続けることがいかに困難で難渋するかを十分に承知している。そのため，その点を踏まえながらどう関わるかについての，その状況から判断した覚悟が必要となるし，心理療法をうまく進めてゆく第一歩であると考えている。もちろん，闇雲の覚悟を強いているつもりはない。しかし，その工夫のためには，予め日常的に周囲との交流に意を砕いている治療者の姿勢が重要となることはいうまでもない。

2．面接の構造を来談者と共有すること（場面構成）

　来談者の継続の動機を高めるために，第二に私が心がけていることは，来談者に場面構成することである。場面構成とは聞きなれないコトバかもしれない。これは面接のルールや構造化について来談者に伝え共有することである。私はこの場面構成の考え方を小此木（1981）から得ているので，その記述からこの点をまとめておこう。「……精神療法家の一つの心がけは車の運転にたとえられる」（p.38）。車の運転では，たえず周りの車ないし相手に対して意思表示をしながら走ることが必要だが，これと同様，心理療法家の場合も来談者に対して，こちらが相手に対して何を期待してどういう役割を求めているのかの意思表示をかなりはっきりと来談者にすることが動機を高める上でも大切となる。その際，精神分析的心理療法で来談者に伝え共有するものは，すでに述べた治療構造の各要素――場の設定，面接方法，面接手段や面接のルールなど――である。とくに，面接のルールや時間は明確にしめし曖昧にしないことが大切である。つまり，面接のルールでは，どんなふうに来談者に話してもらって，治療者はそこでどんな役割を果たすか，たとえば次のようにいう。「ここではあなたに話をしていただくので，この場合の話し方は，この場で浮かんできたことをそのまま話していただきたい。私はそれに対する聴き手になっているから，必要なときには説明や質問をしますが，原則的にはあなたが話を続けてください」（p.39）と最初の数回は，そういう役割と構造化を繰り返し伝える必要があ

る。また，時間も，一定の時間を決めたなら「その時間に私は待っていますし，あなたはここに来るべきであるとはっきり意思表示すべきだ」(p.39) と場面構成を明確に強調する。

　なぜそうすることが必要かといえば，これもまた私も賛意を持つ考えだが，「精神療法は一種の役割関係で，患者はここへ来たらどういう役割を自分が果たさねばならないかを明確に認識してもらう」(p.40) 必要性があるからである。ここでの役割を治療者も来談者もともに理解し共有しあうことが大切で，この背景には上記で述べたコンサルティーとしての来談者の潜在的な力（主体的な役割意識を持った自我）にはたらきかけることを意図しているからである。つまり，精神分析的なアプローチの場合には，病態の軽重，年代の高低にかかわらず各々の来談者の持っている潜在的なオトナの自我に働きかけているところがポイントであり，心理療法を有効にすすめてゆく基盤となるのである。

　場面構成の明確な意思表示，役割関係の認識というと，いかにも治療者側の積極的姿勢が優先されると映るかもしれない。しかし，これはあくまで面接の開始にあたっての取り決め項目で，いわゆる治療契約という構造的な枠組みに対してのみ発揮されることで，面接中の来談者の話を受容し傾聴を心がける姿勢と矛盾はしない。むしろ，この場面構成がなされずに進行する心理療法は，いたずらに来談者の不安や緊張を喚起し，来談者の潜在的な力である主体的役割意識の活性化をむずかしくし，うまく心理面接を進めることはおぼつかないとさえ思うのである。

　繰り返すが，精神分析的なアプローチでは，なぜ，面接契約を上記のように場面構成し，意識的・意図的に行なうのかは，そもそも治療の意図と目的つまり，治療目標と関係がある。すでに第Ⅱ節で述べた目標や方法から精神分析的心理療法を施行してゆくことと関連するのである。すなわち，無意識の言動への注目と，直接的な解決手段を取らず，転移や抵抗という中間領域の治療機序の設定を持つことによる間接的な解決方法を取り，来談者の内的自覚を目標にしているからなのである。

3．複眼的視点を心がけること

　スムースな継続の第三は，複眼的視点を心がけることである。アセスメント能力や面接の力とともに，「ものごとの理解に複眼的（多角的）な視点を持つこと」だと思う。良いか悪いかやこれが問題だと単純に決めようとせずに，問題や状況全体を見通すとともに，現在の流れをじっくりと掬い取る視点が準備さ

れてはじめて，複眼的な視点を共有することができる。

　具体的にいえば，来談者の問題点を見極めるにも，多角的で周到な準備（内的な心理的課題ばかりか，社会的，生物な視点からの準備）が必要となろう。問題解決へすすめてゆく過程でも，それ一つかどうか，他の対応や接近の仕方が一方で可能かどうかを思い描き吟味することが要請される。たとえば，ある問題点や危機を察知したときに，直ちに対処せねばならないものかどうか。むしろ危機の背後の来談者にとって変化成長可能性をも描いて，複眼的な視点でじっくり取り組み，いったんは傾聴するだけに留め待つべきときもあろう。また臨床でしばしば私も含めて経験することは，現前にくりひろげられる病理的な課題や問題点にのみ目が向き，囚われこだわってしまいがちである。その人の関わりの隙間で，わずかにしか今は見えない健常な側面を見過ごしがちになる。常に来談者の語る連想内容や話題を複眼的にとらえて聴き取る姿勢を心がけておくことが大切になる。

　このような治療者の一面に偏らない姿勢と，その治療者の語りに何度も何度も触れていくにつれ，やがて来談者はその治療者とのふれ合いから照り返されて，自らの偏りや平衡を欠いた信念，対人的な認知の修正へと導かれてゆくように思う。もちろん，この際第Ⅱ節で述べた転移の分析技法を利用しながらだが，だからといって転移の理解も来談者側の課題のみからの理解に偏ると失敗しがちとなる。むしろ治療者と来談者の双方に流れている転移・逆転移を複眼的に見つめとらえる視点が治療をスムースに展開してゆくように考える。

　この点を学ぶことになったのが，カナータイプの自閉症と診断されて，その後41年間精神分析的心理療法の関わりを持っている男性からであった（乾，2006a）。

4．曖昧さを受け入れること，外の情報を内に持ち込まないこと

　スムースな継続の第四は，「曖昧さを受け入れる」ことや，「外の情報を内に持ち込まない」ことを心がけることである。この点の心得がまずいと，しばしば治療に行き詰まり，スムースに行かず，失敗を繰り返すことになる。ある若手のコンサルテーションから見てみよう（乾，2006b）。

　教育相談に従事する2年目の臨床心理士の相談は，「心理療法が，いつも肝心なところで中断してしまう」であった。これまで担当した4事例とも継続せずに，途中で何となく中断になる。自分としては来談者と共感的に理解しようと接触しているが，だめになる。スーパーヴィジョン（SV）は，月1回所内研

修の形で受けていたが，どうしてそのようになるかは検討されていない。このような悩みは，新人の場合にはよく見られる初期SVの課題でもある。スーパーヴァイザーは適切に，本人が納得いくように答える必要があるだろう。しかし，何らかの具合でスーパーヴィジョンでも取りこぼされて，本人だけが課題を負うことになった。そして，私のコンサルテーションに来談したのである。

　心理療法の継続ができないことは，新人にとって大いに悩みである。自分の態度振る舞いが悪かったのか，それとも理解が十分でないのかと自責的になっている。最近彼女が担当し中断となった事例を語ってもらった。簡略に述べると，不登校を主訴に来談した中学生は，義母との再婚が明らかに不登校の背景にあると彼女は感じていた。しかしその中学生は10回過ぎても，それほど重要ではない父親との日常の話題をくどくどと語り続け，肝心な義母との葛藤などないかのようであった。したがって，彼女には，この面接過程は曖昧さに包まれていた。彼女は何となく義母の話題を提示して直面化した。「それもあるけど……」と曖昧に中学生は避けて面接は終わった。その後，その面接は中断となったという。

　多くの臨床心理士には，すぐにぴんと彼女の課題が見えたであろう。彼女には以下の2つの盲点があった。第1は，「曖昧さを受け入れる」能力の問題であろう。曖昧さを受け入れる能力とは，対人援助者が来談者自身の示す心の曖昧さにしばしば耐えられずに，短絡的に結論づけ，即決してしまいたくなる気持ちの動きに耐える力である。こころは本来掴みづらい。多くの場合，心の働きは語られるとか，あるいはわずかな言動で示されることでしか，その真意を計りかねる曖昧模糊とした存在である。私たちは，幼いときから疑問を明らかにして，物事の筋道をつけ，論理的に問題点を言語によって明らかにすることを学んできている。そのような私たちにとって，曖昧なままでいることは耐え難い。臨床心理士も同様だ。曖昧な来談者の言い回しに苛立つ経験は誰しもある。

　不登校を主訴に来談した中学生は，義母との再婚が明らかに不登校の背景となっていることを彼女（治療者）は感じていた。この認識は正しいであろう。しかし中学生は10回過ぎても，父親との話題をくどくどと語り続けるだけで，肝心な義母との葛藤に触れていかなかった。この状況に業を煮やした臨床心理士は，何となく義母のことを直面化した。「それもあるけど……」の言葉を残して，面接は中断となった。後付の理解にはなるが，中学生の曖昧さは，「今は義母を語るには，まだ心の準備が整っていないのです」との吐露でもあったよう

だ．臨床心理士が来談者の曖昧さにこの時点で耐えられることによって，はじめてそのときには語られていなかった吐露の意味が明らかになろう．彼女もかなりの期間，曖昧さを受け入れてはいた．しかし，それでもなお待つことができなかった．このような度重なる中断は，職場での彼女の立場を悪くさせることになった．

第2の盲点は，「外の情報を内に持ち込まない」ということであろうか．彼女は，あくまで中学生に早く苦痛から回復してほしいと，あらかじめ，インテーク時に父親から入手した情報を元にして理解を進めたのである．それは彼女としての善意であって，一片の悪意などなかった．しかし，彼女は来談者と治療者との間で語られた心的内容を尊重するという，今ここでの対応に対する治療者としての心構えを学んでいなかったのである．受理面接した教育相談員の初回内容を参考に，早く悩みを解決してあげたいとの願いから中学生を問い質したのである．ゆっくりした歩みで，関係を形成してゆこうとしていた中学生には，治療者のはたらきかけは善意より悪意（意地悪）とうつった．この双方の心のずれに治療者はまったく気づかず，結果的に中学生との摩擦が中断を生んだのだろう．彼女は40数倍の難関を突破して，教育相談に入職したが，その知性化優位な対応が治療者としての彼女を苦しめていたのであった．

5．治療者の影響力の凄さとその危険性を心得ておくこと

スムースな継続の第五は，「治療者の影響力の凄さとその危険性」を十分に心得ておくことであろう．治療者が来談者に与える影響の大きさを認識していない臨床家はいない．しかし，現場では意外と治療者と来談者がこの問題に関しての認識にズレが生じることがあり，自戒したい心得の一つである．私自身も経験していることだろうが，自分では気づけないままとなるので事例検討会での経験から述べることにしたい．

日常臨床で治療者は，いつものように慣れ親しんだ方法や手立てで，来談者に耳を傾けている．影響力を行使しようとか役立ちたいと強く願っているわけでもない，ごくごく日常的で治療者にとっては普通の臨床家としての所作である．しかし，治療者にとってごく不断の通常の所作のつもりでも，来談者には思いもかけず心が揺さぶられる経験となることもある．これは，精神分析的心理療法では来談者の転移現象ととらえ，第Ⅱ節で述べた心理療法での大切な体験として認識される出来事である．

しかし，一般的な心理臨床の実践では，習慣的に提供する治療者の所作や姿

勢が，来談者や治療関係へどう影響を与えるかを自覚的に受け止めるのは意外とむずかしい。来談者はその傾聴している治療者の所作や態度に強く反応しはじめる。最初はぼんやりだがホッとした感覚から，やがて安心や苛々，無性に腹が立ち，とらえどころなく悲しくなる，憂鬱さ，さらには落ち着かないなどの気分や感覚など，なぜか掴めないが心の奥から突き上げる感覚に巻き込まれてゆく感情体験に来談者はしばしば遭遇する。

先日もスクールカウンセラー（SC）の勉強会で，それまで耐えに耐え，姑や夫に忍従していた5人の子持ちの母40代が，たまたま子ども姉弟2人の不登校気味の相談でSCに出会った。わずか月1回の話し合いだったが，相談が重ねられるにつれ，上記の転移体験が母親の中にゆっくり立ち現れ，無性に姑や夫への不満や苛立ちが募り，その不満が子どもたちの問題にも関係しているとうっすらと気づきはじめた。それまでしっかりと忍従して締めていたはずの心にほころびが生じ，SCに表出したい気持ちが激しくなり，上記の種々の感覚に巻き込まれはじめた。しかしその一方で，心の動きや家庭内のことを口にするのははしたないと耐え続けていた。その折に，激しい更年期症状が出現し，一時的に相談は中断となった。このような関係が数回生じていた。この更年期症状が治療抵抗ではないかとSCから事例提出された。

転移の理解に慣れている臨床家であればすぐに気づくことだが，SCは治療者としての自らの影響力をまったく課題にせず，自覚すらしていないように見えた。SC自身自分の登場や関わりが日常的な役割としてしか自覚がないので，治療者の影響力の凄さとその危険性にまったく想いが至らなかった。したがって治療者は，自分との関与よりも母親の抵抗反応のみをとらえることになっていった。たしかに広義には，治療の抵抗という意味合いも了解できる。しかしながら，激しい内的反応が母親のみに生じたものとして，母親ただ一人にその責を負わせることになった。心理面接を受けることによって，つまり治療者によって動かされた情動の対応処理を，母親のみの課題としたことは，"乱暴な治療"であると同時に危険な治療といえないだろうか。たまたまこの母親が健康な自我機能を保持されていたから，一時的な心身の不調である更年期反応の増大で済んだが，もしも病態水準の重い課題を持たれた来談者であれば，自傷などの危険に翻弄されることになったであろうと思われるからである。

指摘を受けたSC自身も，また事例検討に参画した臨床家たちにとっても深く胸に刻んだ経験となった。薬物や医療的なメスなどの道具を振るわけではないが，治療者としての所作，存在，治療場面，そして言葉が上記のような凄い

影響力を与えており，その危険性について常に心理療法場面で自覚しておくことが，来談者に侵襲的でない心理療法を提供することになろう。お断りしておくが，このSCが独りよがりで勝手な治療者ではなく，むしろ暖かく親身な人物で，母親からも信頼を寄せられている治療者であるし，治療者機能が影響力を持っていると十分に知っているベテランであることを記しておきたい。

Ⅳ　おわりに

　もちろん，この他にも「臨機応変さの必要性」，「熱心さの功罪」，「聴き方の工夫」，「隠れ身と破れ身の利用」，「出会いの心理過程の工夫」，「来談者の置かれた状況への把握」，「病態水準への対応」「評価（診断）面接を有効に機能させる準備」（『診断と見立て』（培風館）参照）……等々思い出してみると「心理療法がうまくいくため」の種々の工夫を凝らしているものである。

　上で述べた心構えは多くの治療者に共通すると考えているがいかがであろうか。その半面，このように数え上げて述べてみると，共通の工夫という面もあるが，それはどうやら私の40年に及ぶ精神分析的治療を基盤として，その心理療法の方法を来談者とともに上手に運んでゆくための，私固有の特性に関連する工夫であり，ごくごく個人的な経験から得た心構えでもあろう。そのような理解が，心理臨床を学ぶ臨床家にとって役立つものとなるなら望外の幸せである。

文　献

Freud, S. (1940) An Outline of Psycho-Analysis. Standard Edition XXIII.（小此木啓吾訳（1983）精神分析学概説．フロイト著作集9．人文書院.）
原田誠一（2008）精神療法の工夫と楽しみ．金剛出版.
乾吉佑（1998）力動的心理療法．In：小此木啓吾・深津千賀子・大野裕編：心の臨床家のための　改訂精神医学ハンドブック．創元社, pp.493-508.
乾吉佑（2000）精神分析的立場─面接による診断と見立て．In：氏原寛・成田善弘共編：診断と見立て「心理アセスメント」．培風館, pp.68-79.
乾吉佑（2006a）自閉症を生きる─発達障害児への心理的援助．臨床心理学 6-4；537-547.
乾吉佑（2006b）臨床心理士の適性─自分の強さと弱さを生きる．臨床心理学 6-5；629-636.
狩野力八郎（2002）重症人格障害の臨床研究．金剛出版.
小此木啓吾（1981）精神療法の構造と過程その二．In：小此木啓吾・岩崎徹也・橋本雅雄・皆川邦直編：精神分析セミナーⅠ 精神療法の基礎．岩崎学術出版社, p.38-83.
小此木啓吾（1990）治療構造論．In：小此木啓吾編：臨床心理学大系第7巻 心理療法1．金子書房.
小此木啓吾編集代表（2002）精神分析辞典．岩崎学術出版社.

第2章

ユンギアン・サイコセラピーの工夫

名取琢自

　筆者はこれまで数多くのユング派分析家や心理療法家と知遇を得，その仕事を間近で見せてもらったり，心理療法について意見を交わしたりする機会に恵まれてきた。筆者自身もチューリヒ・ユング研究所で分析家資格候補生として在籍した後，日本ユング心理学会に籍を移して研鑽を続けており，ユンギアン・サイコセラピーの一端を担っている身でもある。本章執筆の機会をいただいて，これまでの体験からユング派心理臨床のエッセンスを抽出し，言葉にまとめてみることは，取り組みがいのある作業であるように感じている。

　ところが，いざ筆を執ってみると，これは思いのほか困難な作業であった。まず「ユンギアン」とは何なのかも，定義が難しい。確かに世界各地のユング研究所や国際分析心理学会（IAAP）によって「ユング派分析家」になるための訓練プログラムが編成され，必要な学習領域や実習が規定されている。しかし科目名を並べるだけではユング派心理療法に携わる人々のありのままの姿は見えてこない。むしろ，これがユング派心理療法のやり方だ，という決まった方法は存在しない，といったほうが実状に近い気がする。少なくとも筆者が学んだチューリヒの研究所では，面接の方法や工夫についてマニュアルで学ぶような教育はなかった。そういった指導を熱望する訓練生がいたにもかかわらず，である。もちろん臨床面接を始めるにあたってのインフォームド・コンセントの注意点や，面接の具体的な事柄に関する質疑応答の時間は設けられてはいた。しかし，日本の臨床心理士養成大学院でよく見られるような，面接技法の講義もなければ，応答練習のような実習もない。これが実に新鮮であった。筆者の理解では，この「指導しない」という教育法には二つの理由があるように思われる。一つは，訓練生の個性の重視と尊重，もう一つは，後述するように，臨

床面接にはこれが最上の方法，というような決まった方法はなく，個々の事例によって，さまざまな方法を使い分けることこそが重要なのだ，という見解である。そして，面接の進め方を会得するために，教育分析，少人数グループでのスーパーヴィジョン，個人スーパーヴィジョン，そして何よりも実際の臨床面接がしっかりと課されている。訓練生はこれらを通して，自らの個性をいかし，なおかつクライエントに最も有効な働きかけをするための，自分にあった独自の方法を練り上げていくのだ（ユング派心理療法での着眼点の詳細についてはウィルマー（1987）の『プラクティカル・ユング』をお勧めする）。

　彼［ユング］はまた，弟子がただ自分の真似をするのではなく，問題を自分なりに扱う方法を学んでいけるようにいつも配慮していた。(Hannah, 2000, p.22)

　ユング派分析家・心理療法家の臨床スタイルや理論上の強調点は個々の人によってさまざまで，かつ幅広い。おおまかにいえば，サミュエルズ（1985）が『ユングとポスト・ユンギアン』で試みた，古典派，発達派，元型派の３分類が役に立つが，この分類は「発達派」の特性を際だたせすぎるきらいがある。発達派が転移分析に重きを置き，古典派や元型派が夢やイメージの象徴的意味をより重視する，という違いはあるが，実際には，個々の臨床家がいずれかの「派」に排他的に属しているわけではなく，必要に応じて強調点を使い分けているように見える。

　筆者が知己を得たユング派分析家は故河合隼雄，樋口和彦，横山博，ジェイムズ・ヒルマン，アドルフ・グッゲンビュール＝クレイグ，マーヴィン・シュピーゲルマン，ロバート・ボスナック，ヴォルフガング・ギーゲリヒをはじめ，多数にのぼる。みな私の恩人であり，かけがえのない学びと恵みをもたらしてくれた。そして著作や映像で出会うユングもまた，矛盾をにこやかに抱えつつ，常に新しい視点に開かれている人物像として，ヒントを与え続けてくれている。

　まずはユング自身の心理臨床のスタイルや工夫から見てみよう。弟子たちがユング研究所を設立しようとしたとき，ユングは長い間反対しており，自分はユング派でなくてよかった，と言ったとか。ユングの著作全体を通して貫かれている基本スタンスは，凝り固まった教説（ドグマ）への対抗姿勢であり，フロイトとの決別も，この要因が大きかったようだ。ユング心理学の基本にある，一面化の危険性と一面化への補償という図式も，単一の方法に固執しない態度と一貫している。ユングの臨床的態度は『自伝』の以下の記述にとてもコンパクトに要約されている。

心理療法がうまくいくための工夫

　私はしばしば私の心理療法，あるいは分析の方法をたずねられるが，その問いに明白には答えられない。治療は事例ごとに異なるものである。医者が私に厳密にかくかくの方法に決めていると語るとき，私は彼の治療効果を疑う。…（中略）…治癒は患者の中から自然に芽生えてくるべきものである。心理療法と分析は人間一人一人と同じほど多様である。私は患者をすべてできるだけ個別的に扱う。なぜなら問題の解決はつねに個別的なものであるからである。普遍的な規則は控えめにしか仮定されない。心理学上の心理は可逆的な場合にのみ妥当である。私にとって問題にならないような解決が，たぶん他の誰かにとってはまさに正しい解決かもしれないのである。（Jung『ユング自伝 Ⅰ』p.191）

　我々はあらゆる患者に対しちがった言葉を必要としているのである。ある分析では，私がアドラー派の対話を語っているのが聞かれるし，もう一方ではフロイト派のそれが聞かれることもあるのである。（同, p.192）

　大切なのは，私が一人の人間として他の人間つまり患者に立ち向かっているという点である。分析は二人のパートナーに要求される対話である。分析家と患者は互いに対面して坐る。つまり医者は何かを言いたいだろうが，これは患者も同様である。（同, p.192）

　心理療法は患者と分析家（治療者）という二人の人物の相互作用を必然的に含むものであり，一つの個性がもう一つの個性と反応し，変容していく過程とみなすのがユングの基本的な考えである。これら二つの個性という変数に，それぞれの置かれた環境や歴史の要因も変数として加わってくる。こうして実に多くの変数が絡み合うため，あらゆる組み合わせに有効な方法を確定すること自体が疑問になってくる。心理療法は基本的にオーダーメイドでしかありえない，というのはこのためである。

　ユングの高弟，フォン・フランツも，折に触れてユング派心理療法の「定式化しない」特性を指摘している。おとぎ話における主人公の振るまいには，この原理で行動すれば必ず正解，というような単純な法則を立てることができない。そして，主人公は物語それぞれの局面がもたらす深層心理の必然性に適合する，まさにこれしかないという行動をしてのける。これは心理療法にもあてはまるというのだ。

　［主人公がどう行動すべきかについては］レシピにはできないのです。この物語では，結果からして主人公が正しいことをした，というのは明らかですが，次に主人公が何をするかは予測できなかったでしょう。主人公の行いはつねに驚きだからです。…（中略）…［主人公のふるまいは］人格の深層からやってくるものであって，セルフの調和したものだからです。これと同じことが，心理的な困難な個人的状況にも見られます。つまりそこでは，個々のコンプレクスに対して，いつも正しい答えなど存在しないのです。（von Franz, 1980, p.20）

河合隼雄は心理療法において「何もしないことに全力を尽くす」ことを強調したが、これは、個々の局面にそくして、心の現実にぴったりするのはこれしかない、という最適な対応をめざす姿勢を意味している。河合は2003年、チューリヒ・ユング研究所において日本人の心性について講義した。幸運にも筆者も同席していたのだが、講義のなかで、西洋人が個の原理で行動するのに対して、東洋人は場の原理で行動する点が違う、という点が指摘された。その例として、レストランに行ったとき、西洋人は自分が飲みたいものを明確に答えられるが、河合は「アイ・ドント・ノウ」と言った、すると西洋人から、こいつは自分が何を飲みたいのかもわからないのかとびっくりされた、という話になった。「その場で何を飲むのが場の論理としていちばん適切なのかをまず知らないことには、判断ができないという意味なんですよ。私がアイ・ドント・ノウと言ったら、本当に私が知らない、と思っているんです、あの人たちは」とおどける河合に、出席した日本人学生も西洋の学生も思わず笑ってしまった。これは河合がよく用いた、逆説を含んだいたずらな表現なのだ。「何もしないことに全力を尽くす」にもこれと同様の仕掛けが施してある。「私が何もしないことに全力を尽くす、と言ったら、あの人たちは、本当に何もしないと思っているんですよ」と笑う河合が目に浮かぶようだ。実際、河合は「何もしないことに全力を尽くす」一方で、心理療法家がいかに内的な作業をしているか、を語っている。

　　治療者がそこに存在することが一番大切なことで、治癒のプロセスが自然にはたらいているときは、外的には治療者は何もしていないように見える。しかし、これは極めて大量の心的エネルギーを必要とする仕事である。（河合隼雄『心理療法序説』p.28）

　　心理療法家はできる限り、心的エネルギーを使う方に賭けるように心がけるのである。（同、p.29）

　ユング派心理療法では、患者と治療者、二人の個性が出会い、しかも深層において集合的無意識の領域に根ざしているさまざまなイメージたちと相互作用しながら「反応」を続けていく場を想定している。その「場」に相応しく、これしかないという最良の何かを演じ、それ以外の余計なことは「何もしない」のが一つの理想型なのである。
　しかしこのように、オーダーメイドであって定式化しえない、という消極的な「定式化」をしてしまうと、確たることは何も言えなくなり、「工夫」も説明できなくなってしまう。それではあまりに不親切なので、以下に、筆者が体験

しえた範囲からユング派心理療法の「工夫」を素描していくことにする。

I　イメージの取り扱い

　ユング派心理療法において，イメージが特に重視されていることは確かである。夢，能動的想像，描画，箱庭など，イメージ表現が可能なチャンネルは幅広く活用されている。なかでも，描画を心理療法の素材として導入し，活用したユングの功績はもっと認められていいように思われる。描画の治療的意義についてのユングの見解は興味深い。描画することによって，イメージはある形へと固定され，動きを止められる。描画はイメージそのものではなく，かなり限定された，不正確な写しにすぎないので，描画という形にすることによって，イメージの影響力は弱められ，本人はそれほど脅かされなくてすむようになる，という効果もある。そして，イメージを明確にしていくなかで，意識と無意識とが相互に自らを表現し，交流できる場がもたらされることに，もっと大きな意味があるという。

　ユング自身はこころをできるだけ科学的に探究したかったので，内的イメージも観察対象として，可能な限り克明に記録しようと試みた。ユングにとってこころに浮かんでくるイメージは，それ自体が自律性をもった，客観的対象だったのである。

　夢や箱庭を取り扱うときも，それがこころの状況（自然）を反映したものであり，それ自体はよいものでも悪いものでもないとして見ていくのがポイントである。意識の眼からは無意味に見えたり，悪いものに見えたりするもののなかに，より大きな視点から見れば次の展開につながる創造的な意味が見えてくる可能性がある。箱庭療法家のドラ・カルフは，箱庭作品を見るとき，どこかに未来の解決のためのきっかけや兆しとなる部分がないか，捜そうとすることに努めていたという。これも，より大きな視点からイメージの展開の可能性を探ってのことであろう。

　イメージを扱うとき，ユング心理学では「還元的解釈」がよく問題にされる。還元的解釈とは，具体的なイメージそのものに注目しつづけるかわりに，イメージが意味するものを特定の抽象的な観念に集約（還元）して，その観念だけに焦点を当てていく解釈のしかたを言う。たとえば，典型的には，洞窟も，海も，大蛇も，クモも，それらをすべて単一の「グレート・マザー」という言葉や観念に集約してしまい，それぞれがどんな洞窟だったのか，どんな海だったのか，等の検討をなおざりにしてしまう態度である。還元的解釈にはイメージ

のもつ豊かな意味や影響力を軽減する作用があり，自我を不安から遠ざける，よい効果もある。その一方で，ユング派心理療法，特に元型的心理学を重視する立場では，イメージそのものに留まり続けることのほうに価値を置いている。元型的心理学者ヒルマンは，心理療法とは，ヘビを解釈することではなく，治療者のヘビが患者のヘビに何をするかということなのだ，と語っているが，これはイメージ水準に留まることの意義を端的に言い表している。ただし，還元的方法は慎むべき，というような単純なことではない。ユングは還元的方法の価値をはっきり認めており，還元的方法では進展しなくなった場合にこそ，イメージそのものに立ち返っての取り組みが必要となるのだという。

　現代の心理療法は治療を求めている患者の多様性に応じて重層的になっている。最も単純なケースは，ただ人間的常識やよい助言を必要とする場合である。……次に，あらいざらい告白する，つまりいわゆる消散するだけで治ってしまう場合がある。もっと重い神経症は一般に彼らの症候や状態の還元的分析を必要とする。そしてこの分析はこの場合にはあれこれの方法を無差別に適用すべきではなく，ケースの性質に応じてフロイトかアードラーの原則のどちらかにより多く則って行うべきである。(Jung「臨床的心理療法の基本」(『心理療法論』p.30)

　……本来の神経症心理学の範囲内で考える限り，フロイトの観点もアードラーの観点もなしですますことはできない。(同，p.31)

　しかし事態が単調になり，繰り返しが起こり始め，その結果公平に判断しても停滞が始まった場合は，あるいは神話的・いわゆる元型的な・内容が現れた場合は，そのときこそ分析的還元的治療をやめて，シンボルを秘教的，総合的に扱うべき時が来たのである。これを弁証法的な手続や個性化の時が来たと言っても同じ意味である。(同，p.31)

　夢分析において，主体水準と客体水準の二つの視点を使い分けることも，ユング派の「工夫」であろう。主体水準とは，イメージに登場する人物や事物が本人の人格に含まれる要素であるとみなす視点であり，客体水準とは，それらの人物や事物が外の世界に実在しているものを示している，とみなす視点である。概して，現実生活で頻繁に会ったり，関わったりしているものは客体水準，そうでないもの（たとえば最近あまり会っていない人物など）は主体水準での理解を考えてみる，というのが定石とされる。

Ⅱ　相互作用の視点

　ユング派心理療法に特徴的なもう一つの視点は，患者と治療者の「相互作用」である。ユングは「転移の心理学」においてこれをはっきりと表明している。

ただし、ここで「転移」と言われている水準については、どうしてもそれを扱わねばならない場合でないかぎり、あえて手を出すべきでない、とも明記している。

> 無意識の分析がつねに《万能薬》であり、それゆえどのケースにも適用できる、と考えるのはいかがわしい先入観である。無意識の分析は外科手術のようなものであり、メスを握るのは他の方法が役立たないときだけにすべきである。無意識は、それが盛んに働きかけてくるのでなければ、そっとしておくのが一番よい。それゆえ読者には、転移問題に関するこの解明が心理療法家の日常的な治療を表したものではなく、むしろ正常であれば意識から無意識に対して働いている抑制が（いつもかならずというわけではないが）破られたときに生じる、いくつかのばあいについて論じたものであることを、明確にしておいてもらいたい。（Jung『転移の心理学』p.32）

治療者‐患者間の相互作用を前提とする以上、治療者も自らの心に取り組むことが必要になる。治療者は患者自身が知らない真実を知っている（言い当てる）人、患者は自分のこころを知らない人、という図式はここでは通用しない。もちろん治療者には患者を不要な危険から護りつつ付き添う同伴者としての充分な経験と能力が要請され、両者は完全に対等な関係ではない。しかし治療者も患者も、無意識という大きな闇の前では、ごくわずかな自我の灯りを頼りにするほかはなく、治療者は決して心理療法のプロセス全体や患者の無意識について、「すでに知っている人」ではない。ユング派心理療法家は、自らもまた広大な無意識に比べると弱者であり、弱点もある「傷ついた治療者」という自己像を持ち続けるのである。

Ⅲ　こころに対する倫理

フロイトは『精神分析運動史』において、ユング率いるチューリヒ派は本当に分析すべきことから撤退して、「真理」を「倫理」にすり替えたと厳しく批判している。筆者もユング派の教育や分析家たちに、こころに対する厳格な倫理感を感じてきたが、フロイトの言うような真実からの撤退という意味合いよりも、自我にとって都合の良い、無意識のつまみ食いのような行動を戒める倫理感のほうが強く感じられる。その最たるものは、イメージに対する倫理的態度である。無意識からのメッセージが現れたとき、それをまじめに受けとめて、得たものを実生活に反映させるか、それとも無視するのか。これが倫理的な問題なのだ。夢はただ解釈の知的快感を味わったり、既知のものに還元して安堵するためだけのものではなく、夢で得られた気づきを現実の人生に着実に反映し

ていくべき情報源なのである。この倫理的態度は，能動的想像にも適用される。能動的想像では，イメージの自律的な動きに付き従わねばならない。自分の都合でイメージを勝手に想像しなおしてはならない。あくまでイメージを客観的対象とみなし，忠実に観察し続けることが課せられるのである。そして，そこから得られた気づきや認識は，必ず実生活に反映させなくてはならない。夢やイメージは，「見なかったこと」にはできず，それが自分の生の一部であり，誠実に対応すべき現実なのだ，という倫理感が貫かれているのだ。

　ユング心理学というツールも，他人の心理を読み解くためだけに使うのではなく，自分自身が実際に生活に役立てねば意味がない。筆者が出会ったユング派分析家たちはみな，ユング心理学を活用して「生きる」ことに力を注いでいた。理論や技法をまず自らに用いること，これも工夫の一つである。

Ⅳ　個人の尊重と依存への配慮

　ユング派は他の学派に比べると母性を強調するとか，母性的であると言われることもある。ユング派分析家の面接室を訪れ，話し合った経験からすると，確かに母性的という表現にあてはまるような雰囲気は感じとれた。母性的な雰囲気を醸し出していた要因としては，相手を個性ある人間として尊重する態度，そして，分析家からの自己開示や率直な関わりが大きかった。筆者がチューリヒで通っていた分析家（女性）は，まず笑顔で握手をしてから迎え入れてくれた。家庭生活についても気にかけてくれ，役に立ちそうな機関を個人的なつながりから紹介してくれることもあった。これは筆者が心理療法の「枠」だと思っていた線を越えた関わりのように感じられた。そのことを話題にして聞いてみると，普通はしないのだが，あなたにはそれをしても大丈夫だと判断したから，とのことだった。相手の状態や関係の性質に照らし合わせて，枠を柔軟に調整していたのだ。そして逆説的ではあるが，一連の関わりは，こうした親切をしても，あなたは子どもには退行しないでしょう，というまなざしをともなうものであり，かえって大人として尊重されている感覚をともなうものでもあった。

　ユングによる面接も，患者を一個人として尊重しようとする姿勢が貫かれていた。ユングが寝椅子を用いず，向かい合って座ったのも，相手を対等の個人として遇するための工夫である。治療者も自分の顔の表情，全身をさらして，患者と対等に向き合うことが，相互作用を促進する，との考えが根底にある。

　人格のタイプも尊重される。ユング心理学では内向・外向の態度と心的機能

（思考・感情・直観・感覚）の資質や分化・洗練の度合いが個人によって違っていると考える。たとえば思考機能が優位な人に，やみくもに感情面からアプローチしても苦労が多く，本人を困惑させるばかりになる。心理療法家自身の優位な機能を自覚し，クライエントの個性（タイプ）を尊重して無理のない働きかけをするために，タイプ論はしばしば重視されることとなる。

　クライエントの年代もまた重要な要因である。一般に，青年期までの人生前半においてはもっぱら社会への適応に向けたアプローチが有効であり，中年期以降の後半においては，夢やイメージの象徴的意味に導かれての個性化がより大きな課題となってくる。クライエントの年代や社会的状況をふまえて面接の目標を立てるのは，当たり前のことではあるが，大切である。ユング派だからといって，どんなクライエントにも象徴的アプローチを押しつけるわけではないのだ。

　治療者への過度の依存の予防にも工夫がなされている。ユング派心理療法では週１回面接を基本としていることが多い。これは，治療者との面接を生活の中心におくよりも，患者自身が自分の生活を主体的に構築していく時間を優先的に確保できるように配慮してのことである。

　　影響を与えようとする方法は，分析的方法もその一つであるが，患者に可能な限り頻繁に面接することを要求する。私は週に３ないし４回の面接で十分であると思う。総合的な治療が始まるとともに，面接の間隔を長くするのが得策である。私はその時は面接をふつう週に１，２時間に減らしている。というのは患者は自分の足で歩くことを学ばなければならないからである。……こうすれば患者にも自分自身にも相当な時間の節約になるし，その分患者にはお金の節約になり，しかも彼は医者に頼るかわりに自立することを学ぶ。（Jung『心理療法論』pp.31-32）

　ユングは教育分析に関しても，依存性を強めてしまう影響を懸念していた。能動的想像に取り組む準備ができた人に，ユングはこんなアドバイスをしている。「あなたのような人がいつまでも分析家に依存するのはよくありません。…(中略)…私が誰に教育分析を受けたとお思いですか？」(Jung, Letters, 1, p.458)。分析家に依存しすぎると，必要以上に自分を貶める態度が形成されてしまうことがあり，本人の人格の成長にとってかえってマイナスになる。能動的想像を用いて自分で無意識と向き合うようになれば，他者への依存の度合いが軽減し，健全な自尊心を育む可能性が増大する。

Ⅴ 「影」への目配り

　アドルフ・グッゲンビュール＝クレイグの『心理療法の光と影』(1971)で指摘されるように，援助職における「力」の問題は心理療法につねにつきまとっている。ユング派心理療法家はユング心理学を自分自身にこそ用いねばならない。自分がしているつもりのことと，実際にしてしまっていることとの間のギャップはなかなか簡単には埋められないものであり，どんなに意識を張り巡らしても，把握しきれない「影」を消すことはできない。影の存在を否定したり，敵視するのは反作用を生むだけである。心理療法家は自らの影の作用を冷静に検討しなくてはならない。そのためには第三者の助言が不可欠であり，心理療法家がスーパーヴィジョンに通うことは必須となる。

Ⅵ 神秘的現象への慎重な姿勢

　ユング心理学を勉強すると，共時的な出来事（意味ある偶然の一致，等）やマンダラ，サイコイド（物体に宿る心）といった神秘的な現象に魅了されるかもしれない。箱庭療法やイメージ画でマンダラ表現に出会って感動を覚えるのも無理はない。しかし，ユングはこうした出来事を手放しで喜ぶような態度は決して推奨していない。マンダラ表現は心のバランスが危うくなっている局面で，心の全体性を予見させる象徴として登場するのであり，そのような表現が必要となるほどのバランスの危機状態をこそしっかり見据える必要がある。共時的な出来事が生じたとしても，それは自我意識で捉えきれないところに強大な心的エネルギーが布置された，「症状」水準での出来事である可能性を考えねばならない。不思議な現象に魅惑されるのではなく，その根本にある危うさや苦しみを謙虚に感じ取る姿勢が必要とされる。

Ⅶ 魂（ソウル）の視点

　ユング派分析家の部屋を訪れると，部屋の雰囲気や調度が分析家の存在の一部であり，またその魂（ソウル）の表現になっていることを感じさせられる。ソウルとは何か，という定義は難しいのだが，筆者には，その人の全存在に関わる，生命の中心のようにイメージされている。ソウルは生きたり死んだりするし，本人の身体に宿ったり，身体を抜けて彷徨ったりもする。面接室にソウルが宿っているかどうかは，面接室に心理療法家の全人格的なコミットが行き渡っているか，面接室が治療者に愛され，また治療者が面接室に愛されている

か，そして面接室がプロセスを支えたり包み込んだりしてくれるか，等々というい問いを立てることで見えてくるように思われる。よく使い込まれた道具には，使用者の魂がこもるのだとすると，面接室もまた然りである。面接室に心理療法家の魂の雰囲気を行き渡らせることも重要な工夫であろう。

Ⅷ　おわりに――ユングとの間合い

　以上が筆者から見たユンギアン・サイコセラピーにおける工夫のポイントであるが，最後に最も大切な点を指摘しておきたい。ユング派分析家たちは異口同音に，ユングとの距離の取り方の重要性を語っている。ユングという強大なカリスマ的人物像に飲み込まれたり，同一視したりせずに，いかに適切な距離を取って，自分の個性を見失わずに独自の道を歩んでいけるのかが課題となろう。マイケル・フォーダムはユングの晩年，死の直前にユングと面会し，死を目前にしてうろたえる姿を見ていたく幻滅しているし（Fordham, 1995），アドルフ・グッゲンビュール＝クレイグは，「私はユングのことが好きではない」(Guggenbühl=Craig, 1988) と言い，ユングの著作や研究成果は臨床的に有用だが，ユング個人は好きになれない，と率直に認めながら距離を保っている。ヒルマンも，ユングがあまりにも影響力が大きい人物なので，その威力の圏外にいるように努めていたという（筆者との私信）。ヴォルフガング・ギーゲリヒがユングの著作を丹念に読み起こして概念の批判的検討を続けていることも，距離の取り方の一つとみなせよう。

　最後に要約するなら，ユンギアン・サイコセラピーの工夫とは，治療者がつねに不完全で，影の作用をともなった存在であることをできるかぎり自覚すること，そして，患者との相互作用に開かれた態度で接し，「希望なき楽観」（ヒルマン）をもってこころの自律的な働きへの関心を維持し続けること，というのが目下のところの筆者の見解である。

引用文献

Fordham, M. Hobdel, R. (Ed.) (1995) Freud, Jung, Klein―The Fenceless Field : Essays on Psychoanalysis and Analytical Psychology. London, Routledge.
von Franz, M-L. (1980) The Psychological Meaning of Redemption Motifs in Fairytales. Tronto, Inner City Books.
Guggenbühl-Craig, A. (1971) Power in the Helping Professions. Spring Pub. （樋口和彦，安溪真一訳（1981）心理療法の光と影．創元社．）
Guggenbühl-Craig, A. (1988) How I do it? In : Speigelman, J.M. (Ed.) Jungain Analysts : Their Visions and Vulnerabilities. Phoenix, Falcon Press.

Hannah, B. Frantz, D.L.（Ed）(2000) The Inner Journey : Lectures and Essays on Jungian Psychology. Tronto, Inner City Books.
Jung, C.G. Jaffe, A. (Ed.) (1963) Erinnerungen, Träume, Gedanken, Random House Inc. (1963)（河合隼雄，出井淑子訳（1972）ユング自伝―Ⅰ 思い出・夢・思想．みすず書房．）
Jung, C.G. (1935) "Grundsätzliches zur praktischen Psychotherapie", Zentralblatt für psychotherapie, Ⅷ(1935)；2, 66-82.（林道義訳（1989）臨床的心理療法の基本．In：心理療法論．みすず書房．）
Jung, C.G.（2000）転移の心理学．みすず書房．
河合隼雄（1994）心理療法序説．In：心理療法（河合隼雄著作集３）．岩波書店．

参考文献
Samuels, A. (1985) Jung and the Post Jungians. Routledge & Kegan Paul Ltd.（村本詔司，村本邦子訳（1990）ユングとポスト・ユンギアン．創元社．）
Wilmer, H.A. (1987) Practical Jung. Chiron Pub.（東山弘子・倉光修・皆藤章訳（1993, 1994）プラクティカル・ユング：ユング派の心理療法を学ぶ，上・下．鳥影社．）

第3章

ロゴセラピーにおける工夫

吉田香里

I　はじめに

　ロゴセラピーは，ウィーンの精神科医V. E. フランクルが創始した心理療法である。ロゴセラピーは，その心理療法的技法の背景に哲学的理論があるということが大きな特徴である。

　これは，実存哲学に影響された彼の思想に加え，彼の臨床経験，そして過酷だった人生によって裏づけられた理論である。

　フランクルは，1905年ウィーン生まれ。若い頃は同じ市内で活動していたジークムント・フロイトやアルフレート・アドラーの影響を受けた。その後，精神科医としての臨床経験の中から，患者の声に耳を傾け，病の中にあってもなお人間性を輝かせている部分（精神次元，後述）への働きかけ方について独自の考察をすすめ，ロゴセラピーと呼ぶようになった。

　1938年にナチスがオーストリアに侵攻するとユダヤ人の自殺企図者が増加。自身もユダヤ人であったためユダヤ人専門の精神・神経科医として彼らの治療にあたっていたが，4年後，自身も絶滅収容所と呼ばれた強制収容所に入れられる。このとき，ほぼ完成していたロゴセラピーに関する論文も没収されるが，強制収容所内で，自らや周囲の人々に対してロゴセラピーを実践して生還する。

　解放されウィーンに戻ったが，両親と妻は収容中に亡くなっていたため，たった一人の生活になってしまった。子どもは，収容以前に妻が妊娠したことがあったがナチスの作った法律により堕胎を余儀なくされたためいなかった。この中にあって，すぐに「精神的子ども」であるロゴセラピーに関する論文『死と愛』を再構成して復元した。それを読んだ友人に勧められて書いた『夜と霧

――ドイツ強制収容所の体験記録』で世界的に知られるようになる。
　その後も，ウィーン・ポリクリニック（市民病院）の精神科医長としても25年間働き，臨床現場から離れなかった。1997年92歳で亡くなった。
　ロゴセラピーは，このように日々生と死に向き合わざるを得ない人生の中で研ぎ澄まされていった危機のための心理学である。
　ロゴセラピーのロゴの語源は，ロゴスというギリシャ語である。ロゴスは，一般には「言葉」「論理」（小学館刊『大辞泉』）と訳されることも多いが，ロゴセラピーでは「意味」という意味で用いている。
　三省堂刊『大辞林』によると，ロゴスの一つの訳に「宇宙万物の変化流転する間に存在する調和・秩序の根本原理としての理法」とあるが，宇宙の中の「自然界に共通」のロゴス（意味），あるいは，「自然界に属する人類不変」のロゴス（意味）とでも言うべき客観的な「意味」である。したがって，自らの欲求・欲望を満たす自己保存のためだけの「主観的な意味」は，ロゴセラピーでのロゴスとは異なる。
　人間には，「自己保存の欲求（性的欲求や権力への欲求など）に拘泥する自由」もあるが，「その都度その瞬間瞬間に意味（ロゴス）を受け取って行動（自己超越）し，自らを意味（ロゴス）が指し示す価値領域へ投入する自由」もある。
　また，遺伝による制約や過去に受けたさまざまな影響が，厳然として変わらずそこにあったとしても，それらに対して距離をとって客観的に眺め（自己距離化），新たな態度をとる自由もある。
　ロゴセラピーにおけるゴールは，一つは自己超越すること，その副産物として充実感を得て自信を回復し心的エネルギーを充填すること，また，もう一つは自己距離化しそれまで囚われていた不安や怒りといった情緒的反応から自由になることである。
　なおフランクルは，当初使っていた実存分析（Existenzanalyse）という用語を，ビンスワンガーらの現存在分析の英訳（Existential Analysis）が同じで混同されやすいという理由から，後年は使わなくなった。

II　基本的考え

1．ロゴセラピーの基本理念

　エリザベート・ルーカス（フランクルの下で，最初に博士号を取得したロゴセラピスト，心理学者。オーストリア，ドイツにて活動）によって3つの柱と

名づけられたロゴセラピーの基本理念は，以下である（勝田，2008）。

①意志の自由

人間の意志は自由である。

どんな状況であっても，たとえ，遺伝的な障害や過酷な環境，後天的な障害などによって制限や制約を受けたとしても，意味（ロゴス）のあることを選択する意志の自由がある。そして，それを実行し責任を持つ自由がある。

②意味への意志

どんな状況であっても，どんな人であっても必ず，「自分の人生を意味（ロゴス）で満たしたい」「意味（ロゴス）ある人生を歩みたい」という欲求（意志）がある。

たとえ，どんなに重い知的障害，あるいは意識障害があったとしても，人はそれでも，息を引き取るその瞬間まで意味（ロゴス）を求めている。

③人生の意味

どんな状況であっても，そこには，必ず失われることのない意味（ロゴス）がある。

どんなに過酷な状況，たとえ，強制収容所のような絶望的と思えるところに収容されていたとしても，その時々にその状況の方から自分に呼びかけられている人生の課題を感じとることができ，また，それを実行に移し，意味（ロゴス）を実現することが可能である。

2．ロゴセラピーにおける人間観

フランクルは，人間を身体次元・心理次元・精神次元の三次元構造でとらえた（図1）。

身体次元は，皮膚や筋肉，内臓，脳など身体を構成する組織全般の次元である。

心理次元は，性格や感情，心理的欲求，知的資源，過去に学習した行動パターンなどの次元である。

図のように，身体次元と心理次元は互いに接する面があり，切り離すことができないため，総称して「心身態」と呼んでいる。自己保存を優先する次元である。

精神次元は，人間存在の中核。人格の中枢。存在そのもの。意味（ロゴス）を感じ取り，すぐれた人間性を発揮する次元。心身態からは独立していることで，病気や老化などでも障害されることは決してなく，いつでも自己超越と自己距

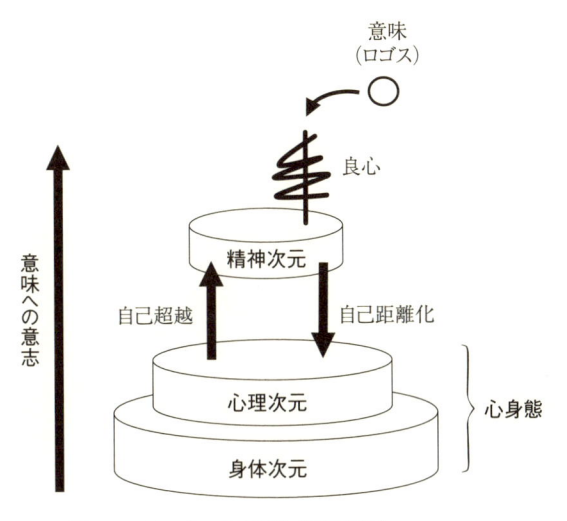

図1　フランクルの人間像（三次元図）

離化が可能である。人間は，常にこの次元を志向している（意味への意志）。

　精神の次元には良心という器官があり，いわばインターフェースとでも言うべき役割を担っている。その都度，その瞬間瞬間にアンテナを高くのばし，意味（ロゴス）を受けとって，精神次元へと送っていると考えている。

3．3つの価値

1）**創造価値**：世の中に，モノを生み出す，サービスを提供する価値。誰かのために，何かのために，より良いモノやサービスを提供する主として労働の価値領域である。対価は，ここで意味実現した副産物である。
2）**体験価値**：芸術的なことや自然界にある美しさ・神秘さ，愛など心を動かされる体験をする価値。最も大きな体験価値は，愛情体験である。
3）**態度価値**：病気や死などももはや逃れ得ない状況に直面しているときであっても，意味を感じとり，そしてより人間性の高い態度をとることができる価値。最も人間的な価値。

　ターミナル期にある患者，犯罪被害者，障害者，そしてそのご家族など，人生から宿題を出されている人は，たとえ困難な状況に変わりはなくとも，その状況に対してより価値ある態度をとることが可能である。

Ⅲ　特徴的な技法

　ロゴセラピーにおける一般的な流れは，文章構成でいう「起承転結」になぞらえることができると筆者は考えている。
　なお，この「起承転結」は，1回のセッションの中ですべて進むこともあれば，行きつ戻りつしながら，複数のセッション，場合によっては，複数のクールで行うこともある。

1．「起」の段階
　来談動機や主訴などインテークをとるためと，クライアントがこれまで内面に溜めてきたことをまずは自ら整理してもらえるよう，主観的事実を聞く。
　セラピストは，その内容から，次元ごとにアセスメントする。

身体次元：生命としての「安全」が確保されているか。
心理次元：「安心」が確保されているか，どのような欲求や心因反応を持っているか。
精神次元：「信頼と尊厳」を自分と世界に対してどの程度持ち，責任をどの程度引き受けることができてきた人か，これまでどのような意味（ロゴス）を受けとりどのようにそれに応えてきた人か，これからどう応えようとしているか，または，応えうる可能性が残された領域はどこかといったところである。

　これらのアセスメントのために，Purpose In Life（いきがい）テストを利用することもある（佐藤文子監修, 2008）。

2．「承」の段階
　心身態における安全・安心が確保できていない場合には，それについて具体的支援をすることから始める。
　例えば，家庭内で暴力を受けていることが判明した時などは，専門機関との連携を図り，シェルターを利用することなど，まず安全を確保する方法について話し合う。身体次元における病気や障害が影響している場合は，専門機関による治療の可能性について話し合い，必要があればリファーする。
　態度価値という領域があるとはいえ，フランクルは，「苦悩の原因を取り除くことができるなら，そうすることが唯一の意味ある行為なのです。その原因が，生物学的な原因であったり，心理学的な原因であったり，政治的な原因であったりしますが，それを取り除くことができるなら，そうすべきなのです。さもなければマゾヒズムになります」と述べている（Frankl, 1982, p.110）。

災害や犯罪被害などによるPTSDへの心理的援助をする場合には，過覚醒や再体験症状があると安全に落ち着いて過去について語ることが難しく，また回避（麻痺）症状がある場合には問題に焦点があてられない。
　筆者は，こういう場合，この「承」の段階で，例えば漸進的筋弛緩法，臨床動作法，TFT（思考場療法）などを使って，心身態の安全と安心の基盤を確保できるようクライアントと練習し，「転」の段階に備えるようにしている。これは，ロゴセラピーにおける必須の手法ではなく，筆者の判断で導入しているものである。

3．「転」の段階

　「過剰自己観察消去（勝田訳による。従来訳は「脱反省」）」「逆説志向」という技法を用いて自らの人生を客観的に判断できるようになること。また，人生の方から意味を与えられるのを待ち，答えが何であるのかとただ問いかけるだけの受動的な態度（人生の方が自分の周りを回っている）から，むしろ人生の方からの問いにその都度具体的に応え，自らが人生へ答えを与えていく能動的な態度（自分の方が人生の周りを回っている）へと転回するよう援助することを目指す。
　フランクルは，これを「コペルニクス的転回」と呼び，エリザベート・ルーカスがこれを「態度変換」という技法として体系化した。
　この「転」の段階にロゴセラピーの特徴が最も強く表れている。以下に2事例を挙げて説明するが，紙幅の関係ですべての技法をここで説明することは不可能なので，勝田著の他書（2008a, 2008b, 2008c）を参考とされたい。

4．「結」の段階

　「転」で得られた新しい観点に基づいて行動を開始すること。本来の「行動することによって世界へ働きかける存在」（Frankl, 1982, p.105）へ戻っていく具体的方法について扱う。
　ロゴセラピーの前提の一つは，「世界内存在」である。個として尊重されていることはもちろんであるが，その個と個は互いにそれと意識できないレベルまでも連携し合い関係し合って世界が成立している。
　つまり，自分がつながっている「世界」に対して「そのこと」を実行する義務があり，それには責任が伴っている。「転」で気づいた観点は，ただそれに気づくだけでは世界は変化しない。実際に行動し，世界へ提供されて初めて意

味（ロゴス）とつながる。

　新しい決断による行動が開始されると，充実感を得て自信を取り戻し，自然とそれまで囚われていた情緒的反応からは距離をとって自分を眺めること（「自己距離化」）ができるようになっていく。

Ⅳ　事例と成功を導く工夫

1．態度変換の事例

属性：30代男性，医師。

生育歴：開業医の長男として出生。学生時代は成績良好，友人関係良好。医科大学へ進学し，医師免許取得。

主訴：医師免許取得後，数年間救急指定の循環器科医師として勤務したのち，地域医療の内科の病院へ移る。しかし「ある日突然，出勤できなく」なり，休職。別の職場へ移るも同様に数カ月で突然出勤できなくなり休職。

来談動機：今回のことは，性格的な問題も関係していることは自分で感じている。それで薬物療法以外に心理療法も必要と考えて，学生時代の知り合いである精神科医に相談したところ紹介されたとのことであった。

初回（「起」の段階）のアセスメント：精神科主治医の診療情報提供書にある診断は「気分循環症，抑うつ状態」であった。休養のため10カ月間休職した後の来談であった。

身体次元：気候によって気分が変動するなど，器質的な要素も関係していて，主治医より抗うつ薬を処方されていたが，クライアント自身も意見を述べて調整済みで，日内変動も少なくなり，食欲もほぼ正常で，睡眠障害も改善されていた。思考障害については，本人からの訴えはあったものの面接していてほとんど感じられなかった。

心理次元：外向的な性格でその場で求められていることを的確に読みとって対応する能力が高く，対人スキルは高い。しかし，相手に合わせた会話をするばかりで，自身の内面については多くを語らない。

　防衛的で自我境界が固い面があり，慣れるまでは対人距離をとり，内面に触れるには時間がかかるのではないかと思われた。本人も「良い人とは言われるが，親密な関係になるには時間がかかる」と話す。

　この時点で本人は今回休職に至った状況について，「二度とも対人関係上表立ったトラブルはなかったにもかかわらず，ある朝突然，抑うつ感が強くなり，希死念慮が出てきた」としている。しかし，内面に何らかの葛藤を抱え，その

反応としての抑うつがなかったか再度確認する必要があると思われた。
　精神次元：今の状況について，本人は「何もせず，ただ時間を無駄にしている日々で，なんら社会の役にたっていない」状態と見ていたため，実存的な虚無感からくる抑うつも同時に生じていると思われた。
　休職に至る段階での精神次元の状況についてはこの時点では不明だった。
　経過：そのセッションで特徴的な部分について抜粋。太字による強調はセラピストの動き。

#2　（「承」の段階として時間をかけてゆっくり内的葛藤に焦点を絞って話を聞く）
クライアント（以下，Cl）「そもそも地域医療の現場に出たのは，循環器科で治療しても救えない患者がおり，『100％の要請に応えられるオールマイティーに診られる医師』になりたかったからだった。しかし，内科に行くと取りこぼしている知識があるのではないかと疑いながら診察するようになった。イメージ通りに仕事ができていないと思うと，自信がなくなり死にたくなった。今は実行する気はないが，なんとなく希死念慮は続いている」

#3　（前回の情報より，職業上起きてきた「無力感」が影響していると判断）
セラピスト（以下，Th）「イメージ通りに仕事ができないというのはどういうことを指しているのですか？」
Cl「救えない患者がいるという現状。自らの限界についてはっきりと認識したということだろう。『患者を救えない』→『腕が悪いと思われる。エビデンスがあげられない』→『医師としての名声を失う』→『医師として失格』→『人間失格』と思っている」

　医師という職業における意味の方向性を見失っているので，意味への意志を強化する働きかけをする。つまり，「医師としての名声」という権力への欲求を志向するのではなく，人間として，また医師として，その都度，その時々，求められる意味ある要請「今，ここにある目の前の患者からの要請」に応えていくという現実的視点について扱うようにすることである。

#4　「転」の段階
Th「そもそも医師になろうと思ったのは？」
Cl「もとは，親が医師だからといって医師になるということに迷いがあった。実は一度，理学部に入学したことがある。しかし，祖母が心臓病で倒れ救急車に一緒に乗った時に，とても苦しんでいるのに自分が何もできなかったことを不甲斐なく感じ，苦しみをとるようになりたいと思った。これが医師になった原点。医師以外の職は考えられない」
Th「それで，すべての人を苦しみから救いたいと思うようになったんですね？」

Cl「すべての人を救えるわけではないということについては，頭では理解している。しかし，これまでいろいろな場面で100％完璧に称賛を得られる場面でないと安心できず，少しでも批判や非難にさらされるおそれがある場面から逃げてきたから，『救えない』ということがとても苦痛に感じている。これに気づいたのは，PILテストを書いていて．出勤できなくなった頃に，二度とも院内で医療に関する研修講師のようなものを頼まれていたことを思い出したから。そういうプレゼンテーションというのは，必ず別の見方もあるもので，100％成功ということはない。自分はその状況から逃げたのかもしれない」

♯5（依然「転」の段階。承認の欲求が強くそれが叶わないと回避する傾向はあったのかもしれないが，今回その傾向が強まったのは，意味の方向性喪失→実存的欲求不満→うつ症状→現実検討力の低下→（戻る）という悪循環によるものと判断し，態度変換の過程を続行。）

Th「患者を救えなかったというのは，手をつくさずに見殺しにしたことがあるということですか？」
Cl「そうではない。精いっぱいやったつもりでも100％は救えないという意味」
Th「人間の死亡率は100％なんだから，もともと医療行為は無駄なのではないですか？」
Cl「無駄ではない。手を施せば死なない人がいるのだから。死ぬのを先延ばしできる。家族と過ごしたり，何かやり残したことを片づけたりする時間に使ってほしい」
Th「人間の生命力に限りがある以上，治癒率も100％ではない。自然に逆らえない部分についてのみ『小さくあきらめる』という選択は可能ですか？」
Cl「そうなんです。今はその部分についてはあきらめていると思うのですが……」
Th「では改めて，次に病院でやっていくうえで，期待されている意味というのは？　あなたでなければ実行できないとして待たれている意味は？」
Cl「自分の特性は，他人と比較して話しやすいこと。話すなかで患者の苦しみをわかってあげられるということ，そして苦しみをとってあげられるということ」
Th「たとえ治療上完治するのが難しい病であったとしても？」
Cl「うーん」（長い沈黙）
Th「患者さんが苦しみに対して尊敬に値する態度をとっているとしたら，そのこと自体がとても大きな人間的価値（態度価値）を実現していることになっていると思うのですが……。あなたご自身のように」
Cl「うーん。……でも，患者さんは苦しいんですよね……」
Th「その患者さんに関わっている一人の人間として，せめて先生がそれを確信してくださるということはどうですか？」
Cl「そうですね。それだけしかできないんですよね。逆に，それならできる……。病気の苦しみをとってあげることはできないけど……。他の医者より話しかけやすい医者だと言われますから」

　この時，医師として「できる限り身体的な苦しみをとってあげる存在」であることに加えて，「たとえ，身体的な苦しみをとってあげられなかったとしても，精神的な癒しのために，患者さんに尊敬の態度を示すことができる存在であること，そのために患者さんに待たれている存在であり，したがってその患者さんの傍にいる意味があり責任がある」ことが認識されたものと思われる。

#6
CI「そういえば，そうとは意識せずにいたけれども，もともとは救えない状況になっても（患者の苦しみにその都度）関わっていたし，（その責任も）引き受けてきたような気がする」

#7
CI「（救えないという状況になっても，精神的な癒しのために傍らにいる）責任を引き受けることに厳しい先輩，モデルになる人がいるところで働いた方が良いと思った。自分に欠けているところだから」

　いくつか勤務できそうな病院を具体的に検討し，連絡をとってみるという行動をとった（「結」の段階）ことが報告され，「ぼちぼち自分でやってみる」ということであったので終結とした。この時点では，身体次元における器質的な抑うつ症状の加減もあり，実際に勤務できるかどうかはわからなかったが，現時点では，能動性を回復したことを支持することに意味があると考え終結とすることとした。

　本事例のまとめ：「患者の病気の苦しみは100％取り去らねばならない」という過剰な要求水準を自らに課してきたことにより，それに応えられない自分の存在意義を疑い，実存的空虚感が遷延化することになった。結果，精神次元の原因から生じるうつ症状の悪循環にはまることになり，身体次元からの抑うつにさらに拍車をかけていたものと思われる。たとえ「苦しみをとってあげられない状況」にあっても，患者の精神性をサポートするという医師としての存在意義はあり，また自分がそれに応えられる資質（「話しやすい医師」）を持っていることに気づくことで，意味の方向性を回復し，その都度の意味（ロゴス）からの要請に応えたいという意味への意志がふたたび動きだし，能動性が戻ってきたものと思われる。
　本事例において，この抑うつ状態の時期を経たことは，闇雲にエビデンスを積み上げようとする状況から，本来彼が医師を志すきっかけとなった「祖母の病気の苦しみをとってあげたい」という意味（ロゴス）を認識し直し，さらに，それが叶わないような状況であったとしても，精神的な癒しの場を提供することができることを認識した。これによって，医師としての成長，人間的成長の機会となったと思われる。
　また彼は「親密な関係になるには時間がかかる」タイプであるにもかかわらず，「話しやすい医師」であることを自らの役割と意識するようになった背景に

は，この抑うつ状態を体験したからこそ，自ら「態度価値」という領域について認識しているがゆえに，積極的に「話しやすい医師になろう」と決断した過程があった。この積極性を取り戻したことで，心的エネルギーが回復しつつあり，現在の状況についても「無駄な日々」とはみなさなくなり，実存的な虚無感も薄れた。

つまり，心理次元の反応性の抑うつや精神次元の実存的な問題から生じる抑うつの双方が改善の方向にあり，再発しにくくもなっていると思われる。

なお，抑うつの状態について本人に聞いたところ「最初，10のうち6くらいの時間が抑うつ状態だったが，今は3か4くらい。抑うつの状態とそうでない状態の割合が逆転した」とのことであった。身体次元での器質的な抑うつは未だ残る段階であることを考えるとむしろ冷静にモニターしているものと思われ，この残存している抑うつとともにあることについて，拒否感がなくなっていることが変化した点であると思われる。

2．態度変換について成功を導く工夫

①セラピストがソクラテス的会話に慣れていること

クライアントが，独自の意味（ロゴス）の方向性について見失うことなく，かつ，意味への意志が刺激されて活動し始めるようにセラピストが質問を用意できる必要がある。意味への意志の方向を軸に，ストレートに質問するだけではなく，場合によっては意味への意志が触発されるように，いったん意味を否定するかのような質問をすることによって，その人の意味への意志を浮き彫りにすることもある。

②苦悩できるようサポートすること

まずはセラピスト自身が態度価値という領域があることを確信している必要がある。クライアントには苦悩する力があることを信頼し，苦悩を取り払うのではなく，きちんと苦悩できるようになることに関わる。そして苦悩することができるクライアントを，高い人間性を発揮し，価値を実行しようとしている人として尊敬する。

3．逆説志向の事例

属性：30代男性。技術系会社員。

主訴：「顧客対応をしている時に，顧客側の理屈によって，恫喝されたことがある。それ以来，出社するのが苦痛で仕方ない。ときどき，会社を休むことも

ある」

目標：職場にいられるようになること。
アセスメント：
　身体次元——器質的な疾患はなし。
　心理次元——もともと状況を被害的に認知する傾向が強い。予期不安が強い。
　顧客の言い分の方が不条理なものであって，すでに会社としても対応済みであり，「このことで自分が会社に行けないのはバカバカしいことである」と頭ではわかっている。
　しかし，不安から逃れようとして委縮してしまい，むしろ些細な失敗を繰り返し，それに対してまた新たな予期不安を惹起するという悪循環が生じていた。
　精神次元——自らを，就労場面で求められている意味に充分に応えられず，責任を果たせていない存在とみて，自信を失っている。
経過：全1回のセッション。上記のアセスメントにより，自己距離化を促すため，逆説志向を中心とした面接を実施。特徴的な部分について抜粋。

Th「一番恐れているのはどんなことですか？」
Cl「また顧客にどなられて，社内で『できないやつ』『使えないやつ』と評判になってしまうこと」
Th「『使えないやつ』と言われるためにはどうすれば良いか想像してください」
Cl「苦情が殺到して，電話が鳴りっぱなしになる。それを誰も手伝ってくれなくて一人でさばかなければいけないということです」
Th「では，それを望んでみてください」
Cl「電話が鳴りっぱなしになっても良い」
Th「『～になっても良い』ではまだだめです。よりオーバーに想像してむしろ望んでみてください。『～になりたい』です」
Cl「直接苦情を言いにきた人が押し寄せてきて，一列に並んでもらったら，万里の長城のように地平線まで並んでいる。いっそのこと人工衛星から見えるくらいまで並んでもらいたい」（クライアントは，ここでぷっと吹き出す）

　事例のまとめ：自らの症状を笑うことができるのは，自己を客観的にみて，距離を持って眺めることができた（自己距離化の）証拠である。転じてしまえば，不安に捉われることがなくなるため自然にもとの能動性が復帰する。本事例については，上記1回のセッションにて「起承転結」すべての段階が終了。以後，予期不安は出ておらず出社している。

4．逆説志向について成功を導く工夫
①ユーモアセンスのアセスメント
　クライアント自身が，その状態をみずからふっと笑えると，逆説志向が成功したと言え，より自己と距離をとることができるようになった証拠となる。
　しかし，不安に強くとらわれすぎていて，ユーモアを持つことができないときには，逆説志向はなかなか成功しない。
　「現実的ではなくとも，できるだけオーバーに」という教示によって，ユーモアのセンスが引き出されることが多い。
②恐れていることを強く望むよう誘導する
　この事例のように，いったん「〜しても良い」というニュートラルなところに留まってしまうことがよくある。ニュートラルな程度では自己と距離がとれない。何度か「〜したい」と声に出すことで，「強く望む」という意味を理解してもらえることが多い。

V　まとめ

　最後にロゴセラピーにおいてどの技法を用いる場合にも共通するこつを2つあげておきたい。
　1つめは，フランクルが患者から精神分析との違いについて聞かれた際に「ロゴセラピーでは腰かけたままでいいのです。そして，聞きたくないことを聞かなければなりません」と答えたという話を好んで引いた（Frankl, 1982, p.73）ように，ロゴセラピストは必要があれば，意味（ロゴス）に関するさまざまな解釈を提示する。しかし，クライアントはこれを受け入れる権利も拒否する権利もあるということである。
　「ロゴセラピーは人に押し付けるような教説ではありません。これは強制事項ではなくて提案というようなものです。ロゴセラピーはアジア諸国のバザールのように，客に商品を押し売りするのではなく，むしろスーパーマーケットのようなものです。中を通り抜けて自分の必要なものを自分で選び取ることができるのです」(Frankl, 1997)
　2つ目は，セラピスト自身が，人生局面に対する意味（ロゴス）を理解し，実践していることである。
　フランクルは「生命」「死」「罪」「愛」などの意味についてたびたび語っている。
　これらの意味について単なる知的理解ではなく，自らの人生の体験に基づい

た解釈をしたうえで，クライアントの前に立っていることが必要である。

　セラピストが，クライアントの言動によって右往左往せず，一貫性を持ってそこに立つことで，クライアントがそこを原点として自らの位置を計ることができるようにする必要があるからである。

文　献

Frankl, V.E. (1946) Aerztliche Seelsorge. Wien, Franz Deuticke.（霜山徳爾訳（1957）死と愛―実存分析入門．みすず書房．）

Frankl, V.E. (1947) Ein Psycholog Erlebt das Konzentrationslager. Wien, Verlag für Jugend und Volk.（霜山徳爾訳（1961）夜と霧―ドイツ強制収容所の体験記録．みすず書房．）

Frankl, V.E. (1975) Der unbedingte Mensch Metaklinische Vorlesungen. Bern, Verlag Hans Huber.（山田邦男監訳（2000）制約されざる人間．春秋社．）

Frankl, V.E. (1977) Trotzdem Ja zum Leben sagen. Ein Psychologe Erlebt das Konzentrationslager. München, Kösel-Verlag.（池田香代子訳（2002）新版　夜と霧．みすず書房．）

Frankl, V.E. / Kreuzer, F. (1982) Im Anfang war der Sinn : Von der Psychoanalyse zur Logotherapie.（山田邦男，松田美佳訳（1997）宿命を超えて，自己を超えて．春秋社．）

Frankl, V.E. (1997) Der Wille zum Sinn―Ausgewälte Vorträge über Logotherapie. München, Piper Verlag.

勝田茅生（2008a）ロゴセラピー入門シリーズ1　フランクルの生涯とロゴセラピー．システムパブリカ．

勝田茅生（2008b）ロゴセラピー入門シリーズ2　危機の克服と予防．システムパブリカ．

勝田茅生（2008c）ロゴセラピー入門シリーズ3　精神の反抗力と運命／喪のロゴセラピー．システムパブリカ．

Klingberg, H. Jr. (2001) When Life Calls Out to Us. Doubleday.（赤坂桃子訳（2006）人生があなたを待っている〈夜と霧を越えて〉1，2．みすず書房．）

岡堂哲雄監修，PIL研究会編（1993）生きがい―PILテストつき．システムパブリカ．

佐藤文子監修（2008）PILテストハンドブック 改訂版．システムパブリカ．

第4章

パーソン中心療法における工夫

リフレクションをめぐって，ひとりからふたりへ

岡村達也・小林孝雄

　リフレクション。音写のままとする。かつてこれをカウンセリングや心理療法のαにしてωと夢想した（岡村, 2007a, pp.267-283）。「わが死せむ美しき日のために／連嶺の夢想よ！　汝が白雪を／消さずあれ」（伊東静雄「曠野の歌」）。
　開発したオットー・ランクはこれを認知的技法とし，クライアントの表現内容をリフレクトすることで，治療者はクライアントの思考を内在化し，クライアントは自分の思考の表現を聞く，とした。パーソン中心療法（以下PCT）の開祖カール・ロジャーズはこれを感情に拡大。感情のリフレクションである。
　（国際的には，ロジャーズが自分の全職業生活の第一主題を「パーソン中心アプローチ」と称して来（Rogers, 1980, pp.114-115），その心理療法における展開はPCTと称され，「クライアント中心療法」は歴史的名称である。）
　感情のリフレクションとPCTを同値とするシンパ，アンチ共有の見解は唾棄してあまりある（岡村, 2007a, pp.13-141）。まず，ロジャーズはこれを，共感的理解や無条件の積極的関心をコミュニケートする通路になる点を除けば，治療に不可欠としなかった（Rogers, 1957, p.102）。また，PCTはクライアントの体験全体を理解し応答するものゆえ，感情にのみ応答することは指示性の一形態である（Tudor & Merry, 2002［岡村監訳, 2008, pp.33-34］）。もっとも，PCTといえども，それが一個の療法であるなら，メタレベルの指示性はある。それが各療法を特徴づける（岡村, 2007a, pp.165-174）。さらに，各種療法共有の一技法である（例えばIvey, 1985）。
　しかし，技法視には異論もある——ロジャーズの思想は数多養成プログラムの基盤になっている（これが, 2007年,「この四半世紀, 最も影響を受けたセラピスト」第1位が, 1982年同様ロジャーズだったワケの一端か？；岡村, 2007b

参照）．が，本当に理解されているとは言えない。治療哲学が技法に還元され，スキルとして伝授され，エクササイズを通じて身につけさせられる（例えばEgan, 1986）。確かにこの種のスキルを伝授されて助かる人は多い。が，そうした養成手順はロジャーズの仕事の正しい延長線上にあるか？　ロジャーズは早い時期から，受容的共感的応答を学習しても，それ自体が治療効果に直結するものではない，とした。人間存在の本質と治療過程に対する統合された確信に発するものでなければ力がない，と見たからである（Thorne, 1992［諸富監訳，2003, pp.179-180：原著2版［2003］にこの記述はない］）。

Skills in Person-centred Counselling & Psychotherapy（Tolan, 2003）という面白い題名の本がある。「面白い」をただちに了解するひとは，忠実なPCTの徒である。「したり，良書出来」と飛びつく向きは，PCAの破壊者［破戒者］，と言っておこう。いずこにも，獅子身中の虫はある。トーランは承知でこの題名を採用している。そもそも「PCTの本の題名に技法だなんて尋常じゃないよね。でも，技法リストじゃないの。ああしなさい，こうしなさい，じゃないの。ああもできる，こうもできる，なの。私なりの見てみてちょうだい。あなたはあなたなりにするのよ，なの」(p.ix)。

本稿では，リフレクションをめぐって，まず，ロジャーズにとっては態度の具体化である，のに対して，これを心理的接触を発展させる技法とするプラウティのプリセラピー（Prouty, 1994），次に，晩年プリセラピーについて語った佐治（2007, pp.236-273）の面接（佐治，1992）を取り上げる。前者は，表現形態としてのリフレクションの意義を見出した。後者は，表現形態としてのリフレクションの動機＝治療者の「ありよう」の1つをわれわれに示唆する。

I　シュヴィング的「姿勢」の「技法」的工夫としてのプリセラピー
——統合失調症クライアントとの関与における不易から

　名前が変わっても変わらないものがある。少なくとも目下は変わってない（と思う）。手立てが変わっても変わらないものがある。少なくとも目下は変わってない（と思う）。そのようなことの1つを記してみたい。

1．シュヴィング的「姿勢」

　統合失調症クライアントとの接触を考えるとき，忘れられないのがシュヴィング『精神病者の魂への道』（Schwing, 1940）である。シュヴィングは，何年もベッドに寝，毛布をかぶったまま身じろぎもしない患者のかたわらに，毎日

30分ずつ座った。何日かして，暗く生気のない目が毛布の下からのぞき，言う。「あなたは私のお姉さんなの？　だって，きのうも，おとといも，そしてずーっと前の日から，私のそばにいてくれたじゃないの！」(小川ほか訳, 1966, pp.11-12)

　統合失調症の認知行動療法の発展は目覚ましい。本邦近著に限っても，バーチウッドほか (Birchwood et al., 2001)，原田 (2006) は注目に値する。後者の中に見逃せない記述がある。「心理教育や認知行動療法をスムーズに進めるためには……次のような個人精神療法のレパートリーを治療者が手中に収めておくこと」とし，第1の「治療関係作りの基本」の第1にして1つとして，「シュヴィング的姿勢」をあげていることである (p.91)。当然であろう。まずは安心で安全な関係の確保である。

　また，近時本邦で目立ったのは，広沢 (2006) や池淵 (2006) のリハビリテーションに関する有力書である。見逃せないのが前者。「急性期の患者への対応の仕方」の中で言う。「信頼できる人物が余裕をもって傍らにいてくれることが望ましい。……シュヴィング的な接し方である。……この姿勢は，孤立無援の状態に陥っている患者にとって安心感や安全感を育む……。……この時期のリハビリテーション的な働きかけ［は］いたずらな情報のインプットにすぎず，余計に患者を混乱させる」(p.55)。

　当然，認知行動療法やリハビリテーション以前があり，その不易の基盤となる関係がある。間挿的にクライアントとの接触が失われたときの治療者の「姿勢」としても，つねに「手中に収めておくことが望まれる」不易のものである。

　しかし，シュヴィング的「姿勢」はどのようにして実現されるか？　シュヴィングは，「ベッドのかたわらに静かに坐る」(Schwing, 1940［小川ほか訳, 1966, p.11］) と記し，同書に序を寄せたフリーダ・フロム－ライヒマンは，「医師は孤独な状態にある患者さんたちと居させてもらう。最初は自分が居ることを我慢してもらうことだけを期待し，やがては医師というよりは誰かひとが居ることを受け容れてもらえるようになることを期待する，といったふうにして」(Bullard, 1959, p.335) と記すが，このことを治療者は，どのようにして実現するか？　PCTの概念を使えば，相手の内的照合枠が体験できず，相手のわかってほしいという思いが感じられない (Sommerbeck, 2003, pp.68-84)，そのようなクライアントと居ることは，つらく，むずかしい。この点についてのPCTからの「技法」的工夫の1つとして，プリセラピーを位置づけられまいか。

2．パーソン中心療法

　しかし，統合失調症にPCT？　ウィスコンシン・プロジェクト（Rogers et al., 1967）の失敗は周知ではないか。しかし，メアンズ（Mearns, 2005）は言う。「PCTは，クライアントの数，養成機関の数，本の販売数，いずれにおいても英国最大の心理療法である。日本では非常に大きな誤解がある。PCTは歴とした療法と見なされておらず，なにか表面的なものと思われている。逆である。PCTは，とくに深い関係が必要な治療にこそ適しており，非常に重篤なクライアントにも適している」。やはりそうか……？

　趣旨はしかし，PCTの称揚にはない。統合失調症クライアントに対する流行の認知行動療法やリハビリテーション以前，そもそもの治療の不易の基盤としてのシュヴィング的「姿勢」であり，その「技法」的工夫の1つとしてプリセラピーを位置づけられまいか，である。後者がPCTの文脈で展開したというにすぎない。

3．問　　い

　最初に戻る。そもそもクライアントとの「接触」が，認知行動療法にせよリハビリテーションにせよ，広い意味での治療の不易の基盤である。治療者は，多少なりともクライアントの内的照合枠を体験できており，クライアントは多少なりとも自分（治療者）に話そうとしており，自分にわかってほしいと思っている，と感じられなければならない。クライアントの内的照合枠が体験できない，クライアントの話そう，わかってほしいという思いが感じられない，つまり「接触」がないとき，どうしたらいいか？　一口にシュヴィング的「姿勢」といっても，どのようにして実現されるか？　これが問題である。

4．プリセラピーの一例

　プリセラピーの一例を見てみる（Prouty, 1994［岡村ほか訳, 2001, pp.86-89］）。
　ある間挿的な「接触」喪失における危機介入場面。クライアントは解体型統合失調症。施設から車で街に出る途中，精神病的反応，「接触」喪失が出来。後部座席にうずくまり，腕を，引っ張られるかのように上に伸ばし，恐怖で絶叫している。治療者（Th）は車を止め，クライアント（Cl）の隣にすわって――

Cl：[声をふるわせ] 吸い込まれちゃう。
Th：WWR　吸い込まれちゃう。

Cl：[座席からさらにずり落ちながら，腕を伸ばし，目は閉じられている]
Th：BR　座席からずり落ちてってるよ。腕を上に伸ばしてるよ。
Th：SR　私たち車の中よ。私の隣にすわってるよ。
Cl：[絶叫]
Th：FR　叫んでるよ。
Cl：吸い込まれちゃう。
Th：WWR　吸い込まれちゃう。
Th：SR　私たち車の中よ。私の隣にすわってるよ。
Th：FR　怖がって，叫んでるよ。
Cl：[恐怖を圧し殺すような絶叫]吸い込まれちゃう。
Th：WWR　吸い込まれちゃう。
Th：SR/BR　私たち車の中よ。私の隣にすわってるよ。腕を上に伸ばしてるよ。
Cl：[はげしく泣き始める。腕が膝に下ろされる]掃除機だったの。
Th：WWR　掃除機だったの。
Cl：[しっかり目を合わせながら]あの女(ひと)，掃除機でやったの。[ふつうの口調で続ける]もう終わったかと思ってたのに。あの女(ひと)，私が悪いことすると，掃除機，腕に当てたの。吸い込まれちゃうって思ったの。[泣き収まり始める。そう言えば，毎日，腕を肘までキスして，四六時中さすっていた]
Th：WWR　腕，ちゃんとあるよ。吸い込まれなかったよ。
Cl：[笑みを浮かべ，Thにだかれる]

　場面を思い浮かべられるだろうか（Thの発言に付された略号は後述）。
　その日の午後の面接，クライアントは子ども時代に受けた罰に対する気持ちを探り，腕へのキスと腕さすりと，外傷体験との関係を体験した。母親に掃除機で脅されていたのだった。クライアントは，この新しく統合された素材をもとに，母親に関して治療を深めた。
　上記の問いに対する答えはこうだ。シュヴィング的「姿勢」は，この例に見るように，プリセラピーの「接触反射」という非常に具体的な水準でクライアントに応答［共感］することで実現される可能性がある。シュヴィング的「姿勢」実現の一工夫としてプリセラピーを位置づけられまいか。

5．接触機能

　多くのクライアントは，わかってもらおうと自己を表現する。自己の感覚があり，自己・他者・世界との「接触」がある，ということである。プリセラピーでは，それぞれ「感情接触」「コミュニケーション接触」「現実接触」と言う。この場合，治療者はクライアントの内的照合枠を体験できる。しかし，統合失調症（あるいは精神病圏）クライアントには，病相としてにせよ，間挿的にせよ，こうした「接触機能」に不全がある。間挿的な場合，治療者はフツーの共

感的応答とプリセラピーの接触反射との間を往還する。いずれにせよ，例のような「接触」喪失，共感的理解の拠りどころとなる相手の内的照合枠が体験できないとき，応答［共感］は相手の直接観察可能な行動に向けられ，接触反射を通じて伝達され，これによって接触機能の回復が図られる。

6．接触反射

接触反射には5種類ある。状況反射（situational reflection: SR），身体反射（body reflection: BR），表情反射（facial reflection: FR），逐語反射（word-for-word reflection: WWR），反復反射（reiterative reflection: RR），である。例ではこの略号を用いた。

①状況反射（SR）では，クライアントのまわりの現実や環境を言語化してリフレクトする。「今日はお天気いいね」「今日は白だね（クライアントが白い服を着ている）」「今日は犬がうるさいね」など。「現実接触」が回復・促進される。
②身体反射（BR）では，クライアントの姿勢や動きを模倣したり，言語化してリフレクトしたりする。「（壁の）絵を見てるんだね」「前を見たままだね」「［治療者も首を振りながら］2人とも首振ってるね」。クライアントが手で耳をふさいでいるなら，治療者も手で耳をふさいでみるなど。現実的な身体イメージとの接触，「現実接触」が回復・促進される。
③表情反射（FR）では，クライアントの感情を伴った表情について，治療者の印象を言語化してリフレクトする。「うれしそうだね」「何か言いたそうだね」など。「感情接触」が回復・促進される。
④逐語反射（WWR）では，クライアントが言ったことを逐語的にリフレクトする。クライアントが言ったことが支離滅裂なときは，わかった単語や文（の一部）や，クライアントにとって意味があると思える単語や文（の一部）をリフレクトしてみる。「コミュニケーション接触」が回復・促進される。
⑤反復反射（RR）は，クライアントの「接触機能」や体験過程を促進させたリフレクションを繰り返し行うことである。

7．「技法」として

接触反射は非常に具体的である。接触機能が確立しているクライアントにあっては，共感的応答の抽象水準を意識しない。クライアントも同じ水準で自己を表現しているからである。統合失調症（あるいは精神病圏）クライアントにあっては，しかし，そうはいかないときがある。体験と表現の水準が非常に具体的なときであり，「接触」しようと思うなら，その水準で応答しなければならないときがある。

接触反射はあまりにも文字通りである。行う側が，クライアントを見下して

いるように感じたとしても不思議ない。一方，接触機能が確立しているクライアントにあっては，これを行われる側が，「おうむ返し」されているとして，見下されていてるように感じたとしても不思議ない。

　前者にあっては，しかし，乳幼児との接触を思え（村瀬ほか, 2004, pp.59-60；佐治ほか, 2007, p.84）。「接触」，受容，共感の表明が，巧まずして接触反射になっている！　見下すことでもなければ，問いかけによって侵入することでもない。同様に，「接触」を恐れているクライアントと，押しつけず，侵入せず，要求せずにいる居方である。クライアントのあるがままといる居方である。シュヴィング的「姿勢」の実現である。

　プラウティ（Prouty, 1994）の「訳者あとがき」に次のように記した所以である。「私たちは，いわゆる自閉症の子どもたちの行動をなぞり，あるいは，関係のつきにくい子どもたちとの遊戯療法において，子どもの行動の『実況中継』をどれほどしてきたことか。あるいは，ある種のクライアントさんの呼吸を感じようとしながら，かろうじてクライアントさんが出すことばを，まるで宝物のように，『あぁ，……なのね』などと言っていいのかどうかおびえつつ，なぞっている自分を発見したことなど，日常茶飯事ではなかったか。私たちは『反射』しようとしていたわけではなかった……。それは，気の抜けた『（感情の）反射』などでは断じてなかった」（岡村ほか訳, 2001, p.164）。

　（ランドレス『プレイセラピー』（Landreth, 2002［山中監訳, 2007］）の，「気が進まず，不安そうな子どもへの応対」（pp.133-134）には，見事なプリセラピーの記述がある。そのこころは，同10章「促進的な応答とは」における「跡を追う応答」（pp.152-155），12章「典型的な問題とその対応」における「子どもが沈黙していたら」（pp.199-201）にも見ることができる。が，10章はあやうい章でもある。「おうむ返し」の亡霊が跋扈する。「おうむ返し」がたましいを獲得するには修練が要る。あるいは，それがたましいをもつ治療者のありようがある（IIはその一例だろう）。同じレシピに従った，その意味で同じプリンでも，うまいとうまくないがある。当たり前のことだ。君のつくったのはうまくないと言われて，レシピのせいにするか？　しかし，レシピ作者のプリンは，それでうまいのだ！）

8．「居方」の工夫として

　ウィスコンシン・プロジェクトの失敗についてロジャーズは言う。「治療者たち——実際，有能であり良心的であった——［は］，かれらが関与した関係に

ついて，楽観的すぎる，そうしていくつかの場合にはひどく無効な，諸知覚をもっていた」(Rogers et al., 1967［友田編, 1972, p.165］)。統合失調症クライアントにあっては自己探求より関係形成が重要である，にもかかわらず，「接触」のなさに無知だった，ということである。クライアントの内的照合枠が体験できず，クライアントのわかってほしいという思いが感じられない，にもかかわらず，共感的理解を行おうとしていた，ということである。いきおい共感的推測になる（岡村, 2007a, pp.165-174）。「接触」のないクライアントにあっては，やむをえないかもしれない。が，防衛を強化し，さらに精神病的にするものにもなりうる。

フツーの心理療法を行おうとして行えないことは，治療者にとってフラストレーションである。どう居たらいいか，わからなくなる。何もせずに居ることはむずかしい。何をしながら居るか，その「何」がわかって居られる。プリセラピーをその一工夫と位置づけられまいか。その内的照合枠が体験できず，わかってほしいという思いが感じられないクライアントと居やすい。一口にシュヴィング的「姿勢」と言っても，どう居たらいいかわからなければならない。治療者が居られるような工夫が必要なのだ。

しかし，プリセラピーによって統合失調症が治る，ということではない。接触機能が改善され，「接触」がもてるようになる，ということであり，これが広い意味での治療の不易の基盤だろう。

表現形態としてのリフレクションの意義，より精確には，表現形態としてのリフレクションが意義をもちうる一局面，を見出した，としよう。

II 佐治守夫『治療的面接の実際 Tさんとの面接』から
——工夫としての「ありよう」の1つ

次に，佐治（1992）を通じ，リフレクションという表現形態の動機＝セラピストの「ありよう」について，「私」というものについての1つの捉え方を梃子に，1つのアブダクション（米盛, 2007）を試みたい（詳細は小林ほか（2008）参照）。

1．素　材

面接開始部分（p.8）。クライアント（Cl）はTさん，カウンセラー（Co）は佐治である。

Co1：それじゃどうぞ，どんなことからでも。
Cl1：そうですね，あのぅ，最近は少し落ち着いてきている（はいはい）んですけれども……ただ……うーん，やっぱり自分の中に，その，根づいている劣等感っていうんですか（はい）。なかなかこう解消できないんですね（うーん，うん）。あの，この間ちょっとお話ししまし（はい）たけれども，あのぅ……自分と母親との関係（はい）っていうんですか……うーん，ま，かなり強い，あの，タイプの人間だったんですけれども。
Co2：あ，お母さんがね（えぇ），きつくって。はい。
Cl2：何かこう常に自分はこうダメだダメだというような気持ち（うーん，うん）を持ち続けてしまって……来た（はい）のが，まだ引きずっているんじゃないかな，と思うんですけれどもね。
Co3：自分はだめだ，うん，そういうことから来る，何か劣等感のようなものがずっと（えぇ）根づいていたのねぇ。はい，はい。
Cl3：はい。そうですね（うーん）。ですからあのぅ……普通の人ならば，あのぅほとんど気にせずにこう（うん）……何ていうんですかね，気にせずに過ごしてしまうようなことでも（うんうん）一つ一つ引っ掛かってしまうようなことが結構ありまして……。まぁ，そのたんびにこう落ち込んでみたり（うーん）まぁ，してはいるんですけれども（うーん，うん）。
Co4：ちょっとしたことに一つ一つこう引っ掛かる……そんな感じがあってね，はい。うーん，普通ならば，普通の人なら何でもなしに過ごしてしまうようなことでもねぇ，何か引っ掛かるなぁって。

2．クライアントは何をしていると記述するのがふさわしいか

　例えばCl1の後半,「あのぅ……自分と母親との関係っていうんですか……うーん，ま，かなり強い，あの，タイプの人間だったんですけれども」という発言において，クライアントは何をしていると記述するのがふさわしいか。クライアントに生じている現象をどのように記述するのがふさわしいか。

　永井（2006）は，西田幾多郎の「純粋経験」について，川端康成『雪国』の冒頭を取り上げて言う。

　　「国境の長いトンネルを抜けると雪国であった」とは，誰かその経験と独立のある人物がたまたま持った経験を述べている文ではないのだ。もし強いて「私」という語を使うなら，国境の長いトンネルを抜けると雪国であったという，そのこと自体が「私」なのである。だから，その経験をする主体は，存在しない。西田幾多郎の用語を使うなら，これは主体と客体が分かれる以前の「純粋経験」の描写である（p.12）。
　　……したがって西田哲学的に解釈された日本語においては，知覚する主体もまた，究極的には存在しない。雷鳴が聞こえているとき，海が見えているとき，それを聞いたり見たりしている主体は，存在しない。雷鳴が聞こえているということ，海が見えているということが，存在するだけである。あえて「私」と言うなら，私が雷鳴を聞き，私が海を見るのではなく，雷鳴が聞こえ，海が見えていること自体が，すなわち私なのである（p.17）。

「私」というものがこのように捉えられるなら，Cl1 の後半について，次のように記述するのがふさわしくあるまいか。

体験主体たる「私（クライアント）」が，母親は「かなり強いタイプの人間だった」という体験をもっているのではない。そうではなく，「自分の母親は，かなり強いタイプの人間だった（なあ）」という「思い」がある。その「思い」があることが，すなわち〈私〉である。そういう状態がクライアントにおいて実現している。

Cl2 も同様，体験主体たる「私（クライアント）」が，「常に自分はダメだダメだというような気持ちを持ち続けてしまってきた」という体験をもっているのではない。そうではなく，「常に自分はダメだダメだというような気持ちを持ち続けてしまってきた（なあ）」という「思い」がある。その「思い」があることが，すなわち〈私〉である。そういう状態がクライアントにおいて実現している。Cl3 も同様である。

したがって，Cl1，Cl2，Cl3 の発言は，Cl によるクライアントの〈私〉（すなわち「世界」）に関する報告と言えよう。

3．治療者は何をしていると記述するのがふさわしいか

では，このような現象がクライアントという「場所」において実現しているとして，クライアントの目の前にいる治療者は，何をしていると記述するのがふさわしいか。

Cl1 に対して治療者は応答する。Co2「あ，お母さんがね，きつくって。はい」。想像するに，治療者は，クライアントが報告した〈私〉，すなわち，「自分の母親はかなり強いタイプの人間だった（なあ）」という「思い」があるというクライアントの〈私〉を，治療者自身の〈私〉（という「場所」）において実現することを試みているのではあるまいか。その実現の試みに，ことばを発しながら，従事しているのではあるまいか。その作業を表現するなら，「自分の母親はかなり強いタイプの人間だった（なあ）」というクライアントの「思い」を，治療者の〈私〉においても「思ってみよう」，とでもなろう。

また，Cl3 に対して治療者は応答する。Co4「ちょっとしたことに一つ一つこう引っ掛かる……そんな感じがあってね，はい。うーん，普通ならば，普通の人なら何でもなしに過ごしてしまうようなことでもねぇ，何か引っ掛かるなぁって」。このことばを発しながら治療者は，「一つ一つ引っ掛かってしまう（なあ）」というクライアントの「思い」を，治療者の〈私〉という「場所」におい

ても「思ってみよう」としているのではあるまいか。

治療者はそういう動機＝「ありよう」でいた，と言えまいか。

4．治療者の発言はいかなる工夫か

発言をしているときの治療者がこのような「ありよう」でいたとするなら，治療者の発言はどのような工夫であると言えるか。先に，クライアントの発言は，クライアントによるクライアントの〈私〉（すなわち「世界」）に関する報告と言えよう，と記した。それに対するCo2, Co3, Co4の治療者の発言は，クライアントの世界報告を治療者もしてみながら，報告されたクライアントの世界を治療者において実現する試み，あるいは，治療者においてクライアントの世界の実現を試みながら，実現されつつある治療者の世界についての報告，ではないか。そう捉えると，Co2, Co3, Co4の発言と先に記述した治療者の「ありよう」とがうまく対応していると言えよう。

5．リフレクションという表現形態とその動機との連関

Co2の応答を，「お母さんはかなり強いタイプの人間だった」と書き換えると，表現形態として，よりリフレクションらしくなる。表現形態としてのリフレクションは，しかし，その動機と結果とを一義的に規定しない。この形態の応答は，次のような意味を伝えようとする動機によっても，治療者から発せられうる。また，そのような意味を伝えるべく発せられた，とクライアントによっても受け取られうる。

第1の意味。体験主体たるクライアントの，母親という関係にある人物がもつ属性は「かなり強いタイプの人間だった」。応答を言い換えるなら，例えば，「お母さんはかなり強いタイプの人間だったのですね」とでもなろうか。この意味で受け取られたなら，クライアントの応答は，例えば，「はいそうです。母は強いタイプの人間でした」とでもなろうか。

第2の意味。クライアントが語ったことは，「体験主体たるクライアントの，母親という関係にある人物がもつ属性は『かなり強いタイプの人間だった』」。応答を言い換えるなら，例えば，「あなたは，母親はかなり強いタイプの人間だった，と言ったのですね」（プリセラピーのリフレクションの所在はここである），あるいは，「あなたにとっては，お母さんはかなり強いタイプの人間だったのですね」とでもなろうか。この意味で受け取られたなら，クライアントの応答は，例えば，「そうです。言ったとおりです」，あるいは，「そうです。私に

とってはそうでした」とでもなろう。

　表現形態は，この2つの動機いずれによってもありうるし，第3には，先述した，クライアントの世界の実現の試みにおける治療者の世界についての報告，という動機としてもありうる。

　かくて，表現形態だけを取り上げて，「おうむ返し」と揶揄することは的外れである。また，いずれの意味に受け取られたとしても（しかも，受け取られた意味が治療者の動機と整合していなくとも），クライアントはその応答を利用することができる。リフレクションの動機，表現形態，結果の連関を離れての揶揄は，やはり的外れである。

6．クライアントにとってどのような体験なのか

　治療者はクライアントの目の前で，クライアントの〈私〉の実現を試みながら，クライアントの世界報告をリフレクションしていた。このような治療者と時間をともに過ごすことは，クライアントにとってどのような体験か。クライアントは語る。

　　……何か考えて，何かこう，自分で話した後に，こう，先生に，こう，あの先生からのあの，反応っていうんですかね，が，返ってきて，でそれが何かこう，えーどういうふうに言ったらいいんですかね。こう，トントンとこう，あの，肩を叩かれるっていうんですかね，あのような感じで，こう，それから先のことを考えがこう進む前に，何てこう，おんなじようなことをグルグルグルグル考えるような段階から，ストンとこう，次の段階に移るような，何かそういうのが，あのえー，ま，こういうふうにして深まるのかなっていうの，あの感じましたけれども（佐治，1992，p.39）。

　クライアントにとっては，「思い」をじっくり「思ってみる」時間になっていたのではないか。本来，自分という「場所」でしか実現されえない「思い」が，治療者という「場所」においても「思って」みられ，治療者から報告される。クライアントが自分の「場所」すなわち〈私〉（「思い」，「世界」）をゆっくり見回してみる（思ってみる）時間，となっていたのではないか（精神分析におけるカウチにおける自由連想を，佐治は，対面，しかし，対話ならざる「対座」において実現していた，という言い方も可か）。

7．世界実現のための技法

　音楽を，どんな音楽だろうか，と聴き入り，聞こえてきた音楽が〈私〉となり，ああこんな音楽なのか，との「思い」に浸るように，どんな「思い」だろ

うかと「思い入り」，そういう「思い」がある〈私〉となり，ああ，こんな「思い」なのか，と，また「思う」。香りを嗅ぐとき，味を味わうときも似ている。

　クライアントの「思い」（〈私〉，「世界」）を治療者自身の「場所」で「思ってみる」（実現する）ための工夫の1つが，クライアントによる世界報告を治療者みずからくり返すこととしてのリフレクション，と言えまいか。このリフレクションはクライアントの応答を引き出す（強いる）ものではなく，したがって，「対話」というのはふさわしくない。佐治自身のことばを借りれば，「対座」ということになろう。

　　　　　ひとり
　　　春晝黙して白き時すぎぬ
　　　　　ふたり
　　　春晝や含羞和敬の対座かな

『佐治守夫先生御退官記念文集』（東京大学教育学部心理教育相談室，1984）劈頭に置かれた佐治の句である。

　治療者においてクライアントの世界が実現するなら，治療者の世界報告はクライアントの世界報告となり，これは共感的理解の一形態と言えよう。

　この句に体験される「ひとり」から「ふたり」への開けは，先に引用したクライアントの面接体験と正しく照応するのみならず，カウンセラー佐治の体験とも照応するのではないか。

8．カウンセリングとは何か

　佐治（1992）は言う。「何かをクライアントに対して与えるとか，特別な力を貸してあげるとかということが，セラピイではない……。……それがセラピイの本質なのだ……。……改善や変化を期待せずに会うことが大事だ」（p.27）。

　また言う。「自分の能力を相手に貸し与えたり……相手に影響を与えて，問題を除去ないし変容してやったりすることが援助になるのではない。……『援助』が……相手に何かを与え何かをしてやり，その結果としての相手の治癒ないし改善を期待する働きである，と誤って考えている……なら，その考えを放棄したところに『援助的関係』が始まることを銘記したい。援助とは，そのような与えること，してあげること，その結果としての改善への期待を最小限にした活動である」（佐治ほか，2007, p.13）。

　このことの含意でもあろう。こうした表現を招来する「ありよう」，あるい

は，こうした表現が指示しうる「ありよう」（の1つ）を，レトロダクティヴに，リフレクションの動機＝治療者の「ありよう」における1つの工夫，と言うことは許されまいか．仮説として提示したい．

Ⅲ　おわりに

　晩年ロジャーズは，感情のリフレクションという用語は不幸だとした．1つには，それが技法（表現形態）として硬直して教えられていることだった（しかしプリセラピーの所在は，感情のリフレクションではないが，ここにある）．反対の一番は，しかし，感情のリフレクションをしようとしていたのではないことだった．「クライアントの内界について自分の理解は正しいか，自分はそれをこの瞬間クライアントが体験しているがままに理解しているか，を確認しようとしていた」（Kirschenbaum et al., 1989, pp.127-128）．かくて，「理解の検証」や「知覚のチェック」という用語を好んだ．これは，その動機について述べたものである（しかしアブダクトされた佐治の「ありよう」ではない）．

　一方，ジョン・シュライエンは，感情のリフレクションを擁護する．「［それは］センスのない人たちにかかると，硬直したまがい物になる……．しかし，……誠実で知性のある共感的な聴き手にかかると，芸術的妙技の道具となる．リフレクションがあってクライアント中心療法の発展があった．哲学だけでなかった」（p.127）．これは，その結果について述べたものである．

　リフレクションの動機，形態，結果について，クライアントならびに治療者の状態と併せて，整理，検討する必要を痛感する．

　本稿では，まず，プリセラピーにおけるリフレクションという表現形態の動機と結果を見，次に，「私」というものについての1つの捉え方を梃子に，佐治におけるリフレクションという表現形態の動機＝治療者の「ありよう」の1つをアブダクトした．

文　献

Birchwood, M. & Jackson, C. (2001) Schizophrenia. Psychology Press.（丹野義彦ほか訳（2006）統合失調症．東京大学出版会．）

Bullard, D.M. (Ed.) (1959) Psychoanalysis and Psychotherapy : Selected Papers of Frieda Fromm-Reichmann. University of Chicago Press.（早坂泰次郎訳（1963）人間関係の病理学．誠信書房．）

Egan, G. (1986) The Skilled Helper : A Systematic Approach of Effective Helping. 3rd ed. Brooks/Cole.（鳴澤實ほか訳（1998）熟練カウンセラーをめざすカウンセリング・テキスト．創元社．）

原田誠一（2006）統合失調症の治療．金剛出版．
広沢正孝（2006）統合失調症を理解する．医学書院．
池淵恵美（2006）統合失調症へのアプローチ．星和書店．
Ivey, A.E. 著，福原真知子ほか訳編（1985）マイクロカウンセリング．川島書店．
Kirschenbaum, H. & Henderson, V.L. (1990) The Carl Rogers Reader. Constable.（伊東博ほか監訳（2001）ロジャーズ選集（2巻）．誠信書房．）
小林孝雄・岡村達也（2008）パーソンセンタードセラピーのケース：佐治守夫『Tさんとの面接』―面接における「1つのありよう」を記述する試み．In：伊藤義美編：ヒューマニスティック・サイコセラピー ケースブック2．ナカニシヤ出版（印刷中）．
Landreth, G.L. (2002) Play Therapy : The Art of the Relationship, 2nd ed. Brunner-Routledge.（山中康裕監訳（2007）プレイセラピー．日本評論社．）
Mearns, D. (2005) PCAセラピスト養成の現状とこれから（日本カウンセリング研究会本部主催，2005年5月7日，於学士会館）．
村瀬孝雄・村瀬嘉代子編（2004）ロジャーズ．日本評論社．
永井均（2006）西田幾多郎．日本放送出版協会．
岡村達也（2007a）カウンセリングの条件．日本評論社．
岡村達也（2007b）クライアント中心療法．臨床心理学, 7-5 ; 605-608.
Prouty, G. (1994) Theoretical Evolutions in Person-centered/Experiential Therapy: Applications to Schizophrenic and Retarded Psychoses. Praeger.（岡村達也ほか訳（2001）プリセラピー．日本評論社．）
Rogers, C.R. (1957) The necessary and sufficient conditions of therapeutic personality change. Journal of Consulting Psychology, 21 ; 95-103.
Rogers, C.R. (1980) A Way of Being. Houghton Mifflin.（畠瀬直子訳（2007）人間尊重の心理学 新版．創元社．）
Rogers, C.R., Gendlin, E.T., Kiesler, D.J., & Truax, C. (Eds.) (1967) The Therapeutic Relationship and Its Impact : A Study of Psychotherapy with Schizophrenics. University of Wisconsin Press.（友田不二男編（1972）ロージァズ全集19 サイコセラピィの研究．岩崎学術出版社．）
佐治守夫（1992）治療的面接の実際 Tさんとの面接．日本・精神技術研究所．
佐治守夫（2007）臨床家佐治守夫の仕事3：臨床家としての自分をつくること．明石書店．
佐治守夫・岡村達也・保坂亨（2007）カウンセリングを学ぶ 第2版．東京大学出版会．
Schwing, G. (1940) Ein Weg zur Seele des Geisteskranken. Rascher.（小川信男ほか訳（1966）精神病者の魂への道．みすず書房．）
Sommerbeck, L. (2003) The Client-centred Therapist in Psychiatric Contexts : A Therapist's Guide to the Psychiatric Landscape and Its Inhabitants. PCCS Books.
Thorne, B. (1992) Carl Rogers. Sage.（諸富祥彦監訳（2003）カール・ロジャーズ．コスモス・ライブラリー．）
東京大学教育学部心理教育相談室（1984）佐治守夫先生御退官記念文集．東京大学教育学部心理教育相談室．
Tolan, J. (2003) Skills in Person-centred Counselling & Psychotherapy. Sage.
Tudor, K. & Merry, T. (2002) Dictionary of Person-centred Psychology. Whurr.（岡村達也監訳（2008）ロジャーズ辞典．金剛出版．）
米盛裕二（2007）アブダクション．勁草書房．

第5章

フォーカシング指向心理療法における工夫

日笠摩子

　「心理療法がうまくいくための工夫」というテーマにフォーカシング指向心理療法の観点から何が言えるだろうかと自分に問うてみた。
　すぐに浮かぶのは，そもそもフォーカシングは心理療法が成功するための要となるプロセスであるという答えである。フォーカシングが発見されたきっかけは，心理療法の成否を左右する要因を探る大規模な実証的研究（Rogers, 1967）である。その研究では，セラピーの成否を決めるのはセラピストの技法や指向や態度ではなく，クライエントがある特定のやり方で自己探索を行っているかどうかであることが明らかになった。ジェンドリンはこのような自己探索のやり方を『フォーカシング』（Gendlin, 1981）として洗練させていった。つまり，クライエントにフォーカシングをしてもらうことこそ，心理療法がうまくいくための工夫なのである。
　しかし，フォーカシング指向心理療法は，単にフォーカシングを促すだけのものではない。フォーカシング指向心理療法は，クライエントにフォーカシングが起こることを指向しつつも，その人が人生上の課題や困難に取り組むことを援助するものである。そのためにはフォーカシング以外のさまざまな介入を行う。中でも，セラピストとの相互作用が重要な働きをする。本章では，このような広いフォーカシング指向心理療法の観点からの工夫を紹介したい。
　まず，基本的な考え方で，成功する心理療法のエッセンスであるフォーカシングを概説した上で，それを促す相互作用や工夫を述べていこう。

Ⅰ 基本的考え方

1．フォーカシングとは

　フォーカシングとは，問題や状況についてからだで感じられる何かに注意を向けることである。私たちのからだは，今現在の状況を生きている。過去や未来の事柄についても思い出せば，さまざまに反応を感じることができる。例えば，最近の腹が立った出来事を一つ思い出してもらいたい。そして，その出来事を思い出しながら「そのこと全体について自分はどう感じているだろう」と自分に問おう。そして，ゆっくりと，からだに何か反応が起こるのを待とう。思い出した出来事の複雑さに応じるように，そこで感じられるものも微妙で複雑である。「腹が立つ」ということば通り，からだの実感としても「腹で」何かがむかむかと沸き立つ感じがあるかもしれない。感情としても怒りや悔しさ，ショック，見捨てられる怖さ，などがあるだろう。また，そこから，その出来事のいろいろな側面や過去の出来事が連なるように思い出されるかもしれない。今後の方向や必要な対処が浮かぶこともある。人によってはイメージとして感じられることもある。

　このようなからだで感じられる実感を，ジェンドリンはフェルトセンスと命名した。フェルトセンスは，状況を生きているからだに注意を向けると，感じられる意味であり，ことばやイメージや感情や解決への一歩が生まれる源泉である。しかも，出てきたことばや表現以上のものがそこにはある。「腹が立った出来事」をもう一度思い出してもらいたい。そこにある感じは「腹が立つ」では言い尽くせないのではないだろうか。「むかむかと沸き立つ」でも「悔しさ」「ショック」「見捨てられる怖さ」でも言い尽くせない，「もっと何か」がそこにはある。表現されたことば（時には描画や箱庭，身ぶりなどの表現）よりも，からだで感じている，まだことばにならない実感の方が豊かであり真実である。これがフェルトセンスであり，それにただ注意を向けることで展開していくプロセスが，フォーカシングである。

　普段の生活で私たちは，このような，微妙でことばにならないフェルトセンスを無視しがちである。常識やおきまりのことばやパターンで決めつけ，切り捨てがちである。しかし，フォーカシングでは，フェルトセンスをそのまま認め，ゆっくりと，何もせず見守っていく。これは，クライエント中心療法で強調されるセラピストの態度と同じである。つまり，セラピストがクライエントに向ける共感的な理解と無条件の肯定的な関心を，クライエントが自分の中の

フェルトセンスに向けるのである（Gendlin, 1984）。これをフォーカシング的態度という。

そのような受容的に何もしないで待つという注意の向け方からは，逆に，新たな感じ方や気づきや解決への一歩が生まれることが多い。そして，このような変化や新たな気づきは，「ああ，そうなんだ」という納得感，身体的な解放感（時には涙や笑いになる）を伴う。これをジェンドリンは，体験過程の進展・フェルトシフト（感じられる変化）・体験的一歩と呼ぶ。

このような身体的に感じられる「そうだ」という感覚が，フォーカシング指向心理療法の要になる。先の「腹が立った」出来事のフェルトセンスを表現すると，どのような表現が生まれるだろうか。そのような表現を元の感じにつきあわせて「こういう表現でしっくりくるかな」と確認してみよう。「そうそう」と正しさを納得できる場合もあれば，「っていうか……」と違和感がある場合もある。先の「腹が立った」出来事の例で言えば，「むかむかと沸き立つ」は言ってはみたものの実感とはずれており，「『何よ』と突っぱねる」感じである。「悔しさ」「ショック」はかなりぴったり。「見捨てられる」はちょっと違い，「愕然，はしごを外された」の方が近い。このように，ことばでの表現をフェルトセンスとつきあわせて，しっくりくるかどうかを丁寧に確かめる作業を「共鳴」という。そこから次に必要な表現が生まれ，理解が進み，変化が起こっていく。

2．具体的な相互作用の重要性

フォーカシングは内的プロセスであると誤解されることが多い。しかし，実は外的なプロセスでもある。フェルトセンスはからだの内側で感じるものではあるが，生きている外的な状況や問題の反映である。そこから生まれる体験的一歩も外界への関わりをもたらすものである。ジェンドリンの哲学では，生きているプロセスはそもそも相互作用である。つまり，フォーカシングは内的なプロセスではなく，外界との相互作用なのである。そして，フォーカシング指向心理療法では，クライエントが生きている世界との相互作用，中でもセラピストとの相互作用を重視する（Friedman, 2000）。ジェンドリン自身，フォーカシング指向心理療法で重要なのは，第1に関係であり，第2に傾聴，第3にフォーカシングであると述べている（Gendlin, 1996）。

関係を重視するとはことさら関係を話題にすることではない。フォーカシングとそこからの変化を促すような具体的な相互作用を作ることである。クライ

エントが安心して内面に正直に触れられるような関係を提供することである。クライエントの主体性を尊重し，受容的に見守ることで安心感を提供することである。

　相互作用は身体的で具体的であり，私たちのあり方やフェルトセンスを規定している。ジェンドリン（1996）は，そのような暗黙の具体的相互作用を説明するために，ロールプレイで自己主張を強要する例をあげる。ロールプレイの中で「積極的に自己主張しなさい」と指示する場合，内容としては主体的積極的になることを促しているものの，暗黙の具体的相互作用では，自己主張を「押しつけ」ている。クライエントは受け身的消極的にされている。このような支配服従関係は治療的に望ましい関係ではない。

　そのような非治療的相互作用に陥らないための具体的な工夫が傾聴である。セラピストがクライエントの発言を伝え返しながら傾聴するとき，クライエントは，話の方向を定め一歩先を歩むことになる。クライエントは自然と主体的にならざるをえない。クライエントの孤独の訴えに対してセラピストが「ひとりぼっちでさびしいんですね」と伝え返すとき，話はひとりぼっちであるという否定的内容であるが，実際に起こっているのは，ひとりぼっちではなく理解しともに歩んでくれる人がいるという肯定的相互作用である。

　このような肯定的相互作用を促すための具体的な傾聴のやり方が体験的傾聴（Friedman, 2000）である。

II　特有の技法と工夫

1．体験的傾聴：間違えても教えてもらえばいい：フェルトセンスと表現の共鳴

　傾聴とは，セラピストが自分が理解した要点をクライエントに伝え返す応答である。傾聴によってセラピストには共感的理解が生まれ，またその理解を伝えられることでクライエントは，わかってもらえたという安心感を得て，孤立感を和らげることができる。また，傾聴は，クライエント自身が話の流れを作りだすという意味で，クライエントの主体性を守り育てる応答でもある。

　加えてフォーカシング指向心理療法では，傾聴の応答を用いて，クライエントが発言（象徴）と言いたいこと（フェルトセンス）を共鳴させることが強調される。そしてそこから新たな表現や気づきや解決など体験的な一歩が生まれることが期待される。私たちの言葉や表現の背景には，ことばになる以前の漠然とからだで感じられるフェルトセンスがある。ゆっくりと表現をフェルトセ

ンスとつきあわせる作業が共鳴である。傾聴の応答は，その共鳴を作業を促す。

セラピストからの伝え返しと，その伝え返しをクライエントが自分のフェルトセンスに共鳴させることの両方がある傾聴をフリードマンは体験的傾聴と呼ぶ（Friedman, 2000）。ここで重要なのは，クライエントがセラピストの伝え返しを内側に取り入れて，自分の思い（フェルトセンス）と共鳴させ，違っていたら訂正することである。

セラピストがクライエントを共感的に理解することが重要であるとはよく言われるが，では，どうすれば共感が成立するのだろうか。「わかってもらえた」「共感された」と感じるのはクライエントだけである。セラピストが共感するためには，クライエントから教えてもらうしかない（Gendlin, 1996）。セラピストが最初から共感的に理解することは難しい。だからこそ自分の理解を伝え返して，クライエントからのフィードバックをもらうのである。

クライエントに教えてもらうためのコツは，セラピストが伝え返しの際に，自分の伝え返しが間違っているだろうという前提のもとに「こういう理解でいいかどうか確かめてください。違っていたら教えてください」という姿勢で差し出すことである。間違っているだろうという前提は，卑屈や謙遜ではなく，事実である。伝え返しは，何重もの意味で，そのときクライエントが感じていることとは，ずれてしまう。そもそも，クライエントが発していることばが，感じていることを正確に表現できているとは限らない。私たちが語ることばは草稿のように（Friedman, 2000），ためしにとりあえず言ってみたという類のものである。それゆえ，話してより納得する場合もあれば，話したものの「ちょっと違う」と感じることもある。また，発したときには一致している表現だったとしても，話したら気持ちが変わることもある。「さっきは腹が立っていたけど，話したら気が済んだ」という場合である。これらは，クライエントの自己探索が正確になってきたり，変化したことなので，どちらも歓迎すべきものである。また，セラピストがクライエントの発言を本当に誤解していることもある。その場合も，クライエントから教えてもらうことによってしか，共感的理解にたどりつけない。つまり，間違いを教えてもらうことは，セラピストが共感的理解を得るためにも，クライエントが自分のプロセスを進めるためにも効果的な手順なのである。

クライエントが，セラピストの伝え返しが自分の思いとずれていたら，きちんと修正してくれるという関係になっていれば，セラピストはかなり自由に応答できる。しかし，話を聞いてくれている人に誤解されて，「違う」と言うの

はなかなか難しいものである。しかし,「わかってもらえていない」という違和感は,微妙な非言語的な反応として表現される。セラピストの発言に対するクライエントの次の反応に注意深く気づく敏感さこそが共感を築く礎である(Gendlin, 1968)。しかめつらや頭をかしげるそぶりや「うーん」という言い渋りがあったら,「ごめんなさい,ちょっと違うようですね」と誘い水をあげた方がよい。

つまり,体験的傾聴とは,セラピストの伝え返しと,それをクライエントが自分のフェルトセンスに共鳴して,必要な修正をすることである。このような積み重ねから,セラピストの共感的理解が生まれていくだけではなく,クライエントの中で体験過程の進展が起こっていく。それがフォーカシング指向心理療法の基本である。

2．フォーカシング教示：フェルトセンスとフォーカシング的態度

今まで述べてきたような,関係と傾聴の次にくるのが,フォーカシングの教示である。そのための教示はさまざまに工夫されている(Gendlin, 1981; Cornell, 1993など)が,臨床的には,フォーカシング・プロセス全体を促すことはほとんどない。それは,ジェンドリンが危惧する非治療的相互作用である「教え教えられる関係」に陥りやすいからであるし,また,それほど逐一教示しなくても,傾聴の中で自然にプロセスが進むからでもある。

臨床の中では,フォーカシングの教示を分解して最小限の介入単位として,局所的に,行き詰まったところでのみ必要最小限の介入をするのが普通である。このような使い方をライセンはマイクロ・プロセスと称している。このようなマイクロ・プロセスとしては,①フェルトセンスを見つける,②フェルトセンスとの適切な距離を見つける,③フェルトセンスに受容的な態度で受け取るなどがある。

①フェルトセンスを見つける

クライエントが問題の事柄ばかりを話して,自分の気持ちに触れようとしない場合,フェルトセンスを見つけるための教示が「その話全体を今からだではどんなふうに感じられていますか」という質問や「その問題全体を目の前に置いて眺めて,からだにどんな感じが浮かぶか,ゆっくり待ってみませんか」といった提案である。このような質問や提案にはクライエントの注意をフェルトセンスに向ける力がある。また,それほど直裁でなくフェルトセンスに注目を促す工夫に「指し示す(pointing)応答」がある。フェルトセンスがすでにあ

るにせよまだないにせよ，そこに何か感じがあることを想定して応答するのである。例えば，「……について，何か気になる感じがあるんですね」とか，「何かがひっかかる」と「何か」ということばを使うことで，何かの中身には触れないまま，フェルトセンスに注意を向けてもらい，そこに留まることを援助できる。

②フェルトセンスと「間をとる」

　フォーカシングの基本には，自分と，自分の抱える問題やフェルトセンスを区別しつつかかわるという姿勢がある。しばしばクライエントは，問題やそれに伴う気持ちに圧倒されていることが多い。あまりに問題が大きすぎたり多すぎ，自分はまったく無力で，問題や感情に翻弄されているという状態になっている。そのような場合に必要なのが「間をとる」工夫である。

　その代表がクリアリング・ア・スペース（心の整理）である。これは，ジェンドリンのフォーカシング教示の最初のステップでもあり，問題を一つずつラベルづけをして，それぞれには，深入りしないで適切な場所に置く作業である。部屋を片付ける要領である。片付けをしないでものが床の上に散乱している部屋では落ち着けず，仕事にも取り組めない。そこで，新聞は新聞箱に，洋服はクローゼットに，本は本棚に，ゴミはゴミ箱にと片付けていけば，床に空間が出き，そこに座って一息つける。心理的にも同様である。あのこともこのことも気になり，それが絡まってごちゃごちゃとわけがわからなくなっているときには，それらを一つずつ書きとめておくだけでも整理になる。それら抱えている問題を少し離れたところから眺める自分が生まれてくる。このような作業がクリアリング・ア・スペースである。面接室の机や紙をクライエントの心に見立てて，気がかりをそこに置いたり図示してもらうことも役に立つ。

　事柄や感情との距離が近すぎて圧倒される場合には，事柄や感じをからだのどこで感じられるかを問うことで局在化させることや，描写してもらうことで観察する自分を育てることや，名前をつけて対象化するといった工夫が有効である。

③フォーカシング的態度

　フェルトセンスが感じられ，クライエントがそれとかかわるにあたって大切なのが，フォーカシング的態度である。クライエントが自分の内側で感じているものを，あるものはあるものとして認め，やさしく思いやりをもって興味関心を向けながら，焦らずゆっくり待つという態度であり，何もしないで見守る態度である。これは自己受容そのものでもあり，容易にできないのが普通である。

強くて苦しいフェルトセンスは不快でもあり，なかなか受け入れがたい。そのような場合，先に述べたようにフェルトセンスと間をとりつつ「苦しく感じているところもそれなりのわけがあってのことだろうな，と思いやりを向けませんか」と試しにフォーカシング的な態度を促す。あるいは，フェルトセンスを子どもに喩えて「泣いている子どもに，やさしい気持ちで，どうしたのと尋ねる態度で，そのそばにいてあげませんか」というように，自分の内側への態度を教えることもある。

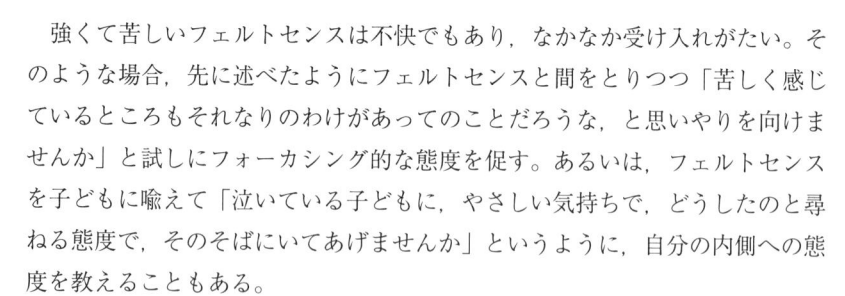

また，自己批判的な人は，フェルトセンスに「こんなこと感じていても仕方がない」とか「なにバカ言っているんだ」と懐疑的・否定的になりやすい。これをジェンドリンは超自我の攻撃あるいは批判家と呼び，それを遠ざける工夫をする。この具体的な工夫については事例の中で紹介したい。

3．二段階教示：体験的な一歩を試金石としてさまざまな介入を試す

上記のようなフォーカシング教示は，セラピストが教えクライエントが従うという関係をもたらし，クライエントの主体性を妨害する可能性のあるものである。そのような関係を避けるために，ジェンドリンが提案するのが二段階教示である。「こんなふうにやってみてください（一段目）。でも，それをしたくなかったらすぐやめて，何が嫌なんだろうと感じてみてください（二段目）。言われたことをしてもいいかどうか自分に確かめて，無理なことはしないでください」という形の教示である。

この二段階教示は，何であれ介入を受け入れるかどうかを自分の体験の流れに確かめるやり方である。そこに「やってみたい」という前向きのエネルギーが感じられるかどうか，あるいは実際に行ってみてフェルトシフト，つまり納得感や解放感があるかどうかが，その介入の是非を決める試金石となる。それがなければ，クライエントはそのような介入を退ければよいし，セラピストはすぐに撤回すればよい。

二段階教示があれば，私たちは，フォーカシング教示に限らず，どのような介入も自由に提供できる。思いついた介入を試しに与えつつ，その教示に従ってもよさそうかどうかをクライエントに感じてもらえばよいのである。この二段階教示こそ，クライエントの主体性と安全を守るための工夫と言えよう。

フォーカシング指向心理療法では，クライエントのフェルトセンスを要にしながら，セラピストの側から必要な相互作用を積極的に提供していく。実際『フォーカシング指向心理療法』（邦訳，下巻）でジェンドリンは，さまざまな流派

の中で開発され利用されてきた技法を，背景の理論にはこだわらず使い勝手のいい小さな手続きに分解して，柔軟に用いるやり方を提案している。人間が生きているプロセスにはそもそもさまざまな側面があり，そしてどの側面からでも変化をもたらすプロセスにアプローチできる。身体，ロールプレイ，夢，イメージ，行動，認知，対人的相互作用など，さまざまな道筋からの治療的介入を，クライエントにとって意味ある形で統合的に利用するためのコツが二段階教示であり，クライエントの体験過程が進展するかどうかを試金石とする方法である。

次に，このような工夫の実際を事例の中で紹介しよう。

Ⅲ 事例の中での工夫の実際

クライエントは大学４年生の華奢でかわいらしい女性Ａ。中学校時代から過食嘔吐が続いており，両親や医者に相談したが軽く扱われたこともあり，誰にも話せず孤立無援状態が続いていた。大学卒業年度になり就職・卒論など不安に圧倒されて相談室を訪れた。来談当初は自分の気持ちに触れたり語ることすら難しく，面接の目標として，症状の改善や不安への具体的対処に加えて，自分が感じていることがわかるようになることもあげられた。現実的課題に圧倒されて引きこもる時期も経て，自分の完璧主義を自覚し，さらにはそれを脇に置いておけるようになっていった。そして，自分なりに達成感を得る工夫をしながら，卒論を完成させ進路も定めて終結した。終了の１年後，研究目的でのフィードバック面接に協力してもらった（日笠, 2005）ケースでもあり，ここでは，クライエント本人の感想も含めながらフォーカシング心理療法の実際を紹介したい。

1．治療目標の設定にあたって

最初の数回の面接では，面接の枠組みや方針を，セラピストから選択肢を提供し本人が選んでいく形で決めていった。その結果，症状の改善を含む具体的問題や課題の対処と，自分の気持ちの理解が，目標となった。これらの方針を本人が主体的に選択できるよう配慮する工夫が，前述した二段階教示である。つまり，クライエントの話を聞きながらセラピストの中に浮かぶ取り組み方針をいくつか選択肢として提示し，それについて「『こんな方針でどうかな』と自分に問いかけてどんな反応でしょうね」というようなことばで，ゆっくり本人に確認してもらう。

「どういう方針にしますか」あるいは「どちらの方針にしますか」という直接的質問との違いに気づいてもらいたい。直接的な質問はクライエントに返事を強いる。Aのように自分の気持ちがわからず，ものごとを決められないという訴えがある人の場合，選択を強いられることが負担なのは容易に想像がつく。しかし，クライエントのからだが次の一歩を知っていることをセラピストが信じ，からだからの反応を待つ形で決めていくことは，選択を強要することなく，主体性を尊重するという具体的相互作用を提供できるのではないだろうか。

2．安心して話せること

1年後の振り返り面接でAが，このカウンセリングでもっとも役立ったこととしてあげたのが「安心して話せた」ことだった。特に，Aは以前，医療機関で自分の症状や訴えを軽くあしらわれたことがあり，自分には大きな不安も他の人には些細なことだと笑われそうで何も言えなかった。しかし，「ここでは不安なことを何でも言えるということが私にとって助けになった」とのことである。「そのまま聞いてくれ，比べられないこと」や「些細な不安も馬鹿にされないこと」や「他の場と違って，自由に思いついたことをばんばん言える」ことから安心して話せたと言う。このように「自由に」「安心して」話すことができるために，先に述べた体験的傾聴の工夫が生きていたと思われる。

また面接初期についてAは「それまでは私，止まったら死ぬくらいな勢いで走り続けてきた。ここにいて止まっていた。そしたら，今まで見ようとしなかったいろんなことが見えてきた。見えてきて，でもどうにもならないことをここで話していた」と語っている。この「止まって」という表現は興味深い。傾聴の応答が自分の思いに留まる支えになったことが想像される。また，「自分の感じを何も変えようとせず，そのまま認める」フォーカシング的態度を促す教示も，止まって自分を見ることを支えたのではないだろうか。

Ⅳ　フォーカシング：難しさと心理教育

1．からだではどう感じているか

しかし，Aは振り返りで面接初期を振り返って「それまでずっと話さないできたから，どこからどのくらい話したらいいかもわからなかった」とも述べている。セラピストはAが気持ちを話せるようになるための手助けとして「からだでの感じ」を尋ねることを初回から行った。

初回では例えば，人への怖さが語られているとき〈その感じはからだではど

んなふうに感じられるか〉を尋ねることで「もやもや」「暗い」「入ってくる感じがある」「頭に血がのぼる」などの表現できている。さらに〈それに名前をつける〉提案から，その感じ全体に「ざわざわ」という名称がつけられた。この名称は次回に自分の気持ちを語るための表現として生かされていく。2回目の面接で，人から中傷されることがきっかけで過食嘔吐になった出来事が語られる。「自分ではそのつもりがなくても，他の人はどう受け取るかわからないし，自分が悪かったのではと思う。すると他の人への『ざわざわ』が強くなって怖くなり，食べ吐きになった」と語られた。

そこでセラピストは〈『ざわざわ』が自分の内側にあることをわかっておきましょうか〉と気持ちを認めることを促す。しかしAは「できない。『ざわざわ』は急に，どんどんやってくる」と涙になる。そこでここではセラピストが，どんどんやってくる「ざわざわ」と，それに圧倒されるAさんの両方を受け止める応答をした。そして〈自分の中の大変な気持ちを認めるのは難しいですね，だからこそこれから練習していきましょう〉と今後の見通しを与え励ましている。

3回目では「ものごとが決められず，自分の気持ちがわからない。話したことにも自信がない」ことが訴えられた。そこで〈今話したことが自分が言いたいことかどうか確認しませんか〉とお誘いをした上で，Aの発言を伝え返した。つまり，語られている問題が今ここで起こっており，「今ここで」発言と思いを一致させるためのやり方を提案したわけである。すると彼女は「まだ何かある。いったい自分は何。性格なのか病気なのか，はっきりさせたい」と大きな声で言い，「今言ってすっきりした」と笑顔になった。そこから，具体的にはクリニックに紹介することにつながった。

2．クリアリング・ア・スペース

このように自分の気持ちに圧倒されている場合には，「間をとる」工夫が必要になる。その工夫の一つがクリアリング・ア・スペースである。Aは卒論や登校や単位，就職活動など具体的な課題や不安もたくさん抱えて圧倒されていた。3回目の面接ではAの話を聞きながら，気がかりを一つずつセラピストが受け止めて，それら全体を眺めてもらったところ「お風呂の水があふれている状態」とのこと。そこで4回目，紙を自分の心に見立てて，それぞれの課題や不安を，それにふさわしい大きさでふさわしい場所に書いてもらった。最初に真ん中に，紙からはみ出すほど大きい丸として描かれたのが買い物の負担であ

り，その周辺には5つの丸が重なり合い隙間がまったくない絵になった。そこから買い物の負担の大きさやそこに含まれる気持ちが細かく見えたことで，それを乗り越えて必要な買い物ができていった。

3．気持ちの対象化と命名

自分の気持ちに圧倒されるAが，気持ちを対象化してとらえられるよう，名前をつける提案を行うことも多かった。例えば，ストレス下でどうしても過食になるという話に〈その部分に名前をつけておきませんか。今度出てきたときに，名前があると対処しやすいかもしれないから〉という提案をしたところ「食いしんぼさん」という名前をつけた。

また，大きな課題に対して，忘れるか，「だめかも」と焦るかの両極端しかないというので〈その焦る気持ちに名前をつける〉ことを提案したところ「だめかも」と命名。「かもの一種みたいで可愛い」と一緒に笑い合う。そして次の回には，締め切りぎりぎりになると「できるかも」が出てくると報告してくれた。その後「だめかも」があまりに大きすぎて動けなくなることもあったが，〈以前に「だめかも」が出てきたときにはどう扱ったらうまくいったっけ？〉「なだめながらやっていた」〈今なだめてみると，どうだろう〉「巨大！」〈かもの扱い方難しいね〉というようなやりとりの中で，笑いも出てきて，できそうな小さな行動ステップを探して動いていけた。

このように，自分の中の問題を引き起こす部分（気持ち）を対象化し命名する（できれば，肯定的な関心を向けられるようなかわいい名前をつける）ことは，Aのように問題や気持ちに圧倒されている人にとっては，ゆとりを取り戻す一助になる。

その後，Aはおかしを食べたい衝動を対象化して，その背景にある気持ち（本当の自分が他の人にばれるのが不安）や望みにも気づけるようになっていった。

4．超自我の扱い：「完璧娘」を脇に置く

Aは最初から自分を責める気持ちが強かったが，それをちゃんと扱えたのは，前述のような取り組みを経て13回目のことだった。その回では，就職活動をしていないことを人から指摘されて苦しいことが話題となった。「自分はいつも，人に頼るくせに，自分は甘いと自分を責めている。だから，人から言われると動揺する」とのこと。〈自分を甘いと思うとどんな感じになるのかな。何か

いことがあるのかな〉と尋ねると,「いいことはなくて害はある。重くて押しつぶされる」〈その大きさはどのくらいだろう。それに名前をつけるとどうなるだろう〉「6割くらいの大きさ。名前は『困ったちゃん』。今は脇に置いておけるが,大人に今後のことを聞かれると大きくなる。でも,大人が今関心を持っているのはそれだけなので,今は大人を避けるしかない」と現実的な対策を見いだしていった。

さらに15回目の面接では,「卒論に対してすごく焦るか,甘えて何もしないかの両極端になって,適当がない。いい加減にはなりきれず,内側ではそんな自分が許せない」「小学校では,すごくまじめできちんと言われた以上をやる子だった。今そうできないことをまじめな部分がすごく怒っている。だから楽じゃない」と語る。そこで〈そのまじめな部分に名前をつけるのはどうだろう〉と提案すると,即座に「完璧娘」という名前がでる。その後「完璧娘」が出てきても,それを自分と思わないで脇に置くと少し楽になると語り,卒論も完璧ではないながら提出できた。

このようなフォーカシング教示についての振り返りでAは「初めの頃,(気持ちを)形にして話しかけるっていうのが苦手だったんですよね。でもなんか最近私よくやっているんです（笑）」と語ってくれた。難しいからこそ練習が必要であり,その練習のかいあって,スキルとして身につき活用できていることが窺われる。

5．具体的な不安への対処
○守らないでよい約束（二段階教示宿題バージョン）

Aとの面接では,不安や課題に対して具体的に対処法を考えることも大きな部分を占めていた。例えば,過食嘔吐を押さえるための工夫として人と一緒に食事することにしたり,買い物の不安に対して,買わなくても店に行く,店員から勧められたときに断る,などの対処策を講じていた。このような対処は,先に述べた二段階教示によって,本人の納得する形に作っていた。

振り返りでAは「守らなくてもよい約束」がよかったとも語っている。「守らなくてもよい約束」とは「……ということを課題にしましょう（一段目）。そして試してみて,できたかどうか役に立ったかどうか結果を教えてください（二段目）」という宿題版の二段階教示である。「過食嘔吐の回数とか,いろいろやることの約束もよかった。……守らなくてもいいというのもあったし。絶対しなくちゃいけないというのが全然ないのがよかった。私はそれまで,これしち

ゃいけない，あれしなきゃいけない，でやってきた。だからまったく何も決まっていないと何をしたらいいかわからない」とのこと。まったくの自由ではなく，一応，課題がありつつそれに縛られないやり方が彼女には，完璧主義から脱するよい手順だったようである。

6．小さな達成感

このような具体的な解決策の中で彼女なりの工夫として,「小さな達成感」を得るための小さな手芸（彼女曰く「がらくた制作」）を始めた。「私は，卒論など長期にわたる作業は苦手。先を見通してがんばるのはできない。即座の報酬が必要である」という自己理解から，すぐに結果がでる，小さな手芸で「小さい達成感」を得るのを楽しみにするようになった。

このようにフォーカシング的な自分の気持ちへの関わりにしても，現実的な困難への対処にしても，彼女のことばによれば，一人で「応用編」ができるようになり，現実的にも卒論・就職と大学4年生の課題をこなしつつ，過食嘔吐も少なくなり，大学ばかりでなく相談室をも卒業していった。

V　まとめ

最後に，フォーカシング指向心理療法で強調される工夫を箇条書きにまとめておこう。

1）変化は，まだことばにならないがからだで感じられている意味（＝フェルトセンス）から生まれる。クライエントがフェルトセンスに受容的な注意を向けること（＝フォーカシング）を促すことが心理療法の要であり，それを促すような相互作用を提供することがセラピストの役割である。
2）そのような肯定的相互作用として体験的傾聴という工夫がある。つまり，セラピストの伝え返しをクライエントが自分のフェルトセンスに共鳴させフィードバックすることによって共感の絆が生まれ，また，クライエントのフォーカシングも促される。
3）クライエントが行き詰まっている場合には，フェルトセンスを見つける，間をとる，受容的な態度を向けるといったフォーカシングの教示が有効である。
4）変化をもたらすだろうさまざまな治療的介入を，クライエントの主体性を守りつつ，意味ある形で活用するためのコツが，クライエントの体験過程が進展するかどうかを試金石とする二段階教示である。

変化はクライエント自身の体験過程が進展することによって起こるが，行き詰まりが起こったときには，セラピストからの介入（フォーカシングの教示にせよ，それ以外の介入にせよ）必要になる。セラピストは，そのような介入の

必要に気づかなくてはならない。ジェンドリンによれば「もっともよい応答が生まれるのは，セラピストである私たちが自分自身そのときどのように感じどのように反応しているかに注意を払っている場合である」(Gendlin, 1968)。そのために，セラピスト自身がフォーカシングすることが重要であることを最後に指摘しておきたい。

文　献

Cornell, A.W. (1993) The Focusing Guide Manual (3rd ed). Berkeley, Focusing Resources. (村瀬孝雄監訳・日笠摩子訳（1996）フォーカシング・ガイド・マニュアル．金剛出版．)

近田輝行，日笠摩子編（2005）フォーカシング・ワークブック．日本・精神技術研究所．

Friedman, N. (2000) Focusing : Selected Essays 1974-1999. Xlibris. (日笠摩子訳（2004）フォーカシングとともに．コスモスライブラリー．)

Gendlin, E.T. (1968) The experiential response. In : Hammer, E. (Ed) : Use of Interpretation in Treatment. New York, Grune & Stratton, pp.208-227.

Gendlin, E.T. (1981) Focusing. New York, Bantam Books. (村山正治，都留春男，村瀬孝雄訳（1982）フォーカシング．福村出版．)

Gendlin, E.T. (1984) The Client's Client : The Edge of Awareness. In : Levant, R. & Shlien, J. (Eds.) : Client Centered Therapy and the Person-Centered Approach. New York, Praeger.

Gendlin, E.T. (1996) Focusing-Oriented Psychotherapy, Guilford. (村瀬孝雄，池見陽，日笠摩子訳（1998）フォーカシング指向心理療法．金剛出版．)

日笠摩子（2005）過食嘔吐からの回復におけるフォーカシング指向心理療法の貢献―クライエントからの評価による検討．大正大学カウンセリング研究所紀要，28；pp.35-49.

Leijssen, M. (1998) Focusing microprocesses. In : Greenberg, L.S., Watson, J.C. & Lietaer, G. (eds.) : Handbook of Experiential Psychotherapy. New York, Guilford Press, pp.121-154.

Rogers, C.R. (1967) The Therapeutic Relationship and Its Impact : A Study of Psychotherapy with Schizophrenics. The University of Wisconsin Press. (友田不二男編，手塚郁恵訳（1972）サイコセラピーの研究―分裂病へのアプローチ．ロージァズ全集第19巻，岩崎学術出版社, pp.194-237.)

第6章

認知行動療法における工夫

神村栄一

I　はじめに

「認知行動療法らしさ」をひとつだけあげよ，と尋ねられたら，読者の方はどうお答えになるだろうか。心理療法の歴史により詳しい方なら，次のような答えかもしれない。「認知行動療法には，特定の人間観や病理モデルが存在せず，なにより絶対的な創始者がいないことだ」と。

行動科学に基づいた臨床応用，という「お約束」にかなった対人援助技術の「寄せ集め」が，今日の，認知行動療法（本章中以下，CBTと表記）である。この場合の行動科学（behavioral sciences）とは，心理学（psychology）とほぼ同義であるものの，科学的に実証された，あるいは実証され得る記述による知見という意味合いがより強い（逆に言えば，「心理学」には，実証性において大いに疑問が残る知見が大量に混在しているわけである）。とにかく，多くの研究者や実践家による実験的・実証的試みの中から，「ある対象に対して確実に効果があると判定された技術」のさまざまが，CBTとして体系化されてきた。

CBTには，「伝統は，しばしば修正され，時に否定される」という伝統がある。CBTそのものが科学であるかどうかについては議論が多いが，少なくとも科学的であろうとする姿勢があることの意味は大きい。

実際に，いわゆる今日のCBTに貢献の大きいビックネーム（例えば，Wolpe, J）が創始した技術（系統的脱感作法：systematic desensitization）さえも，その有効性を支えるエッセンスの抽出のために多くの研究者が遠慮なくメスなりノミなりを入れてきた歴史がある。その結果，より有効性の高い手続き（具体的には，エクスポージャーのこと）が残り，オリジナルの手続きのままではあ

まり実践されなくなってしまう，ということがCBTには少なくない。「技術による先進」とは，ある欧州自動車メーカーがよく用いた宣伝コピーらしいが，まさに「技術とその有効性の確認により進む」の精神が，今日のCBTを作り上げてきた。

今日のところCBTと言えば，①随伴性コントロールによる行動変容アプローチ，②曝露（エクスポージャー）を軸とした恐怖・回避反応の変容アプローチ，および③認知（信念）変容技法による情緒のセルフコントロール向上のアプローチ，に大別される。それぞれのアプローチも，複数の技法から構成されている。CBTそのものが，ひとつの理論的かつ技術的な「折衷」になっているわけである。

この章のタイトルは「CBTにおける工夫」であるが，CBTは元来，行動科学をベースとした臨床実践のための"工夫"の集合体である。CBTに熟練したセラピストは，その工夫の集合体をベースに，さらに個々のケースの諸事情・文脈において，適宜"ひねり"を加えていく。以下では，そのようなひねりのいくつかを紹介していく。

II　枠を提供・共有しつつ共同的関係を深めていく工夫

1．CBTにおける共同的関係

CBTとは，クライエントが自らより質の高い生活を送れるようになるためのコツを身につけていく過程を支援する技術である。そこでの治療関係は，「困りごと」をかかえたクライエント／コンサルティと，その困りごと，およびセラピストからなる，三角形の関係構造になる（図1）。具体的なイメージとしては，いわゆる卒業研究のテーマを手に大学教官の指導を受ける学生である。すべてのクライエントを，"自己にまとわりついた困りごと"への対処を専門家に持ち込んできたコンサルティであると見立てた関係，と表現しても良い。

「大学における研究指導教官の研究指導」というたとえは，人によっては，権威，畏怖，絶対的服従を余儀なくされる関係，という連想が働くかもしれない。ここで浮かべていただきたいのは，どちらかと言えば文系専攻に多いような，学生の自由なテーマ設定を受け，その領域の専門家として，無難にまとまるようにピンポイントでアドバイスを入れる教員，である。しかし，そこには，始めから答え（結論）が決まっていて，それに都合よく資料を集めるようなものではなく，プラクティカルな知見を真摯に求めていく実証的態度・価値観が大切にされる。

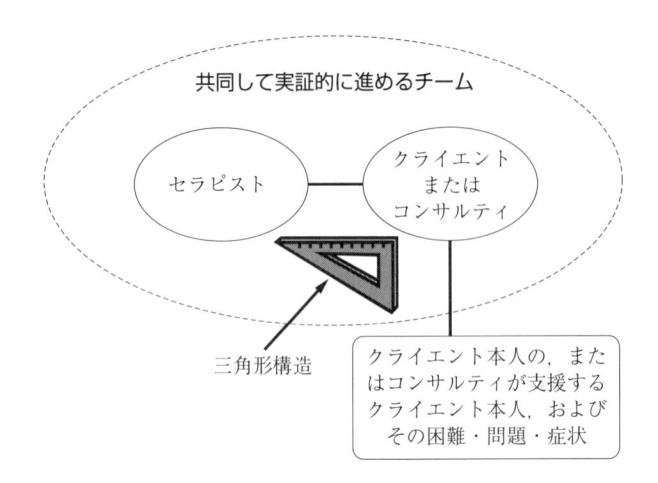

```
        共同して実証的に進めるチーム
   ┌─────────────────────────────┐
   │   セラピスト ──── クライアント  │
   │                   または       │
   │                  コンサルティ   │
   │         △                    │
   │      三角形構造   クライアント本人の，ま│
   │                  たはコンサルティが支援する│
   │                  クライアント本人，および│
   │                    その困難・問題・症状│
   └─────────────────────────────┘
```

図1　三角形の関係構造

　なお，ここでできあがる三角形関係については，ブリーフセラピィの立場からの，児島の論評（2008）にある「治療関係における三項構造」とほぼ重なるようで興味深い。おそらく，解決を志向するアプローチに共通する関係性なのであろう。

　ベック流の認知療法アプローチで言うところの，"共同実証主義"という治療関係，あるいはそれを具体的に面接のテクニックとして表現した，「ソクラテス式対話（誘導による発見：guided discovery）」も同じである。クライエント／コンサルティ側からすれば，自分という存在や人間性の根本から生じているとさえ思えてしまうような問題・症状を，いったん対象化・外在化してとらえてゆとりを確保し，そこから共同作業としてのセラピィが開始される。

2．共通の枠に乗っていただくことの是非

　さて，「クライエントとの共同作業」のためには，さほど大げさなものではなくとも，ある程度の「共通の枠組み」が必要となる。一般に，最近まで他人であった関係を親密にするために有効なのは，あるモノないしはあるモノのとらえ方を共有することである。治療関係においても，ある程度の「枠」の共有によって，良好で安定した関係が形成されやすくなる。そのためには，①治療者側から提供した枠組みをベースとする，②クライエント／コンサルティ側の枠組みをベースとする，③互いに妥協しあって関係の中で枠組みをクリエイトする，のいずれかを選択することになる（実際にこの3つは，はっきり区別でき

オーソドックスなCBTでは，まず①をねらう。しかし①をねらうことが難しければ，③をねらっていく。②もあり得るのだろうが，CBTとしては相当な応用編になる。この点が，同じく解決志向なアプローチである，ブリーフセラピィとの決定的な違いかと思われる。まず，できるだけシンプルでわかりやすい枠組みを用意しますので，できればこれに乗ってみてくださいませんか，とやんわり提案する。CBTのセラピストとしてはここで，「このクライエントがこちらで提供する枠組みに乗っていただけるとすればありがたいこと」という感謝の念を抱くべきであろう。

　三項随伴モデル（手がかり→自発行動→結果）や認知モデル（出来事→自動思考→感情や感情的行為）といった公式で問題や症状をとらえていく，あるいはこの公式が下敷きとなって作成されたツールを用いて整理していく，というのがCBTのオーソドックスな進め方である。たとえその背後にどれだけの実証的裏付けがあったとしても，クライエント／コンサルティにとっては，あくまでひとつの慣れない枠組みであり，慣れるまでには違和感なり窮屈感，なにより不安感が残るものである。

　CBTでは，問題・診断カテゴリー毎に「おすすめ介入技法セット」が整備されてきつつある。熟練したセラピストなら，しばしばこれらおすすめセットのあるものを用意して，クライエント／コンサルティに乗っていただくことをまず考える。そのまま乗っていただくことで，より確実な援助が達成できるのであればそれでよい。なんらかの事情で乗っていただきにくいなら，乗っていただきにくい要素・相性の悪さを明らかにし，"特別仕様のおすすめセット"を仕立てて，提供していく。

　CBTの理論は極めてシンプルかつ常識的で，なんらドラマチックでもなんでもなく，どちらかと言えば無味乾燥なものばかりである。だから，クライエントの諸特性に合わせ，わかりやすく説明することができ，身近な経験に即して理解してもらうことができる。クライエントやコンサルティが抱いてきた，「どうしてこういう問題が発生し，どうしてこういう問題に悩まされるのか」という本人なりの素朴な病因仮説よりも，CBTの理屈の方がずっと単純で深みにも欠け，どろどろしたところがない。あちこちで心理学的な理屈を吹き込まれてきた方だと，拍子抜けするくらいである。逆にそれだからこそ，互いの枠組みが正面からぶつかることはあまりない。

　セラピスト側の枠の共有の可能性を模索しながら，母親との援助関係の確立

心理療法がうまくいくための工夫

をめざした面接のやりとりが，下に示されている。この事例は，中学生の息子（タケシ）の不登校傾向と家庭内暴力の問題で，スクールカウンセラーとの面談を希望してきた母親との面接内容である（実際の事例複数をもとにした創作。以下，すべて同じ）。

枠を提供しそれに乗ってもらうまでの面接展開

母親「タケシには，ずいぶんつらい思いをさせてきました。普通だったら記憶にないくらい幼い頃，タケシの父親との修羅場の末，離婚して，その間はほとんど母親らしいことをしませんでした。幸い，私の実母が手伝ってくれたので，最悪の結果にはなりませんでしたが。一時は無理心中さえ考えました。そんな事情ですから，この子が今思春期を迎えて，これほどまでに『子ども返り』するのも当然です。私が暴力を振るわれるのも，しかたないかもしれません」

筆者「そうだったんですか。お話しにくいことを率直に，ありがとうございます。大変だったのですね。さて，『暴力を振るわれてもしかたない』ということでしたが，それでも，お母さんがこうして相談に来られたのは，どうしてなのですか？」

母親「私に対しては，もうしかたないでしょうが，タケシの将来が…（声をつまらせる）」

筆者「将来が？」

母親「つまり，気に入らないことがあったらキレる，何でも人のせいにして反省しないような大人になったら困るかと」

筆者「そうですね。どんな過去があったとしても，大人社会では言い訳にできないですものね。でも，学校の先生方によると，学校ではとてもまじめで，良い子らしいですね」

母親「そうなんです，内弁慶というか，学校では良い子を演じているんです」

筆者「演じているというわけですね，タケシさんをよーく理解できているお母さんからすれば。で，お母さんとだけの家の中で，お母さんだけに見せる，タケシさんらしさ，というところですかね，気が緩むのでしょうかね」

母親「きっと，幼い頃，甘えきれなかったからですよね，先生。心理学の本で読んだことがあります。職場の知人にも，たっぷりと甘えを受け止めないと，と言われました」

筆者「そのお知り合いの方は，同じようなお子さんの問題で困っていて，もっぱら『甘え足りないところを満たし続ける』作戦で，成果をあげられたのですね」

母親「いや，そういうことではないと思います，その方のところのお子さんは，とても前向きです。まあちょっと反抗期はあったらしいですが」

筆者「反抗期が？」

母親「ええ，でも，ご主人が，いつもは優しいけどいざという時は怖い，という方らしくて，それで何度かぶつかりながら，結局，ちゃんとした道をすすんでいるそうです」

筆者「なるほど……甘えも受け止めつつ怖さとか厳しさも忘れず，と。まあ，それぞれに絶妙なバランスの取り方があるのでしょうねえ。どれかひとつだけに絞れたら，すっきりするのかもしれませんが。でも，多くの日本人って，たとえば，神様，仏様，そしてキリスト教って，七五三から結婚式，お葬式からクリスマスで，うまく使い分けるところがあるじゃないですか」

母親「はあ」

筆者「それと同じ，って言って良いかどうかわかりませんけど，タケシさんのことも，『愛情不足がたたっているかもしれない』の面でもあれこれ考えつつ，でもそれはそれと

して，具体的に日々の荒れ，特に家の中でのカンシャクをおさめやすくする，私が保護者の方によくおすすめしているコツもためしていただくってことで，いかがでしょう。いわば，二本立てです。仏教と神道みたいに」
母親「そんなことでうまくいくものでしょうか，甘えられなかったことをしっかりと受け止め，受け止め尽くす，というところからでないと始まらない，のではないかと」
筆者「お母さんのお気持ち，お考えはとても立派なもので，頭がさがります。自分の子育てを顧みることなく，学校の先生方に文句ばっかりという保護者の方は少なくないみたいですから，最近は」
母親「うちの場合，事情が事情ですから」
筆者「すでにお話しした通り，お母さんと担当させていただく私や学校の先生方と，協力体制であたることが大切だと思うんです。思春期って，ただでさえやっかいですから」
母親「はい」
筆者「お母さんの，もの心つく前からタケシさんを不安にさせてしまったことの『つぐない』をしていきたいという"愛情暖かパワー"，それから学校の先生方の"熱意励ましパワー"に加え，私の仕事の経験からおすすめできるひとつのやり方，まあ，いわば"小手先テクニック"みたいなものですが，その3つで，力を合わせてやっていけたらよいかと思います。ある意味，日本的ですし。ちょっといいかげんでしょうかね」
母親「いいえ，いいかげんなんてことはありません。そのテクニックというのは，教われば私なんかにできることでしょうか」
筆者「はい。難しいものではなく，多くの保護者のかたに実践していただいています。ところで，うわべの愛情不足解消と，深いところからの，本物の愛情不足解消の違いといったら，どんなところにあると思われますか」
母親「どうでしょう，やはり，目先のことだけとか，その子のその時の機嫌取りだけでなく，その子の将来を考えて」
筆者「そうですよね，さすがですねお母さん。私も賛成です。ですから，当面，タケシさんがお母さんにべたべたするのはしかたないですね。でも，辛いことがあるたび，直接関係ないお母さんにあたることで一時的に解消する，ということだと，辛いことを自分の心の働きでじっくり解消する訓練の機会がなかなかないかもしれませんね」
母親「そうですね」
筆者「でも，『あんたの問題はあんたひとりで解消しなさい』と口で言っても，どうでしょうかねえ」
母親「そんなことを言ったら，たいへんなことになりそうですね，何をしてくるか」
筆者「そうそう。ですから，口で言ってかえってたいへんなことにならないように，でも，結果的に『自分で解消する』方向に自然に向かうようにするために，どうしたら良いか，口というか，言葉だけに頼らない工夫が必要になるわけです」
母親「なるほど」
筆者「では，もう少し具体的に考えてみたいので，つい最近タケシ君が家で荒れた時のことを，もう一度，くわしくお話していただけますか。たしか，お母さんが帰宅したら，自分の部屋で電気もつけずにベッドの中にもぐっていたのでしたね……」
母親「そうでした……」

※この後，話の焦点は，「小さい頃の愛情不足が現在の問題行動の原因となっている」から，「今現在の家庭の中での相互作用の具体的見直しと母親の対応を変えてみるという実験を行ってみること」へと移行していった。いわゆる強化随伴性モデルという枠での，共同作業が展開することとなった。

3．枠の上で共同体制に転じていくコツ

わが国の心理臨床の世界では，「援助対象に治療者側の土俵に乗っていただく」ことを望ましくないこととする伝統が根強い。しかし実際には，いかなる理論的アプローチであっても，さまざまな治療構造・ルールに「乗ってもらう」ことから関係はスタートしている。CBTを基盤として他のアプローチによる心理的援助の事例をうかがうと，「援助する側からは何も持ち込んでいないと思い込んでいるが，実際には何かを持ち込んでしまっている」よりは，「とりあえず，無難なところで，○○を持ち込んでいる」と意識した方がましではないか。

歯科治療なら，治療の椅子に座ってもらい口を開くことに協力してもらおうとする。実効あるサービスを提供するために，専門的な立場から判断して成果が期待できる「枠」の提案を，十分な「説明による合意」の上ですすめていくことをためらうことによる損失は甚大ではないか。

心理的な対人援助の場面では，直面している問題を，生い立ちや性格傾向など「変えようがない」もののせいにしておきながら，「よって解決はできない」と結論づけ，無力感に陥っている，いわゆる「自縄自縛型落ち込み」から抜け出せないクライエント／コンサルティと，援助につながる枠の共有をすすめなければならないことも多い。筆者は，「この問題は自分の性格に根ざすものだからどうしようもない」が口癖になっているかのようなクライエントに対して，次のように尋ねることがある。

> 「ここに，目の前に，最近開発されたばかりの，『人の性格が180度，今までとは逆になるような薬』があったとします。信頼できる開発者から，『よろしければ，どうぞためしてください。カウンセリングよりずっとお値打ちですよ。性格が変わること以外の困った副作用はいっさいありませんから』とすすめられたとします。実際に，性格がまったく変わって，しかしそれによって新たな困った問題などいっさい生じていない方の事例をうかがいました。では，あなたはこの薬を口に入れるでしょうか？」

これまでに筆者がこのような質問を投げかけたクライエントの方のすべては，やや考え込んだ上で結局は，「無理です，飲めません」などと答える（「飲みますとも！」などと答えそうな方には最初からこのような質問はしない）。その答えを待って筆者は，「じゃあ，性格は基本的に今のままで良いでしょうね。しばらくは，ちょっとしたコツを身につけ，困った癖がなるべく悪さをしないようにするのを目標にすすめてみましょう。私にだって自分の性格のイヤなところはたくさんありますけど，それでも性格を総置き換えすることには抵抗あ

りますよ」などと展開することにしている。

エビデンスあるサイコセラピィとして今日評価されるCBTであるが，その有効性を支えている柱の1つは，ある問題領域に特化した固有の枠組みを共有化する手続きへの配慮がすすんでいることにあると言える。ベック流の認知療法介入ではそれを，（認知療法への）ソーシャライゼーション（socialization）とよぶが（Beck, J., 1995），しばしば，CBTにおいては心理教育として，介入の手の内をわかりやすく紹介する工夫がなされる。

Ⅲ 「実験」を通して動機づけを高めてもらうための工夫

1．サイコセラピィと動機づけ

CBTに対しては，よく「動機づけの高い人には効果的かもしれませんが，そうでない人にはどうでしょうか」という質問がなされる。確かに，サイコセラピィは，適応をもたらす工夫であると同時に，適応的な生活の送り方への動機づけを引き出すためのしかけである。しかし，「サイコセラピィが成功するためには動機づけが不可欠である」という命題を受け入れてしまうと，「動機づけがない方には，サイコセラピィは役にたたない」ことになってしまう。それでは仕事にならない。

サイコセラピィを求める方には，なんらかの苦痛・困り感がある。それらを無くしたい，やわらげたい，という気持ちは，少なくとも潜在的にはあるはずである。潜在的なものを「間違いなく」とは言えないが，「あるはず」と前提しないで心理的援助はできない。その気持ちを，「ある変化への動機づけ」に"変換"するよう働きかけるのが，セラピストの役割であろう。

どうすればいいか。さまざまな会話のテクニックも有効かもしれないが，最も確実で正攻法なのは，苦痛がやわらぐ感覚を僅かでも体験してもらう，やわらぐ見通しを持っていただくことであろう。

洋服なら試着してもらう。自動車なら試乗いただく。化粧品なら試供品をためしてもらう。いずれもクライエントにその気になってもらうための常套手段である。「クライエントの治療への動機づけが低い」ことを嘆くくらいなら，巷にある「べた」な商売テクニックの基本くらい，とりあえず参考にしてみるべきであろう。

2．行動実験という発想

最近，CBTの領域では，行動実験（behavioral experiment）という言葉がよ

く用いられる。狭く捉えれば，いわゆる認知の修正，認知的再体制化のために，クライエントの認知（言語行動）の内容にセラピストが言語的に働きかけることで修正をはかるのではなく，クライエント自身になんらかの体験を持っていただき，その体験をセラピィの中で振り返ることを通して変容をはかる方法をさす。

例えば，「職場で，自分がだれか同僚を昼食にさそっても，応じる人はいない」という思い込みのあるクライエントが，具体的で簡便な対人スキルトレーニングを経た中で湧いてきた多少の勇気をもって，実際に職場である同僚を映画にさそってみる。その結果（しばしば，このような誘いは成功するものである。当然ある程度の情報収集に基づいての提案であるが）から，クライエントの受け止め方の偏りに対する自覚を促す。

上述した通り，CBTには，共同実証主義なる，望まれるクライエント－セラピスト関係を表現した言葉がある。つまり，「（あなたにとって都合良い生き方を）力を合わせて調べながら見つけていきましょう」が基本になる。

例えばあるトラウマ体験から極度の対人不安に陥り，ひきこもり状態となった青年期のクライエントに，ごく些細な，社会との接触の機会を持ってもらう。あるいはそれがどうしても難しければ，社会との接触をリアルに想像してもらう。そこで，どんな感覚や感情が湧くか，そこで湧いてくる感情（不安・緊張）をもし，そのまま持ち続けてみたら，どのような状態になるか。そのような「長い間体験してこなかった領域」にまで踏み込んでみたらどうなると予想できるか。それらを，ある程度守られた中で，自らを実験協力者（いわゆる被験者）に対象化して観察してみる。その観察結果について，セラピストとの間で検討しあって，ひとつの考察を得る。その考察から，明日からどう生活していけそうか，というささやかな展望が生まれる。

このように考えれば，あらゆるCBT介入は，一定レベル以上の守りがある中で（しかし，完璧はあり得ないので万一の失敗には対処を備えておく），小さな「実験」を繰り返し，あたらしい生き方を模索していることの積み重ねであることがわかる。

下記は，10代後半の強迫性障害をもつクライエント（ここでは，レイコ）との面接である。この方は，中学生から些細なことでも汚れとして気になる傾向が強くなり，高校をぎりぎりの評価で卒業したものの，仕事に就くことができない状態が続き，その中で強迫症状が悪化し，家族に促されて来談された。

レイコ「先生に紹介されたこの本（強迫性障害に対する曝露療法のセルフヘルプ本）を途中まで読んでみましたが，こんなのとっても無理，って感じです」
筆者「おやおや，そうでしたか。でもせっかく読んでもらったわけですから，実行するかどうかはともかく，その『無理！』の感じについて，もう少しうかがわせてください。本に紹介されていた方は，レイコさんの困りごとと共通しているようでしたが」
レイコ「なんというか，こんなふうにいろいろなところに触れる練習をして，触れることが平気でできるようになったら，自分が自分でおそろしくなると思います」
筆者「おもしろい表現ですね，『いろいろなところを触っても平気，しばらく洗わないでほっといても気にならない』自分になるのが，今から考えてもおそろしい，というわけですね。レイコさんも昔はそうできていたんですけどね」
レイコ「想像するだけでもおそろしいというか」
筆者「実際，どうなると思います？」
レイコ「そんなこと（曝露療法）をしたら，寝込むかもしれません，数日」
筆者「寝込んで？」
レイコ「その間は，何もできないくらいで……でも今も何もしてないんですけどね，家の中で」
筆者「ははは，本当に，なーんにもしていないんですか」
レイコ「触ると気になるかもしれないので。母親が洗濯などを取り込んでいる時に，あれくらいだったらできるかな，とは思いますけど，でも，もし，気になり始めたら，悪くなりそうで」
筆者「では，しばらく寝込むようなことがあっても，事実上，大きなマイナスはないと」
レイコ「まあそう言えばそうですけど」
筆者「ところで，今，おかけになっている椅子は気になりますか？」
レイコ「まあ，ならないことはないですが，いろいろな人が腰掛けているのでしょうけど，あまりそう考えないようにしています，きりがないので」
筆者「結局，これは大丈夫，これはダメ，って判断して，線引きしているというか，ルールを決めているのはレイコさんご自身だ，という言い方ができるでしょうかねえ」
レイコ「（しばらく考え込んで）できるでしょうね，ルールにしているのは自分だって，ああ，なんか，今の先生の表現は，すごく納得できます，その通りだと思います」
筆者「今，おかけになっている椅子の肘掛けですね，それ，それを，こうして（筆者自身が，自分がかけている椅子の肘掛けを指でなぞり，その接していた指をほほに薬でもすり込むように押しつけてみせる）やってみることはできますか？」
レイコ「あまりやりたくないですけど」
筆者「椅子にすわるのはOKだけど，肘掛けを指でこうする（再度同じ動作を繰り返す）のは，レイコさんのルールに反しますか？」
レイコ「うーん，これまでの私のルールにはなかったことですから（苦笑い）」
筆者「ではやってみてくださいよ，ちょっと」
レイコ（ゆっくりと，自分が腰掛けている椅子の肘掛けで同じ動作を行う）
筆者「ではそれをほほに押し当てて，いいですね。あ，言い忘れました，ちょっと時間を取ってみてください，10分くらいです，そのまま指を押し当ててください。だいじょうぶですか？」
レイコ（押し当てながら）「なんとか……あまり良い気はしませんが」

※このあと，10分，会話は中断し（会話が気そらしにならないよう），時間の経過を待つ。治療者は定期的に「いやさ」の評定，いわゆるsud（主観的苦痛の単位）の評定

を求め，顔色の変化をうかがう。時間が経過した後,「いやさ」が放物線のように低下していくことを確認し，曝露技法で実際にどのようなことが起こるのか，さらに説明していった。

上に描かれたやりとりは，まさに，洋服店で「こんな派手なコートが自分に似合うだろうか」ととまどっている客と，「似合いそうだが，試しにちょっと羽織ってみては」と試着をすすめてみる店員のやりとりと重なる。上記のやりとりには，二つの「実験」が含まれている。ひとつは，言うまでもなく，「自分が座っている面接室の肘掛けにしっかりと指で触れ，それをほほに押し当てる」体験を実際にしてみて，どうなるか，の実験である。もうひとつは，逃れたくとも逃れることが難しい自らの強迫性症状を,「自分でつくったルールでふるまっている」というとらえ方をして振り返ってみる，という思考をしてみる，つまり"別の考えを浮かべてみる"実験である。

この事例のように，筆者がお会いする強迫性障害の方は，すでに他の医療機関や相談機関を経験している場合が少なくない。そのような方であれば，上記のようなしかけは，むしろ初回に行うこともある。いずれにせよ，当たり前のことであるが，治療への動機づけにつながる「試着」は，早めにできるならそれが望ましい。あるクライエントは,「『それはつらいですよね』という言葉だけであれば，『ここも同じか』と通うのをやめてしまったかもしれないが，ここでのカウンセリングでは最初から『試しにやってみませんか』と提案されたことがむしろ新鮮だった」と語った。サイコセラピィを求めてきたクライエントには一般に，よく言われるように「（自分の苦痛を）受け入れてもらいたい」という気持ちがあるのと同じくらいに，あるいは，それ以上に，「（自分の苦痛を）客観視してみたい」という気持ちが潜在しているように，筆者には思えてならない。

ちなみに，今時の常識的なCBT家ならば，大半の強迫性障害の方の支援には，さまざまなバリエーションやペースはあっても曝露反応妨害法を提案してゆくことになる。

3．行動実験への導入のバリエーション

CBTによる支援全体が，行動実験を提案・企画し，実践し，レヴューすることの連続であるとすれば，行動実験への巧妙なお誘いの技術がセラピストには要求される。これらはいわば，セラピストによる「しかけ」である。筆者なりのしかけのバリエーションを以下に示した。

a）心理教育（特に，改善した事例に触れてもらう）
　b）ごくささいな曝露（行動実験）をその場ですぐに試してもらう
　c）自分のふるまいを鏡のように客観視してもらう
　d）視点を変えて考えてもらう
　e）グループセラピィ，患者の会等への参加
　f）随伴性制御や刺激統制による対応の提案

　a）やe）についてはすでに説明は不要であろう。b）はすでに事例で示した。c）はどうだろう。下記は，アスペルガー障害の疑いのある中学生シンジとのやりとりである。

筆者（いつもより早口で間をおかずにたたみかける）「おう，シンジさん，今日もお話しようね，それでさぁ，先生はおととい日曜日だったから，映画を観てきたんだ，スパイダーマン3だぜ。スパイダーマンが黒くなったんだ。ブラックスパイダーマンで，……」（と2分間ほど一気にまくしたてる）。
シンジ「……」
筆者「あれー，シンジさんどうしたんだ，今日は元気ないなあ，給食食べたか？　そうか食べた，ならいいか，でな（ここからまた，早口でたたみかけ，にもどる），すごい強い敵がいて，一番強いんだ今までで。その敵というのはお父さんがなあ……」（さらにまくしたてる）。
シンジ「……」
筆者「あれ，やっぱりおかしいなあ，シンジさん。今日は，どうしたんだい，へんだぜ」
シンジ「おれじゃないよ，先生がへんだよ」
筆者「あれー，そう？　どこがへんだ？」
シンジ「だってさっきから，先生ばかりしゃべっている」
筆者「だってアクション映画好きだろ，シンジさんは。先生にたくさん話してくれたじゃないか。この間だって。だから今日は，スパイダーマン3の話をしないといけないと思っていたんだ。（早口になって）すごいんだぜ，友だちにばれちゃうんだ，ついに……」
シンジ「わからないもん，スパイダーマンは」
筆者「ん？　わからない？　わからない話は，好きなアクション映画のことでも，聞いているとつらいのかな？」
シンジ「そう，つらい，つらい，だってわからない話だもん」

　上記のようなやりとりをきっかけに，相手との会話のすすめかたを身につけることの大切さを理解していく。似たような介入は，人格上の問題をかかえた方に対して，他人の評価を過剰に気にする方，自己否定的な発言が多くてかえって対人関係が持ちにくくなっている方などに使える。
　e）視点を変えてもらうとは，「友だちに何と言ってあげられるか法（friend question）」などと紹介されている（Beck, J., 1995）。大切な関係にある誰かが，自分が抱いているような「出来事」と「受け止め（自動思考）」，結果としての

「感情や感情的ふるまい」のパターンを見せていることを知ったら，どのように思うか，どのように言葉をかけてあげられるか，という課題を出すことで，もうひとつ別の（alternative），そしてしばしばより機能的・向適応的な考え方・受け止め方の具体例を引き出す方法である。下記は，落ち込みが激しく保健室登校，早退や欠席が目立つようになってきたある中学3年生女子（アイコ）との面接である。主な訴えは「意欲がわかない」であった。

アイコ「最後の演奏会が終わって，あとは受験に気持ちをむけなければならないのに，なかなか意欲がわかないんです，……なにかむなしいというか」
筆者「むなしいなあ，という気持ちになると，頭に浮かんでくることとか，ありますか」
アイコ「やっぱり，最後の演奏会で，うまく音を出せなくて，仲間も顧問の先生も，気にならなかった，よくやったと言ってくれましたが。3年間，一生懸命練習してきて，部長にもなって，部内のトラブルにもあれこれ対応してきて，それでいよいよ最後，というステージだったのに。あんな失敗をして。この2年半はなんだったのかと思うと。こんなことなら，厳しい部活なんか選ぶんじゃなかったって思って。そしてそう考えたら，勉強頑張って高校に進学しても，それに意味ってあるんだろうかって気持ちに」
筆者（しばらく気持ちを受け止め，明確化するやりとりのあと）「ところで急に変なことを聞くけど，アイコさんは，将来は結婚して，子どもも欲しいってタイプかな，ひとりでバリバリ仕事を優先するぞ，ってタイプかな，夢はどっちに近いの」
アイコ（意外な質問にとまどいながら）「結婚は，したいですね。仕事だけでやっていく自信はないし。子どもも欲しいし」
筆者「あらら，ステキだね。で，ちょっと考えて欲しいんだけど。子どもができて，そうだな，娘がいいかな，娘さんが中学校に入学する時に部活動のことで相談受けるとするよ」
アイコ「はい」
筆者「その時に，『部活動どうしようかな，忙しい部活動に入って一生懸命やっても，レギュラーになれないかもしれないし，最後の大会で失敗しちゃうかもしれないし，そしたらすごいがっかりするだろうから，最初から入らないでおこうかな，お母さんはどう思う？』って聞かれたら，『そうねえ，最後で辛い結果になったら，落ち込むから，やめとけば』って答えるかな」
アイコ（しばらく自分の足元を見ながら考え，そして顔をあげて照れた表情で）「やっぱり，そんなことは言えません，きっと『結果はどうなるかわからないけど，好きなことに挑戦しないのはもったいないよ』って言うと思います」
筆者「なるほどねえ，やらないで後悔するよりは，かな，やっぱり」
アイコ「自分が考えていたことが，ちょっとおかしかったということがわかりました。やっぱり最後の失敗がとても残念だったから，おかしな考えしてしまったのかもしれません。でも，高校のことは，マジで心配です」
筆者「そうだよね。高校のことはこれからじっくり考えてみようね，それはそうと，部活については，とても一生懸命に打ち込むことができたから，それだけに，深く後悔してしまう結果になって，とてもつらかったんだね」

　　上に示したようなやりとりから，解消の糸口をつかんでもらうこともできる。

なお，視点を変えるには，「親友になんと言ってあげるか」の他にも，「（架空の）妹や弟になんと言ってあげられるか」（実際に同姓の弟ないし妹がいる場合は避けるが原則），上記のように「（将来の，実在しない）娘や息子」などもある。ダブルスタンダード型，つまり，「自分以外であれば許容できることが自分のこととなると許容できない」という構造をとる自動思考（鈴木と神村，2005）への対処として，有効である。

　f）について。双子とひとつ年上の計3人の元気な小学校高学年の息子のトラブル対応はじめ，家庭内のもめごとや近所づきあいのストレスに疲弊し，軽いよくうつ状態に陥った30代の母親との面接の初期で，CBT的なストレスマネジメントに「乗って」いただくきっかけとなった介入である。

筆者「ごく最近あったことで，とってもイライラして，その『もう，あんたたち，消えちゃいなさい』と叫びそうになった場面について話していただけますか？」
母親「毎週水曜日は，車で野球の練習へ送り迎えをするのです。車の中で，ワンボックス車なのですが，後ろの席で暴れまくります，いつも大喧嘩です」
筆者「情景が浮かびそうですね，イライラすることでしょう，事故も起こしかねませんね。でも，それなら，効果テキメンの方法がありますよ。まず，99％成功しそうです。しかも簡単で，お金も道具も要りませんし，安全です」
母親「どんな方法でしょうか」
筆者「野球は大好きなんですね，3人とも」
母親「そうです，勉強もせめて野球への気持ちの半分でも向けてくれればと思います」
筆者「簡単です。運転中，後ろでうるさくなったら，安全に気をつけて，車を路肩やお店の駐車場に止めてください。言うことはたった一言です，『危ないから停めたの。さわぐのをやめたら発車するからね。練習に遅れてもしかたないでしょ。事故を起こしたらもっとたいへんなんだから』だけです。お子さんたちがどんなに文句を言っても，まったく同じことを繰り返し伝えるだけ。違うことを言うと，突っ込まれてだめになります。実際におとなしくなったら発進。またうるさくなったら停車する。これだけ」

　好子（正の強化子（positive reinforcement），ここでは練習場に近づくこと）の消失による弱化（車内であばれる行動の生起頻度低下）あるいは，好子（練習時間）減少阻止による「車内で良い態度で過ごす行動」の強化とも言える介入である。このようなアドバイスでいくつかの問題行動の抑制に成功したこの母親は，子ども達にとっての快の随伴を毅然と調整することの大切さへの理解が深まると同時に，母親としての自信を回復し，心配した小学校教頭から促されかなり重い足取りでの来談であったにもかかわらず，その後の来談意欲が高まり，育ち盛りの子どもとのコミュニケーションスキルが向上した。

Ⅳ　おわりに

　CBTにおける工夫を，クライエント／コンサルティとの共同実証主義的な関係を構築するための工夫，と，さまざまな「実験」を企画・実践頂き，その中で，変化への動機づけを段階的に高めていくための工夫，に分けて解説した。

　この２つに加え，「再燃・再発（再犯も含む？）のリスクを下げるための工夫」も解説すべきと考えたが，いまのところ個人的なデータの蓄積が不十分（それぞれの評価に時間がかかる）であるので，これについては別の機会とさせていただく。

　CBTについては，「再燃・再発が少なくないのではないか」という現場からの指摘がある。少なくとも効率の面から見ればほとんど自然治癒と大差ないように見える介入（？）と比べれば，CBTでは，具体的な介入による成果と評価できる成果を残しやすい。そのような改善・著効例が相当数あれば，結果的に，再燃・再発が少なくないように見えてしまうのかもしれない。

　あらゆる心の問題は，ほとんどの場合，一度不調を経験した方の方がそうでない方よりも，残りの生涯において，同じ困難に陥るリスクは高いと予想せざるを得ない。実際に，セルフコントロール的対処の獲得をめざすCBTにおいては，その時点での苦痛を和らげるだけでなく，将来への対処を獲得できるため，うつ病や不安障害において，薬物治療よりは再燃・再発のリスクを小さくできると見込まれている。

　筆者は，終結を向かえた事例においては原則として，「再燃・再発はあり得ること。しかしその予防のために，あるいはやむを得ずそれを迎えてしまった時のために，これまでのカウンセリングの経験が役立つこと。ふたたび繰り返したからと言って，今回ためしたことがまったく役に立たないということはないこと。原理的に同じ工夫で対応できる場合が圧倒的に多いこと」などを説明しておく。そして，仮に"そのような日"を迎えた将来の自分に，どのようなアドバイスをできるか，タイムマシンで未来の自分に，どうささやくことができるか，終結を迎えた面接の中で尋ねることをよくする。このような問いかけについては，「予言」になってしまうのではないか，という批判もあるだろうが，少なくとも多くのクライエント／コンサルティが，明るく将来の自分に向けたアドバイスを語ってくれるし，それがさらに深い自信につながっているようである。

文　献

Beck, J.S. (1995) Cognitive Therapy : Basic and Beyond. Guilford Press.（伊藤絵美，神村栄一，藤澤大介訳（2005）認知療法実践ガイド：基礎から応用まで．星和書店.）

Bennett-Levy, J., Butler, G., Fennell, M., Hackmann, A., Mueller, M. Westbrook, D.A. & Rouf, K. (2004) Oxford Guide to Behavioural Experiments in Cognitive Therapy. Oxford University Press.

児島達美（2008）可能性としての心理療法．金剛出版．

鈴木伸一，神村栄一（2005）実践家のための認知行動療法テクニックガイド．北大路書房．

第7章

人生哲学感情心理療法（REBT）における工夫

菅沼憲治・佐藤哲康

　人生哲学感情心理療法（Rational Emotive Behavior Therapy : REBT）は，アルバート・エリス（1913 〜 2007）が創始した心理療法である。この心理療法は，治療効果を高めるための様々な工夫が治療過程の各段階でなされている。まず，理論の枠組みについて述べることにする。

I　基本的な考え方

　REBTのモデルは，基礎となるA－B－Cモデルと介入技法であるD－Eモデルの2つに分けることができる。A－B－Cモデルは，「人間は出来事（Activating-event）によって悩むのではなく（Consequence），出来事の受け取り方（Belief）によって悩むのである」というREBTの病因論，問題の発生メカニズムを表している。すなわち，問題の原因は出来事ではなく，受け取り方が感情と行動を生み出しているのだから，受け取り方が変われば感情も変わるというものである。さらに受け取り方に伴って行動も変わる。REBTは，自分の人生哲学を整えることができる心理療法である。REBTでは合理性と現実性が乏しい受け取り方をイラショナルビリーフ（Irrational belief）と呼び，人間を不健康にする原因と考えている。反対に人間を目標達成に向かわせ，自分を過度に苦しめることのない受け取り方をラショナルビリーフ（Rational belief）と呼んでいる。

　介入モデルのD－Eでは，治療者はA－B－Cモデルを見立てた後にクライエントに対して，どのようにして自分のイラショナルビリーフを論駁するか（Dispute），そして効果的な新しい人生哲学（Effective new philosophy）を身につけ，ラショナルビリーフに変えるかを教える。さらに受け取り方が変わる

表1　REBTが定めるゴール（菅沼，2005）

①自己利益	⑧科学的思考
②共同体感覚	⑨自己受容
③自己志向	⑩危険を冒す
④高い欲求不満耐性	⑪長期的快楽主義
⑤柔軟性	⑫現実的な努力
⑥不確かさの受容	⑬自己の惑乱に対する責任
⑦創造的仕事への献身	

ことでクライエントに健康な感情と建設的な行動が効果（Effect）として現れていることを確認するのである。

　REBTは受け取り方（認知）が感情を規定していると考える点で認知行動療法と共通する部分は多い。しかし，REBTが独自の哲学を強調して，心理療法に積極的に取り入れている点は他の療法と異なる部分である。次にREBTの哲学について述べる。REBTが求める心理療法の効果と終結は，現在苦しんでいる問題を解決するように治療者は援助するだけでなく，クライエントの内面で深くて十分な人生哲学の永続的変化が起きるように援助していくことである。これは，クライエントに問題解決という短期的な壮快感を与えるだけでは十分でなく，自分の力で問題に立ち向かい解決する力を学ぶことで，長い間その状態が継続するように援助するのである。REBTの狙いはクライエントが自分の問題の責任を取り，面接が終結した時に自分が自身のカウンセラーになることを学ぶのである。

　十分な哲学の変化が起こることにより，クライエントは自己・他者・世の中に対して，①理想は高く持ちながら，望ましい目標や願望として努力を続け，義務のように強要しなくなる，②物事がうまくいかない時にも欲求不満に対する耐性が向上する，③評価することを止め，無条件に受容するようになる（Unconditional acceptance）。REBTが目指す最終的な目標は"健康な人間になること"であり，健康な人間とは「人生を楽しみ，人生を生き抜く」ことに価値の基準を置いている人間なのである。

　さらにREBTは健康な人間になるための過程で小さなゴール（Goal）を定めている。クライエントの内側で哲学の変化が起こり，REBTが目指す目標に向かう時，クライエントは表1に示す13の基準からなるゴールを身につけるのである。治療者の役割は，クライエントがこうしたゴールを学ぶ過程を支えることであると言える。

Ⅱ　治療効果を高める面接の工夫

1．REBTの治療関係

　REBTの望ましい治療的関係とは，治療者とクライエントがともに自分自身および相手を，不完全で失敗をしやすい人間として受け入れ，面接場面では問題を解決するために必要な専門性や知識においては平等であるとは言えないものの，人間性とその価値においては平等であると考えるものである。REBTの治療者はクライエントが抱える苦痛や感情を理解と共感するとともに，苦痛と感情を引き起こしているイラショナルビリーフも理解していることを伝える。クライエントがそのイラショナルビリーフを持ち続けることを批判的に指摘するのではなく，イラショナルビリーフを持つこと，さらにはそこから引き起こされる感情と行動が目標達成や健康な生活に役立つのか役立たないのかを科学的に吟味するように求められる。

　このようにREBTの治療者は，カウンセリングの過程で哲学的な思考と科学的な方法を積極的に適用することになる。治療者にはさらにREBTの哲学や介入を自らの生活に適用して，自分自身のイラショナルビリーフを検討する能力を持っていることが求められる。日頃から無条件に自己受容する哲学を活かしながら，欲求不満に対する高い耐性を示すことによって，クライエントにも良い目標のモデルとなることができる。

2．REBTの形式

　REBTの面接は，まず目標設定を明確にすることから始まる。問題が複雑で重篤であるほどクライエントの感情は惑乱しており，優先して取り組む問題の行動を選択することが困難になる。そこで治療者はクライエントが話す問題を内容についてA－B－Cモデルに沿って分析し，問題を一つ一つアセスメントしていくことになる。

　面接初期にはクライエントの問題以外にも生育歴や各発達段階での印象に残る出来事を聞き取ることもあるだろう。しかしREBTの治療者は，クライエントが体験した幼児期の生活や記憶についての詳細な情報を必要としない。REBTの病因論は先に述べた通り，幼児期の体験や学習が直接結果として表れたのではなく，現在の受け取り方に由来するので，受け取り方の原因がクライエントの過去にあるかどうかを取り上げたりはしないのである。また，現在の問題や苦痛が過去の経験や人間関係に起因するものだと考えるクライエントに

とっては，問題の本質から目を逸らしてしまう恐れもある。

　REBTの面接に必要な情報はDrydenとNeenan（2006）が考案したセルフヘルプフォーム（Self-help form）を用いることで収集することができる。セルフヘルプフォームによって収集されたクライエントの不健康な感情と行動の情報を明確にした上で，面接の場で取り扱いたい優先順位の高いものをクライエントに選択するように勧める。1回のセッションで1つのテーマになるようにクライエントと治療者の間で問題を絞る。もちろん面接が進むにつれて優先順位やゴールは変わっても良い。それは，クライエントが治療者への依存を高めることなく，面接の初期段階から治療の方向づけと決定について権利を持っていること，面接は治療者との共働作業であることを確認する上で，とても重要な意味を持つ。

3．REBTのプロセス

　REBTは，創始者であるアルバート・エリスの面接技法が教義的にならないようにという基本的な考え方を持つ心理療法であるので，進め方を1つの形に固執することはしない。しかしながら，治療過程の各段階には治療効果を高めるための構造化された工夫がされており，REBTでは積極的で指導的なアプローチが，最も効率と効果が高いことから奨励される心理療法である。次にその進め方を段階的に示すことにする。

　1）セッションへの導入：セッションへの導入段階はREBTセッションで取り扱うテーマを設定するための予備段階であり，①前回のセッションで積み残した問題，②出された宿題の達成度，③セッション後に生じた否定的な思考や感情，④セッション外での大きな変化や出来事，⑤今回のセッションで期待する変化を確認する。この段階で治療者は効率的にクライエントの変化と問題を理解し，テーマの焦点を絞って設定することができる。

　2）REBTセッション：セッションで取り上げる優先順位の高いテーマが決まったら，治療者は積極的かつ指導的なセッションを進めていく。REBTの13ステップモデル（表2）は構造化されたREBT全体の進め方を示しているので，REBTビギナーには参考になる。各ステップは段階的に進められていくが，クライエントの理解や面接の過程に応じてステップを行き来することは珍しくない。特にステップ3（Cの査定）とステップ7（Bの査定）では，取り上げる感情やイラショナルビリーフを1つに絞り，クライエント自身が別のものと混同していないか，治療者は注意深く確認する必要がある。

表2　REBTの13ステップモデル（Dryden and DiGiuseppe, 1990）

ステップ1：問題を尋ねる
ステップ2：目標問題の定義づけおよび合意
ステップ3：Cを査定する
ステップ4：Aを査定する
ステップ5：メタ感情（二次的感情問題）を確認し査定する
ステップ6：B－Cの関係を教える
ステップ7：Bを査定する
ステップ8：イラショナルビリーフとCを関連づける
ステップ9：イラショナルビリーフを論駁する
ステップ10：クライエントがラショナルビリーフへの確信を深めるための用意をする
ステップ11：クライエントを新しい知識で実践するよう勇気づける
ステップ12：宿題をチェックする
ステップ13：徹底操作過程を促す

3）セッションの終了：セッション終了段階ではクライエントがセッションで得た気づきや学びがしっかりと根づき，次回の面接につながるようにセッションを振り返り，アンカーリングの作業を行なう。クライエントとともに①セッションの内容，②気づいたこと，感じたこと，学んだこと，③出された宿題を確認することで，クライエントが積極的な姿勢でセッションに臨んでいたか確認することができる。

4．REBTの特徴的な技法

REBTが効率的で効果的に進むように工夫されている積極的なアプローチのいくつかを紹介する。創始者アルバート・エリスは心理療法の諸理論に対する理解が広いだけでなく，哲学や宗教，特に仏教に対する学識の広さはREBTの技法に多くの知恵を与えている。またエリス自身の臨床経験を通じて，認知－感情－行動の間には連環があり，クライエントがイラショナルビリーフの不健康さに気づき，変えるためには認知的側面だけでなく，感情やイメージ，行動などさまざまな異なる側面からイラショナルビリーフを検討することにより成功の可能性が高くなると考え，治療者に奨励した。

1）感情を的確に査定するための工夫：Cの感情を的確に査定することは，セッション全体の方向性を決め，テーマを絞るためにもセッション導入段階で重視される部分である。面接経験の少ないクライエントは惑乱を伴って自身の感情を的確に表現することが困難な場合も少なくない。そのような場合にはセルフヘルプフォームを活用しながら，治療者は推測できる感情を提示して，クライエントにどの程度はっきりと感じるかについて強さのスケーリングと順位

づけをすることが有効である。

　2）イラショナルビリーフを論駁するための工夫：REBTの治療者は他の心理療法を積極的に自身の技法へ取り入れ，論駁に活用している。REBTでは「治療者の数だけ論駁の技法はある」とも言われ，特にゲシュタルト療法のエンプティチェアや行動療法のアサーション・トレーニングやロールプレイを用いる治療者は多く，既習の心理療法とREBTを統合させて用いる創造的な部分を大切にしている。論駁はクライエントの非論理性に焦点を当て，経験と実用性から変化を試みる。

　ここではREBTと行動療法のイメージ技法を統合したREI法（Rational Emotive Imagery）を紹介する。イメージを用いた技法は，クライエント自身が自分の問題を引き起こしているイラショナルビリーフを特定するのに有効である。REIは，不健康な感情や行動を引き起こす出来事の，起こりうる限り最悪な状態を鮮明に想像するようにクライエントに求める。クライエントは想像した最悪の出来事を十分に体験し，不健康な感情と惑乱を味わうように励まされる。次に不健康な感情と惑乱を引き起こしているビリーフが何であるか，同時にどのようにすれば不健康な感情を健康なものに変化させることができるか，治療者とともに検討する。やがてクライエントは，感情を変えるために自身のイラショナルビリーフをラショナルなものに変える必要があったことに気づくのである。

　REBTはREI以外にも多様な論駁技法を用意している。認知的側面への介入にはソクラテス的スタイルや正しい知識を伝える教訓的なスタイル，治療者の体験や不完全さを示す自己開示，受け取り方の深刻さと不健康な考えと行動を笑うユーモアなどがあり，ビリーフの①論理性，②現実性，③実理性を検討して，絶対的な要求に固執していることに気づかせる。

　情動的側面や行動的側面への介入には，差恥粉砕訓練法（Shame attack）や現実場面脱感作法がある。これらの技法は，クライエントが不安や恐怖を感じる場面や行動と対決するように励まされる。彼らが対決したものは確かに不快ではあるが，経験した苦痛や周囲の評価は耐えられないほどではないこと，自分自身を受け入れることができることを再確認する。REBTでは，不快な感情に対する低い耐性を変化させるためには，段階を経て系統的に対決するのではなく，不快そのものと直接対決するほうが効果が高いと考えている。つまり，自分自身の感情を回避することなく，正面から対決することで適切な感情を認識し，健康な感情と不健康な感情の違いを理解することができる。

クライエントに自分自身で答えを見つけさせることは，セッションで学習したものを記憶することよりもはるかに変化を根づかせることから，REBTの論駁技法ではクライエントが治療者の論駁をそのまま受け入れるのではなく，自分で答えを考えるように奨励する。

　3）セッション以外の日常生活から治療効果を高めるための工夫：REBTでは，人間に備わっている自身を支える能力を高め，自分が自分のカウンセラーになるために，クライエントにはセッション時間以外の日常生活にも論駁を用いることが奨励される（教えられる）。面接初期にはセッション内で治療者と決められた宿題として行なわれることが多く，次回のセッション冒頭で，行なった内容および宿題から学んだことが治療者とともに確認される。さらに宿題の達成度は，面接に対する積極性と健康な人間になろうとする動機づけを査定することができる。宿題には，自身でセルフヘルプフォームを記入しながら論駁を試みるものや，REBTの原理を他人に教えてみるもの，セッション内で獲得した効果的な新しい哲学を繰り返し使ってみるものや，テープ録音した論駁を聞きなおすものなど，セッションでの効果が身につく工夫がされている。

Ⅲ　事例を通して工夫を学ぶ

　REBTの実践上の工夫を事例から学ぶことにする。そこで，事例を読み解く上で必要なクライエントの情報（個人情報の保護のためにいくつかの修正をしている）について述べることにする。クライエントは，研修のデモンストレーション・カウンセリングで自発的に手を挙げた参加者である。したがって，1セッションのみで終了したワン・セッション・カウンセリングである。年齢は，28歳の女性である。職業は，高校教師である。

　REBTは，構造化されているカウンセリングである。『実践論理療法入門――カウンセリングを学ぶ人のために』(Dryden and DiGiuseppe, 1990) は，REBTの実践家がアルバート・エリスと同等レベルにカウンセリングを行なう目的で執筆された優れた教科書である。特徴として，実際は極めて複雑である治療過程を13ステップモデルとして分析して示した点がある。その詳細を知るためには，この著書を読むことを勧める。そこで，筆者（菅沼）の行なった自験事例を基に13ステップの治療過程を示す。この暫定的に示されたステップは，柔軟に順序が変動している。

ステップ1：問題を尋ねる

カウンセラー1　ここの場であなたが，自分の人生で変えたいこと，変化させたいことについて，簡潔にちょっと話してください。どうぞ。
クライエント1　感情を自分でコントロールしたいと思っているんですけれど。
カウンセラー2　感情といってもいろんな感情があるじゃない。どんな感情に一番焦点を当てたいわけ？　あるいは課題として取り上げたいわけなんでしょう。
クライエント2　一番は怒りです。
カウンセラー3　怒り。
クライエント3　はい。
カウンセラー4　今日例えば，今6時を過ぎているんだけれども，怒りを感じた出来事ってあった？
クライエント4　今日の中でですか？
カウンセラー5　今日の中で。
クライエント5　今日の中ではないですね。
カウンセラー6　そうすると，いつも怒りを感じているわけじゃなくて，何か怒りを感じる具体的な出来事が相当あるわけね。
クライエント6　はい。
カウンセラー7　そういう，何かごく最近の事例で怒りをⅠさんが感じた，そういう怒りの場面の話を具体的にちょっとなさってください。どんなことがあったの？
クライエント7　例えば具体的な怒りだと，火曜日なんですけど，私の息子に対してなんですけど……
カウンセラー8　今こうやったの，わかるね。
クライエント8　（笑いながら）はい。
カウンセラー9　こうやるって，大体，相手に対して攻撃する姿勢なんですよ。もっとひどくなるとこうやるでしょう。「大体あなたが悪いのよ」といって，こうやって。
クライエント9　嫌だ……
カウンセラー10　で，何をやったの。
（中略）

解説：工夫は，2点ある。「変化」という言葉を使い主訴を引き出した点である。さらに，「最近の具体的事例で主訴を表現する」提案をしている点である。

ステップ2：目標問題の定義づけおよび合意

カウンセラー11　なるほど。そうすると，長男に対する怒りをどんなふうに変えたいわけ？
クライエント11　怒りじゃなくしたいんです。怒りをなくしたいんです。
カウンセラー12　だから，僕は聞いているわけ。どんな感情にしたいわけ？　だって，なんにも感じないって難しいでしょう，人間って。子供に対して，親として無感動になるということはできないよ。だから，僕は聞いてるの。そういう怒りではなくて，どんな感情に変えてみたいのかなと。

クライエント12 かわいいなって思いたいんですけど。

カウンセラー13 かわいくなればいいわけだ。

クライエント13 そうです。

カウンセラー14 そのかわいく感じるというのはちょっと横にどけておいて，じゃあ今度は行動面。行動面ではどうなりたいの？ どう変化したいわけ？ 長男と関わる時，あるいは長男と接する時にどんなふうになっていきたいの，行動面では？

クライエント14 宿題なんかに関して，教えている時なんかは，「ああ，よくできたね，上手だね」って褒めてあげたり，例えばできなかった時も，「忙しいから大変だね。でも，宿題はやらなくちゃならないから，今度は頑張ってみようね」みたいな優しい声かけができるお母さんになりたいです。

カウンセラー15 ああ，そうか。褒めたり，そういう勇気づけられるような言葉かけ，そういうふうになれたらいいなということで。OK。じゃあ，そういうふうにかわいい感じをIさんが持てたり，それから褒めたり勇気づけの言葉かけができるような，そういうあたりのところを目標にしながら，今からカウンセリングを進めていくわけですね。

クライエント15 はい。

カウンセラー16 で，話を戻します。さっき僕が指摘したポーズがあったでしょう。ちょっとオーバー気味にやるとこうなる。で，ちょっとやってみて。その時に，ここから吹き出しが出ているとするわけ。漫画の吹き出しみたいに。そうしたら，ちょっともう一度やってみてよ。そこから大きな吹き出しが出ているとしたら，その吹き出しのところにどんな言葉が入りそう？

クライエント16 「ちゃんとやれよ」みたいな。

カウンセラー17 その「ちゃんとやれよ」という言葉の，さらにその言葉の後を続けてください。ちゃんとやれよ，なぜなら……

クライエント17 なぜなら，それをやらないと，あなたは将来苦労するから。苦労すると思うから。

カウンセラー18 ちゃんとやれよ。なぜなら，ちゃんとやらないと，将来苦労するから。もし苦労するとしたら……

クライエント18 苦労するとしたら，例えば自分の希望の高校に入れないとか，就職がないとか，生計を立てていけない。

カウンセラー19 そうすると，もう一度言うと，指先の吹き出しの中のこういう言葉が入るわけね。ちゃんとやれよ。なぜなら，ちゃんとやれないと……

クライエント19 まず，希望する高校に入れないし，あと，将来自分で生計が立てられない。

カウンセラー20 ちょっと文章書こうね。（カウンセラー，ボードに板書）「ちゃんとやれよ。なぜなら，希望の高校に入れないし，将来設計が自分で立てられない」，これが怒りになるわけですね。で，怒っているIさんが自分自身を見つめていて，何を感じる？ 怒っている自分自身として何を感じる？

解説：工夫は，2つある。「変化」を摺り合わせ合意を得る。「合意点を文章化」して，視覚的に共有することである。

ステップ3：Cを査定する

クライエント20 怒っている時はあんまり感じないんですけれど、終わった後はやっぱり自己嫌悪っていう感じです。落ち込むというか。

カウンセラー21 ちょっと話を戻すけれども、怒りの感情はちょっと横にどけておいて、怒っている時の行動としてはどんな行動が出ているわけ？

クライエント21 顔ですね、まず。

カウンセラー22 顔がどうなる？

クライエント22 顔が、すごい、私はわからないんですけど、主人が言うんですけど、こんな顔しているらしいんですよ。

カウンセラー23 あ、そうか。要するに、険しい、そういう……

クライエント23 そうですね。険しい表情。

カウンセラー24 険しい表情をしているわけだ。他に行動としては。

クライエント24 ノートを叩いたりします。バンって。

カウンセラー25 そうすると、行動としては、険しい表情と、もう1つはバンとノートを叩くと。で、話をちょっと戻すんだけれども、怒っている自分自身に対しては何でしたっけ。自分自身を見つめて。

クライエント25 その時は自分自身を見つめるほど冷静さがないからわからないですけれども、終わった後に、「ああ、またやっちゃった」とか「駄目な母親だ」みたいな……

カウンセラー26 そうしたら、怒りのところとこの2つの行動のところに焦点を合わせますよね。で、怒りをスケールで表すとしたら、例えば10点法のスケールで表すと何点ぐらいの怒りになりそう？

クライエント26 毎回微妙に違うんですけど、実はその後、朝やらせたんですよ。その次の日の朝。

カウンセラー27 もう1つは、焦点は、この間の火曜日のその場面。

クライエント27 その場面。それは帰ってきてやってないという場面を私が見ててですか。

カウンセラー28 そうです。

クライエント28 その時はそんなに、10あったら5ぐらいです。

カウンセラー29 5ぐらいの怒りがあったわけだ。その時に、険しい表情と、こういうバンとノートを叩くことがあったわけ？

クライエント29 それはないです。今までにそういうことがあったというだけで、その時は「仕方ないかな」みたいな、その日はそういう感じでした。

カウンセラー30 でも、5点の、これぐらいの怒りはあるわけだ。で、僕は手の動きを見ていた時にすごくおもしろかったの。同世代の学生、高校生2年生を教えていることもあるわけ？

クライエント30 2年生はちょっとないんですけど、1年生はあります。

カウンセラー31 1年生の時にこうならなかったんで、こうやってたんですよ、教える時に。1年生で宿題をやってこない子供たちがいた時でも、指導をする時に何かこうやるとかというような形で、こういう手の使い方をしていたわけですよ。こういうやり方はやってなかったんですか？

クライエント31 はい。

カウンセラー32 で、もしここのこういう、ちょっとポーズをやってみて。小学校4年生に対して指導しようとする時に、この手のひらに何か言葉が乗っているとしたら、1

さんが教師として，高校の１年生が，宿題を忘れてたり，それから怠けている子供がいた時の指導の仕方はこうやるわけですよ。その時の，こうやる時のここにどんな言葉が入りそう？

クライエント32　「これは大事なことよ」って感じですね。

カウンセラー33　「これは大事なことよ」ということね。だから，こうやる時の吹き出しの言葉と随分違うよね。

クライエント33　そうですね。

カウンセラー34　もう一度ちょっとやってみて。高校１年生のそういうなかなか授業にならない子供たちに，もう一度こういうポーズで。

クライエント34　これは大事なことよ。

カウンセラー35　その時に何を感じてます？

クライエント35　そうですね，あんまり……。でも，怒りはちょっとありますね。でも，それを押さえつける力の方が大きいような感じがしますね。「待て待て」みたいに言ってくれる。

カウンセラー36　だから，5ぐらいの怒りとは違うわけね。

クライエント36　そうですね，1か2ぐらいかな。

カウンセラー37　ということは，だからコントロールできているわけだね。怒りを。

クライエント37　そうですね。その時はそうですね。

カウンセラー38　よかったですよ。学校でもこうやってやってると……

クライエント38　危うい。学校ではちょっと別だと思っているので。

カウンセラー39　で，さっきのゴール，覚えていらっしゃいます？　長男の方がかわいらしいというか――なんと呼んでるの，長男の方を。

クライエント39　Ｖくんって呼んでます。

カウンセラー40　Ｖくんがかわいらしく感じられるということ，そこから，Ｖくんに対して褒めたり勇気づけの言葉かけをするために，この文章を変える必要があるわけですよ。「ちゃんとやれよ。なぜなら，希望の高校に入れない。また，将来自分で生計が立てられない」という言葉，これを言っている限りこうなるわけですよ。こうなることは，ちょっと同じポーズをやってみて。これをこうやって見てみて。

クライエント40　嫌ですね。

（中略）

解説：工夫は2つある。「感情のスケール化」で具体的な理解を促している。クライエントの「非言語」に焦点化していることである。

ステップ4：Aを査定する

カウンセラー41　気を付けていますよね。でもＶちゃんに対してはもっとストレートな言葉になっちゃうわけですよね。だから，その言葉のところの話と，それから，険しい表情とかバンとノートを叩くというところに，今度は行動のところに移ろうと思っているんですよ。今から簡単な実験をしようと思うんですよ。椅子を使った実験なんですけれども，イメージを使うわけ。――で，Ｉさんの長男，高校１年生のＶくん，ここにイメージして連れてきて。で，浮かんだら僕に合図して。――今Ｖくんはどんな表情をしています？

クライエント41　今は明るい表情をしています。
カウンセラー42　Ｖくんに何か言葉かけするとしたら，今どんな言葉かけをしたい
クライエント42　早い時間にあえてよかったみたいな感じ。
カウンセラー43　すごくすてきな言葉かけじゃないですか。
クライエント43　はい。
カウンセラー44　ちょっと語ってください，Ｖくんと。
クライエント44　早く終わって一緒に食事しようとか。
カウンセラー45　そうすると，今Ｖくんはどんな表情をしています？
クライエント45　笑っていますね。
カウンセラー46　やればできるじゃん。
クライエント46　だから宿題っていうのが入らなければできる……
カウンセラー47　だから，いつもいつも険しい表情をしたり，いつもいつも机を叩いたりノートを叩いたりしているわけじゃなくて，そういうこともちゃんと言葉かけができているわけでしょう。だから，練習が必要ですよね。意識して。
クライエント47　自分の中では結構，どういう言葉を自分が怒っている時に自分にかければ，私のこの怒りは収まるのかなとかというのはずっと考えてやってきていたんですけど，ぴたっとくるのがないんですね。怒りを本当に収めてくれるようなものが私には思い浮かばないんですよ。例えば，正直に言うと練習はずっとしてきていて，客観的に見てくれている人がいますよね，主人みたいに。彼がいつも私に，何というのかな，私がいつも反省をするような言葉かけをくれるわけですけど，いけないなとは思うんですけれど，また同じことを繰り返してしまうんです。

　解説：工夫は１つである。「エンプティ・チェアの技法」で出来事を明確化した点である。

　ステップ６：Ｂ−Ｃの関連を教える

カウンセラー48　今の話は，例えばＶくんがＩさんの怒りのボタンを押しているように聞こえるわけですよ。
クライエント48　はい。
カウンセラー49　本当にそうなの？　ＶくんがＩさんのところから，こうやって延長コードでもって何かこう――いや，Ｖくんのところから出ている延長コードをＩさんが握っていて，Ｖくんが何かすると，Ｉさんが――怒りのボタンを握っているのはＩさんで，Ｖくんが何かやるとそのボタンを押して，すごく怒ったり怒らなかったりするというふうに聞こえるわけですよ。だから，コードはＶくんとＩさんのボタンとの間につながれているというふうに聞こえるわけなんですよ。本当にこれはつながっているんでしょうか。
クライエント49　多分私の中の，"こうならねばならない"みたいなやつとつながっているんだと思うんです。
カウンセラー50　だから，それがこれでしょう。「ちゃんとやれよ」。
クライエント50　そうですね。これだけじゃないですけど。
カウンセラー51　どんなものがあるか言って。
クライエント51　「私は教師だから」とか。
カウンセラー52　ちょっとそれを言ってよ。私は教師だから……

クライエント52 そうですね……。私の息子なんだから，私の息子はこうあるべきだみたいな。私の息子なんだから，ちゃんと宿題はやるべきだとか。やるに決まっているみたいな。

カウンセラー53 もしそうでないと……

クライエント53 もしそうでないと……。何だろうな。何かちょっとそこは嫌なんですけど，多分私のプライドが許さないとか言っています。

カウンセラー54 なぜなら……

クライエント54 「なぜなら，私は教師だから」かもしれないですね。

カウンセラー55 僕の話をしますね。私の父親が高校の教師なんですよ。僕はあまり父親の期待するような子供じゃなかったんですよ。勉強はあまりしなかったし。勉強はそれほどできなかったし。それから，父親が期待したような行動もしなかったんですよ。多分Iさんと同じように，プライドはものすごく傷ついたと思いますよ。そのことについて父親は悩んだかもしれないですね。ただ，僕には直接それは伝わらなかったんですよ。彼は悩んだのだろうけれども，僕には伝わらなかった。それで，今感謝していることが1つだけあるんですよ。それは何かというと，当時，心理学を勉強したいと言ったんですよ，父親に。そうしたら，「金は出すと。で，口は出さない。でも，お前の人生なんだから，お前がその人生の責任を全部取りなさい」というふうに言われたんですよ。それはすごく救われましたね。当時，心理学は，今ほどメジャーじゃないし，海のものとも山のものともわからないような，そういう分野なんですよ。で，父親がそういうふうに言ってくれたというのは，僕はものすごく自由を得た感じがしましたね。すごくよかったですよ。僕が自分の人生を，自分の好きな道としてこうやって歩んでこられているのは，そういった父親のプッシュがあったからかなと思ってはいるんですね。励ましがあったからかなと思っています。では，一般論の話をもう1つしますね。教師の子供って，すごくつらいんですよ。要するに周りの評価が，教師の子供は勉強ができて当たり前とか，勉強して当たり前という，そういう視点で見るの。だから，プレッシャーがあるんですよ。もう教師の子供であるというだけでそうなんですよ。で，話を戻しますよ。ちょっと上の方は除いておきますね。「私の息子だからちゃんと宿題をやるべきだ。もしそうでないと自分のプライドが許さない。なぜなら私は教師だから」というあれなんですけれども，こういう文章を誰から教わりました？ 例えば教育基本法に書いてありますか。書いていないでしょう。それから，服務規程か何かに書いてあります？ 書いていない？ それから，校長からこういうことを言われました？ 言われないよね。だから聞いているんです，どこにこの出典の根拠があるのかなと思って。出典，どの本の何ページ？

クライエント55 ないです。

カウンセラー56 誰が作ったの。

クライエント56 私です。

カウンセラー57 Iさんが作ったわけですよね。だから，Iさんが作った以上，Iさんは変える必要があります。あるいは，変えられるんですよ。もし，この文章をずっと続けていると，5以上の怒りになりますよ。自分でコントロールできない怒りになりますよ。それで，険しい表情とか，もっと激しい，乱暴な行動になるかもしれないですね。だから，これを変える必要があるんですよ。どう変えたらいいですか。だって，出典もないし，誰も言ってないんだもの。

クライエント57 何かこう，出てきちゃうものなんです。

カウンセラー58 何かまた，教師というある看板があって，そこからコードがあって，プライドというボタンがあって，それを押すとプライドが寒暖計のように上がったり下

がったりするみたいな，そんなバロメーターがあるみたいに聞こえるわけ。出てきちゃうっていうんだから。出てきちゃうんだったら，今ここの机の上にでもプライドを出してみてと僕は言いたくなるわけよ。だから，怒りがVくんによって作られるとなったらば，Vくんが怒りの原因みたいに伝わるわけですよ。それから教師であるということがプライドを作ったり作らなかったりするのだったらば，何か勝手に教師という看板とプライドが直接結びついていて，その看板いかんによってプライドが上がったり下がったりする。

クライアント58　でも，私は教師だからというのはちょっと違うかもしれません。多分教師を辞めても私は同じことを繰り返すと思います。

カウンセラー59　もう一度聞くけど，プライドってどんな言葉なの。僕はよくわからないんだよ。プライドって。

クライアント59　何でしょうね。でも，許せないんですね，何か。

カウンセラー60　プライドって，要するに誇りとか自尊心だとか，そういう意味で使っているわけ？

クライアント60　違いますね。誇りではないですね。

カウンセラー61　どうもそうじゃないよね。だから，Iさんのプライドって何なのと聞きたいわけ。要するに私のメンツをつぶさないでねということなのかな。

クライアント61　そうですね。その通りです。

カウンセラー62　要するに，Vくんが勉強できないと，それは即Iさんのメンツに引っかかって，メンツをつぶされるというふうになるわけだ。

クライアント62　そうだと思います。

カウンセラー63　それがわからないよ。Vくんの人生とIさんの人生と違うはずでしょう。VくんイコールIさんだったら，もう即一緒の人生なんだけれども，VくんはVくんの人生を歩むわけでしょう。IさんはIさんの人生があるわけですよ。そうなった時に，Vくんの行動がIさんのメンツにどんなふうに関係するのか。それは親子であるという絆はありますよ。ただ，わからないのは，そのVくんの行動いかんによってIさんのメンツが傷ついたり傷つかなかったりするというのは，どういうわけ？

クライアント63　多分，事実は違うのかもしれないけど，周りから評価されているのじゃないかというふうに自分は思っているんだと思います。

カウンセラー64　だから，事実無根ですよね。ご存じのように。

クライアント64　多分，自分がそういう評価を今までしてきたので，だからきっとみんなもそうしているはずだと思い込んでいるんだと思うんです。先生さっきおっしゃいましたけど，私も，先生の子供だとすると，「ああ，何でしょう」と思ったことも多々あります。だから，自分がそういうふうに思ってきたので，そういうふうに子供を見てきたので，多分自分もそんなふうに評価されているんじゃないかというふうに思っているんだと思います。

解説：工夫は1つである。「因果論」を手放し，「縁起論」へとパラダイム・シフトを促す。

ステップ7：Bを査定する

カウンセラー65 そうすると，もう一つ思い込みの内容がありそうね。要するに，評価ということに対してものすごく敏感ですよね。
クライエント65 はい，敏感です。
カウンセラー66 そうすると，今言った評価の部分についてどんな思い込みがあるわけ？　例えば人から高い評価を得ねばならないとかというのはありそう？
クライエント66 高くはないですけど，そこそこはという。
カウンセラー67 そうすると，もう一度言うと，こういうリアクションというか受け取り方がある。私は教師である以上……
クライエント67 あんまり教師は関係ない感じがします。
カウンセラー68 私は他者からそこそこ――そこそこというのはよくわからないね。良い評価？
クライエント68 普通よりは良い。ただ，すごく高くなくても良い。
カウンセラー69 普通より良い評価を得なければならない。もしそうでないと私は……この文章に続けて。
クライエント69 私はつらい。
カウンセラー70 で，聞きたいんだけれども，この普通より良い評価の基準というのは例えばK県標準値ってありそう？
クライエント70 私基準値はあります。
カウンセラー71 私基準値ですよね。だから，ここの誰も当てはまらないよね。
クライエント71 はい。
カウンセラー72 だから，誰も知らないんだよ，はっきり言って。Iさんの評価の基準なんて。でも，それをすごく大事にしているみたいね。
クライエント72 大事にしているわけじゃないですけど……
カウンセラー73 だって，そう聞こえるもの。つらいって。
クライエント73 貼りついちゃってるみたいな。（笑いながら）言うとまたはがしてとか言われるのかな。
カウンセラー74 すごくわかってるじゃない。だから，それが非常に笑い飛ばせるようなものだということはおわかりですよね。だって，貼りついてるって……
クライエント74 それは今W先生と一緒にいるからそうですけど，やっぱり一人になると笑い飛ばせることではないです。私にとっては大きいです。
カウンセラー75 それはそうだよ。だからつらいんですよ。しかも，それは不合理だというか不自然だと思いながらも，しかし，背負っちゃっているわけだよね。
クライエント75 はい，その通りです。
カウンセラー76 それは，教師ということとか外界がそういうものを貼り付けたわけじゃなくて，Iさんが自分で貼り付けているわけですよね。
クライエント76 そうです。
カウンセラー77 要するにこう薬みたいに。サロンパスみたいに貼り付けている。
クライエント77 はい。

解説：工夫は1つである。「メタファー」を使い自己評価的認知を査定した。

ステップ8：イラショナルビリーフとCを関連づける

カウンセラー78　ちょっとイメージの世界で，そのサロンパスってどのくらいの大きさ厚さなの？　このぐらいあり そう？

クライエント78　違うんです。イメージ的に言うと，このぐらいの大きさがたくさん貼りついているんです。全身にくまなく隙間なく。

カウンセラー79　もしそれを外すとしたら，どんなことが必要？　多分，これは僕の推論だけれども，そのサロンパスみたいなものは，確かに貼っていると居心地が良い部分はあると思うの。

クライエント79　やっぱり先生のおっしゃるように，今まで自分の信じてきたものがすべて壊されてしまうようなおそれがあるかもしれないですね。

カウンセラー80　もしそれを，居心地は良いんだけれども外すと，どんなことが想像できるんだろうか。サロンパスみたいなものを体に貼っているから，非常に居心地は良いんですよ。筋肉痛も起こらないし。で，もしそれを外したとしたら，どんなことが起こりそう？

クライエント80　何を信じて生きていったらいいのかが……

カウンセラー81　そのサロンパスみたいに貼っているものは，信じるに足るものなんだ。

クライエント81　と思っていると。1個1個はあれかもしれない……

カウンセラー82　ただ，僕が疑問なのは，それはA市基準でもK市基準でもなくて，Iさん基準でしょう。何でそれが信じられるものかって，僕はよくわからないんだけど。だって，ここの誰にも当てはまらない標準値だもの。

クライエント82　長いこと付き合っちゃったというのもあるかもしれません。

カウンセラー83　そうだろうと思うよ。それはもう。わかることは一つ，Iさんが非常に勇気を持ってまったく今までと違った世界に飛び込んで，今大学院で，そういうこう薬，サロンパスのいらない世界へ飛び込んでいるということを僕は知っているんですよ。

クライエント83　いや，大学院に入るというのを，何かちょっと，プライドまではいかないけど，そういうのを満たすためのものなのかなとちらっと思っているんですけど，自分では。

カウンセラー84　だとしたら，僕ははっきり言いますよ。それは逆なの。ここは命の洗濯と充電をして，そして，そういう今まで自分が身につけていたものをちょっと横にどけておいて，それこそ命の洗濯をするところなんです。

クライエント84　サロンパスをはがすところなんですか，ここは。

カウンセラー85　そうなんです。で，聞いたわけ。それを全部はがしちゃうとどんなことが起こりますかと言ったら，何を信じて良いかわからないと言ったでしょう。僕は，一つだけ言えることがあるわけ。臨床とかカウンセリングの仕事をしていく時に一番頼りになるのは，マニュアルでもないし，教科書でもない，スーパーバイザーのアドバイスでもないわけですよ。それは何かと言うと，自分の感覚，五感ですよね。だから，もっと簡単に言っちゃえば，自分自身を信じるしかないと思いますよ。ロジャーズ理論のサロンパスとかいろいろあるけれども，そんなもの貼ったってしょうがないもの。

クライエント85　全部はがした時に，私自体が消滅してなくなっちゃうような感じがするんです。だから，W先生が僕自身と言ったけど，私は残らないような気がします。何も残らないような。

カウンセラー86　何でそれを知っているの。まだはがしてもいないのに。

クライエント86　だから怖くてはがせないんですね，きっと。

解説：工夫は1つである。「縁起論」を「感情」と関連させる。

ステップ5：メタ感情（二次的感情問題）を確認し査定する

カウンセラー87　だから，その怖いという感情が非常に大事なわけですよね。だから，今少なくともIさんがチャレンジしていることは，その怖さと向き合うということでしょう。ここでやっていることは。だから，話がちょっと動いてきているんですよ。今から少しその怖さのところに焦点を当てていって良いですか。

クライエント87　はい。

カウンセラー88　で，怖い感情を横にどけておいて，怖い時に起こりそうな行動は？　どんなものが起こりそうですか？

クライエント88　逃げる。そこから逃げる。

カウンセラー89　そうすると，サロンパスを貼って自分を支えてきたもの，いっぱい過去の生活の中で，あるいはキャリアの中で支えてきたものを一つ一つはがしていった時の怖さ，その怖さから，その場から逃げようとしている，そういう回避的なことをやっているという。そういうところに今焦点を当てているわけですが，怖いという感覚があったときに，感情があった時に頭をよぎる言葉は，どんな言葉なんでしょうか？

クライエント89　例えば「その場から立ち去れ」とか「そこに関わるな」とか。

カウンセラー90　なるほど。その後の文章を続けてよ。その場から立ち去れ。その場に関わるな。なぜなら……

クライエント90　痛い目に遭う。

（中略）

クライエント91　確かに，すごく言いたくないことを言いました。

カウンセラー92　その通りだと思いますよ。だから，そういう意味では僕は，勇気がとてもあるねというふうに評価したわけ。

クライエント92　ありがとうございます。

カウンセラー93　本当にそう思いますよ。痛みというのは，非常に生産的な痛みなんですね。サロンパスをはがす時の痛みは。今ここでこうやって話しているIさんは決して逃げていないように僕は思うわけ。向き合っていますよ，自分に。

クライエント93　これは何かすごく，自分の中でとても解決したいことなんですね。

カウンセラー94　だから，すごく僕は立派なことをやっていると思うんです。しかも，それが我々全員の教材になっているでしょう。生きた，ライブの教材になっているわけですよ。そういうものを提供して下さっているわけです。だから，すごく生産的であるし，ご自分だけじゃなくて，この教室全体に大変良い刺激を与えているわけなんですね。良い学びを起こしているわけです。で，話を戻しますね。これ，「私は他者から普通より良い評価を得なければならない。もしそうでなければ私はつらい」というわけですけれども，今何個ぐらいサロンパスがはがれました？　だって，相当貼っているみたいだったんだけれども。

クライエント94　そうですけど，多分1枚の4分の1ぐらいでしょうか。いっぱいある中の。

カウンセラー95　でも，4分の1ははがれたんだ。

クライエント95　こんな小さい1枚ですけど。

カウンセラー96　おめでとう。で，僕がはがしたんでしょうか？　この教室にいる人がはがしたんでしょうか？　誰がはがしたの？

クライエント96　私です。
カウンセラー97　そうですよ。その通りです。だから、誰もはがせないんだけれども、Ｉさんにははがせるんですよ。
クライエント97　またそういうことを言って……
カウンセラー98　今気づいていますよね。だから、そのことはあまり生産的でないということですよね。だから、はがすかはがさないかというのは、人がはがしてくれるのを待っているとかじゃなくて、自分がはがすかはがさないかを決断するだけなんですよ。
クライエント98　でも、すごく先生の力があったと思うんです。はがすのに。自分でははがしたと思いますけど、例えば今日のようなチャンスを与えてもらえなかったら、4分の1さえはがせないで、いつも自分では努力しているんですけど、どうにかしてはがしたいと思っているから、いろんなことをしながら努力しているんですけれど、でもなかなか自分の力だけでは……
カウンセラー99　もちろんそうですよ。そういう自分の触れたくない部分について、自分だけで取り組むのは難しいわけですよ。だからこそトレーニングというのは必要なわけで、先輩――だから、僕はＩさんより先輩ですよ。だから、その先輩の手を借りながら取り組み、トレーニングするということは必要なわけ。私も私の先輩からそういうことを授かってきているわけです。だから、Ｉさんにもしているだけの話です。でも、サロンパスをはがすのは、先輩がやってくれたんじゃないわけですよ。僕は自分でやってきたわけですよ。そういう意味でもＩさんも、4分の1はがしたのは自分でやっているわけですよ。で、この文章をどう変えたらいいですか？「私は他者から普通より良い評価を得なければならない。もしそうでないと私はつらい」。
クライエント99　変えたいのは「私は他者からどんな評価をされても私でいられる」。
カウンセラー100　今そういった時に、怖ってどうなっています？
クライエント100　怖さって、何に対する怖さですか。サロンパスをはがす怖さですか。
カウンセラー101　うん、サロンパスをはがす怖さ。
クライエント101　ちょっと減ったかもしれないです。10のうち1くらい。
カウンセラー102　良かったね。私は他者からどんな評価をされても私でいられる、その通りだと思いますよ。
クライエント102　それをいつも自分の心の中で繰り返し言っていくと……
カウンセラー103　その通りです。言うことです。だって、ここでそうですよね。この実習が始まる前と始めた後、そして今、Ｉさん自身の評価はエスカレーターみたいに上がったり下がったりしています？
クライエント103　私自身ですか。私が私を評価するということですか。ちょっと上がったかもしれないですけど。
カウンセラー104　あるいは、他の人の評価によって、Ｉさんの上がったり下がったりした評価というのは、他の人のせいで上がったんでしょうか？
クライエント104　いや、あんまり他の人は、今は気にならないです。

解説：工夫は2つある。最初の感情である「怒り」からメタ感情である「恐怖」に気づく介入をした。「無条件の自己受容（USA）」の理解を深める介入をしている。

ステップ9：イラショナルビリーフを論駁する

カウンセラー105 そうですね。だから，上げるのも下げるのもIさんが決めているわけですね。そのことって，自分でいられるということですよね。上がろうと下がろうと自分でいられるということですよね。だって，それは自分で決定しているわけだから。自分の値踏みは自分でするということですよ。人が自分の値踏みをするんじゃないんですよ。例えば，この教室の人たちが「Iさんってへぼカウンセラー」と言ったからといって，Iさんがへぼカウンセラーになるということじゃないわけですよ。この教室の人たちが「Iさんてすてきな教師」とか「すばらしい教師」と言ったからといって，Iさんの教師の評価がぐっと上がるわけでもないですよ。その評価というのは，教師であろうとカウンセラーであろうと自分が決めているんだと。

クライエント105 でも，これを意識しちゃうと，すごくわがままな人間になっちゃうような気がするんです。周りを見ないで。

カウンセラー106 そのわがままって，周りが見えていないと言うんだけれども，今周りが見えていないの？

クライエント106 見えてないわけじゃないですけど，気にならないという感じですね。

カウンセラー107 だから，気にならないということとわがままというのは随分違うでしょう。わがままというのはどういうのかというと，人の権利だとか人の感情だとか人の行動を踏みにじって，自分だけいい目をするということですよ。でも今は，気にならないというのは，自分で集中しているということでしょう。Iさんが自分の世界に集中しているということでしょう。集中しているから，これだけの，この場面をとってもお互いにとって大変良い学びができているわけでしょう。集中できているから。だから，わがままじゃない。で，それをちょっと確かめてみようと思うわけですよ。この教室の人たちにこう聞いて下さい。「私はわがままものでしょうか」。

クライエント107 だって，皆さん大人だから言わないですよ。

カウンセラー108 いや，わかんないね。ちょっと聞いて。

クライエント108 一人一人聞くんですか？

カウンセラー109 いやいや，手を挙げてと言って。「自分がここでわがままやっていると思う人，手を挙げて」って。

クライエント109 私がわがままだと思う人は手を挙げて下さい。

カウンセラー110 何人手を挙げた？

クライエント110 いません。

カウンセラー111 でしょう。ということですよ。だから，それは思い込みだけ。

クライエント111 何か，今はね，みたいなところも，今回はね，みたいな……

カウンセラー112 すごく疑う学生が来たね。（笑）これが事実ですよ。これがデータです。これが真実なんです。だから，これにケチを付けるというのはおかしいよね。これが事実です。で，だから一つは，今のこの文章を繰り返し繰り返し言うことは必要ですね。

クライエント112 何かすごい，今これを3回ぐらい言っていたら何か――何でしょうね，わがままになってしまうと恐れていたんですけど，でも，それは自分が責任を取っていくことなんだという気が3回ぐらいしました。

カウンセラー113 その通りですよ。だから，人の責任まで背負わなくても良いんですよ，自分が自分の責任を背負えば良いんです。すばらしい気づきじゃないですか。そうすると，例えばVくんの人生がありますよね。Vくんの人生はIさんが背負う必要があるんでしょうか？

クライエント113　ないですけど……
カウンセラー114　「けど」をなくしてくださいね。では，もう一度言いますけれども，Ｖくんが良いことをやる，悪いことをやる，その責任はＩさんが背負う必要があるわけ？
クライエント114　何かまだちょっと私の中で，20歳まではみたいなものがあるんですよね。
カウンセラー115　僕の仮説では，まあ6歳までは親が責任を持つかもしれないね。20歳になってまで持つというのは……
クライエント115　いや，20歳まで――成人したら責任はあなたよみたいな，それまでは親がというのが私の中にちょっとあって……
カウンセラー116　そういうこだわりがあるとしてもいいかもしれない。で，話を戻しますよ。ここの目標は，もう一度言うと，かわいらしくＶくんが思えるということと，それから優しい言葉と勇気づけの言葉をかけるということだったわけですけど，そういうゴールに役立つことって，今の面接で学べました？
クライエント116　今の面接は，何か練習みたいな感じなんですけど。
カウンセラー117　何を練習すること？
クライエント117　かわいいと思う感情を感じる回数を増やすとか，あと，例えば勇気づけの言葉を，本当は心から思っていなくても，何回か言っていくとそれが少しずつできるようになるのかなって。意図的に。

　　解説：工夫は，2つある。「現実検討力」を養うためにデータで確認している。さらに，「責任性」を養う介入をした。

ステップ11：クライエントを新しい知識で実践するよう勇気づける

カウンセラー118　もう一度ちょっと，ここにまだＶくんは黙って座っているんですよ。ものすごくお行儀の良い子だから。イメージをちょっと浮かべてよ。
クライエント118　はい。浮かびました。
カウンセラー119　浮かんだ？　ちょっとしっかり向き合って。で，Ｖくんに，かわいいという感情というか，かわいいという思いがあるわけでしょう。それを的確に，Ｖくんに伝わるように語って，言葉かけをしてみてください。どうぞ。
クライエント119　かわいいって感情って……。あなたはかわいいわね，とかいうことじゃなくて……
カウンセラー120　いや，それでもいいですよ。
クライエント120　何か，今寝ているんですけど。
カウンセラー121　良いチャンスじゃない。あんまりまじまじと見られると照れちゃうじゃない，お互いに。
クライエント121　寝ているところ，かわいい。
カウンセラー122　ちょっと聞こえなかった。
クライエント122　寝てるところがかわいいね。
カウンセラー123　ほかには。これは練習だから。練習すればするほど身につくんです。どうぞ。
クライエント123　ママはどんなＶくんでも受け入れられるように頑張るよ。

カウンセラー124　あと，何か褒めたい言葉とか勇気づけになるような言葉とか，言いたかったら何でも言ってあげてください。
クライエント124　大きくなったらいい男になれるようなかわいい顔してるね。
カウンセラー125　ちょっと聞こえなかった。思い切って……
クライエント125　大きくなったらいい男になれるようなかわいい顔してるね。スイミング上手だもんね。
カウンセラー126　それは事実だから，褒め言葉ではないよね。だから，褒め言葉というのは，「あなたは泳ぎ方がすごくうまいよ」とか「そういう泳ぎ方はすごく良いフォーム，美しいフォームだよ」とか，そういうふうに言ってあげたらいいと思う。
クライエント126　何か泳いでいる姿を見ていたら，本当に上手で，姿勢がとても良くて，きれいに泳いでいるね。いつも声が大きくて，元気いっぱいだね。
カウンセラー127　VくんはIさんのことを何と言うの？　ママって言うの？　お母さんって言うの？
クライエント127　恥ずかしいんですけど，まだママなんです。高校に入った時に変えようと思ったんですけど，変えられなくて。
カウンセラー128　じゃあ，言って。「ママがいない時も，あなたは一人でスイミングスクールへ行ったり，ちゃんと勉強したりして，しっかりしていて，お母さんうれしいよ」とか「ママうれしいよ」とか，そんなことを言ってみて下さい。
クライエント128　でも，それは嘘ですよね。
カウンセラー129　いや，だって本当じゃん。
クライエント129　いや，そんなにはやってないですよ。
カウンセラー130　いやいや，やる時もあるわけでしょう。いつもいつもやらないわけじゃないもの。
クライエント130　すごくたまにですけど。
カウンセラー131　だから，やる時もあるわけだから。
クライエント131　ママがいなくても，宿題をちゃんとやる時もあるし，スイミングも頑張っているから，お母さんうれしいよ。
カウンセラー132　ちゃんと届いている感じする？
クライエント132　寝てるんで……
カウンセラー133　寝ているわけだからね。これはIさんの練習だから，Vくんの練習じゃないから良いわけです。あと，ほかに言いたいことは。
クライエント133　これは，子供が寝てからとか，ふっと自分に時間ができた時に，こういう練習を続けていくということが大事なわけですか。
カウンセラー134　すごく大事だと思いますよ。それで，大事なことを一つ忘れていたんですけれども，本人が喜ぶとか，本人が気に入るとか気に入らないということを期待しないことね。相手のリアクションを期待しないこと。だから，褒めてあげたから本人は喜ぶべきだとか，あるいはこんな言葉を掛けたから相手はこういうふうに反応すべきであるという期待を持たないこと。それが大事なことです。
クライエント134　彼の反応によって私が動くことはないということですね。
カウンセラー135　そういうことです。だから，あくまでこちらの気持ちが届くように伝えるんだということなんです。そういうものの練習なんです。
クライエント135　これは，本当の本人を目の前にやった方が効果的なんですか？
カウンセラー136　いや，まずはこういうところで練習することです。だからやっているわけです。
クライエント136　はい，わかりました。

カウンセラー137　まだ言いたいことある？　ふだん言わなくて，この際だから練習しておこうというような言葉かけ。例えばこういうのは？「ママはVくんをとても愛しているよ」とかというのは？
クライエント137　でも，愛しているよという言葉じゃないですけど，大好きとか，そういうのは言ってます。
カウンセラー138　言ってるの。
クライエント138　はい。愛してるっていうとどうなっちゃうんでしょうね。ママはVくんのことを愛しています。大好きです。
カウンセラー139　ほかに言いたいことは？　では，こういうことを最後に言って下さい。「あなたがどんな結果をもたらそうと，そのことによってママは揺さぶられたり影響受けたりしないで，ママはママらしく生きるからね」。
クライエント139　「ママの愛情は変わらない」でもいいですか？
カウンセラー140　それでいいです。
クライエント140　Vくんがどんな結果を出しても，ママのVくんへの愛情は変わらないよ。
カウンセラー141　それを本当に確信的にそう思います？
クライエント141　今は。この瞬間は。
カウンセラー142　それでいいですよ。じゃあ，何かまだ言いたいことがあったら言葉かけして，この実習は終わりにしましょう。
クライエント142　特にもう。
カウンセラー143　もういい？　じゃあ，この実習はこれで終わりにします。
クライエント143　ありがとうございました。
カウンセラー144　で，こっちを向いてよ。まだ終わったわけじゃない。で，かわいくVくんを感じるということ，それから励ましたり褒める言葉かけについて学ぶということなんですけれども，このカウンセリングを通して，そのことはここで達成できました？
クライエント144　もう1回言ってもらってもいいですか？
カウンセラー145　Vくんに対してかわいらしさを感じるということと，それからVくんを励ます言葉あるいはVくんを褒める言葉，こういうことを学ぶことが目標のカウンセリングだったわけですけど，その目標は達成できました？
クライエント145　はい。学べました。
カウンセラー146　それは良かったですよ。じゃあ，怒りとか恐れとかそういうものは？
クライエント146　今はないです。

　　解説：工夫は，2つある。「行動リハーサル」で新たに学んだ行動を復習している。「目標の達成度」を確認した。

ステップ12：宿題をチェックする

カウンセラー147　今はない。宿題を出しておきます。「私は他者からどんな評価をされても私でいられる」というのをカードに書いて，いつもノートにしまい込んでおいて下さい。
クライエント147　このぐらいですか？
カウンセラー148　うん，このぐらいの。

クライエント148　いつも見られるような。
カウンセラー149　うん，いつも見られるような。カードに書くのね。で，それを挟んでおいて下さい。それが宿題。じゃあ，終わっていい？

　　解説：工夫は１つある。「宿題」は「ラショナル・ステートメント」をカードに書く。そして日常的に見る習慣化を促した。

　ステップ13：徹底操作過程を促す
クライエント149　はい，ありがとうございました。
カウンセラー150　はい，どうもお疲れさま。（拍手）

　　解説：工夫は，２つである。「デモンストレーション」という場面構成で周囲の参加者からねぎらいの「拍手」が与えられた。参加者が同席することで「アンカーリング」としての確信が深まった。

Ⅳ　まとめ

　改めて「工夫」とは何かと自問自答してみる。筆者の一人である菅沼が，2005年にアルバート・エリス研究所のスーパーヴァイザー認定試験・コースに出席して学んだことがある。一言で述べると，モーター・スキルを獲得するということであった。このモーター・スキルとは，習慣となった身の処し方である。つまり無意識に身体が動き目的を達成することである。
　思えば多くの芸事は，「守（修）・破・離」という表現で道を極める訓練の過程を示している。したがって，「工夫」は極めようとする目標に向け常に考え続けることであると言えよう。まさにREBTにおける「工夫」は，セラピストが自分の頭で考え続け自由にクライエントに寄り添う境地に立つことである。

文　　献

Dryden, W., and DiGiuseppe, R. (1990) A primer on Rational-Emotive Therapy. Champaign, IL : Research Press.（菅沼憲治訳（1997）実践論理療法入門―カウンセリングを学ぶ人のために．岩崎学術出版社．）
Dryden, W., and Mytton, J. (1999) Four Approaches to Counselling and Psychotherapy. Routledge.（酒井汀訳（2005）カウンセリング／心理療法の４つの源流と比較．北大路書房．）
Dryden, W., and Neenan, M. (2006) Rational Emotive Behaviour Therapy : 100 Key Points And Techniques Routledge.

菅沼憲治（2005）論理療法．こころの科学, 121 ; 42-50.
Waren, S., DiGiuseppe, R. and Windy Dryden (1992) A Practioner's Guide to Rational-Emotive Therapy. Oxford University Press.（菅沼憲治監訳（2004）論理療法トレーニング．東京図書．）

第8章

グループセラピーにおける工夫

高良　聖

Ⅰ　グループセラピーとは

　心理療法は，1対1の個人で行う「個人療法」と3人以上の複数で行う「集団療法」という分類ができる。これらの手法は相互補完的な発展を遂げて今日に至っているが，さらに，集団療法には，場のコミュニケーションの手段に，主として，言語を使用するのか，あるいは，言語以外の身体的，芸術表現的なものを使用するのかによる分類が可能である。このように，一口に「グループセラピー」といっても，さまざまなアプローチがあるので，昨今では，グループで行う心理療法，臨床心理学的援助法を，総じて，「グループ・アプローチ」と呼ぶようになった。たとえば，ここには，エンカウンターグループ，精神分析的集団精神療法，心理教育的グループ，集団絵画療法，サイコドラマ，あるいは，セルフヘルプグループなどが包含されている。

　本論では，さまざまなグループセラピーの中で，とくに，言語を中心として進められる洞察を目指したグループに関する理解と対応について考察し，その上で，筆者自身が日常臨床において意識している実践上の工夫について述べることにする。

Ⅱ　対象について

　グループメンバーを選択するとき，対象としての構成メンバーを同質にするか異質にするかという問題がある。

　同質集団とは，個々のメンバーが，同じような属性，悩み，病態，あるいは，生活史といった共通する主題を抱えているという特質を持つ集団である。たと

えば，思春期グループであれば，そこでは成人は除外されるだろうし，老人の回想法グループであれば，対象はあくまでも高齢者である。また，社会復帰を目的とする統合失調症のグループに境界例のクライエントは入れないということである。一方，異質集団とは，対象の属性や病理にはこだわらずさまざまな背景を有したクライエントが混在する集団を指している。どちらがいいとか悪いとかの問題ではなく，これから始めようとするグループの目的や方向性を決める上で，グループを同質にするか，異質にするかという課題は始める前にクリアーにしておかなければならない。

　また，グループを開放集団（open group）にするか，閉鎖集団（closed group）にするかという問題は，形態という点で，同質性，異質性と関係するであろう。たとえば，大学病院精神科病棟で行う集団精神療法では，短期入院型開放病棟であるがゆえに，開放集団かつ異質性を持ったグループにならざるを得ない。そこでは，統合失調症，うつ病，思春期適応障害，器質障害，あるいはときに知的障害のクライエントも入ることがある。このように，グループを始めるにあたっては，器としての施設の環境条件を吟味する必要がある。

　初心のセラピストには，オープングループの方が荷が重いかもしれない。また，異質グループの方が技術的には難しい。なぜなら，オープンでは，毎回メンバーが変わるために，その度にグループの活性化に時間を使わなくてはならないし，第一，どのようなメンバーが来ても柔軟に対応する器量が求められるからである。また，同質グループでの話題は比較的自然発生的にメンバー主体で出現することが多いのに対して，異質グループでは，バラバラなだけに，グループの共通項をどのように見出すのかはセラピストの介入の仕方にかかっている。そこでは，積極的介入は控えるとしても，場が拡散しないような対応が求められるのである。

　ところで，グループをセラピーに導入する上で，対象となるクライエントがどの程度の病態水準にあるのかというアセスメントは必要不可欠な作業である。対象について，私は，大きく精神病圏とそうでない非精神病圏の２つに分けて考えることにしている。ここで言う精神病圏とは，統合失調症を指しているが，グループに精神病圏のクライエントを導入する際には，いくつかの治療的配慮が求められる。私の考える最大の配慮とは，決して内面暴露的な方法は採らないということ。いわゆる防衛の蓋を無理して外すことは避けなくてはならない。彼らへの侵入的態度は脅威として受けとられ，容易に精神病的退行を引き起こすであろう。イメージ的には，バンドエイドを上から貼るという感

じで接する。言いかえれば，受容体験をグループの主目的にする。多くの臨床家の指摘するところであるが，受容のもたらす治療的効果は絶大である。とくに，統合失調症のクライエントには，メンバーとしてそこにいられることそのものを治療目標にすることがあり，安心できる許容性の高いグループになることで，参加メンバーが受容体験を獲得することが可能となる。

また，抑うつが絡んでいるクライエントにも注意が必要である。うつ病者への集団心理療法は実際に行われており，いくつかの報告を見ることができるが，それらはいずれも，うつの局面から脱した回復期にあるクライエントを対象にしている。したがって，うつ病に限らず，抑うつ状態にある者を無理にグループに導入してはならない。実際の臨床では，本人の意思が尊重されるはずなので，まさか無理矢理グループに参加させるということはあり得ないのだが，一般的にうつ病者は，病前性格としての他者配慮性が強いためにそれこそ「がんばって」参加してしまうことがある。結果として，彼らを疲弊させてしまい，症状悪化を招く。

躁病のクライエントは，一目瞭然というか，否が応でも目立つので適応可か否かは比較的容易に判断される。他のメンバーに迷惑をかけるという常識の範囲で，スタッフはグループへの導入を検討することになるであろう。

他方，非精神病圏のクライエントについては，一般の健康な方々への接し方と大きな差はなく，個人の生活史を探るアプローチや内面侵入的な接し方がしばしば求められる。境界性パーソナリティ障害やアルコール依存症のクライエントについても，個人史にふれた接し方を行うという意味では非精神病圏に属していると言えよう。イメージ的には，バンドエイドをはがして皮膚の内側の損傷に触れるという感じである。

ところで，自我の健康度に応じて対象を考慮しなければならないという意味では，自我脆弱性を特徴とする統合失調症のクライエントは特別の配慮を必要とするのだが，一方で，どのようなクライエントがグループに適しているのかという議論は，実のところ従来の医学的診断に任せることができないということも確かである。と言うと，精神病圏と非精神病圏に二分類したことと矛盾するように聞こえるかもしれないが，医学モデルとしての病態診断とは別に，健康な方でもグループへの参加に困難を認めることがあるからである。すなわち，性格的な問題による集団内不適応というケースが存在する。たとえば，場を独り占めしてしまう人，ヒステリー傾向の強い人，他者評価に敏感な人，感情コントロールの未熟な人，過度に攻撃的な人といった方々は，どちらかというと

グループへの導入には慎重にならざるを得ない。現在のところ，この方面の性格や属性に関する適応決定の問題はいまだ曖昧なままであり，今後の研究を待たなければならない。

Ⅲ　グループセラピーのプロセス

　心理療法一般に言えることであるが，初回から終回までのプロセスでは，まず，準備する時期があり，山場としての直面化の時期があり，そして，終結に向けて統合する時期が存在する。もちろん，実際のセッションにおいて，明確な区別はできないものの，これら「準備化」「直面化」「統合化」のプロセスを想定しておくことは，セラピーを進める上で，基本的な柱になるであろう。洞察を目指すグループセラピーにおいても，この3つのプロセスを考えておくことが，セッション中の話し合いの精度を高めることに有効である。

　なお，筆者は，外来クライエントと契約する場合，毎週1回60分を1セッションとし，おおよそ10カ月を1クール，トータルでは，40回程度のセッションを想定しておく。クライエントには，しばしば，「対人関係をスムーズにするための練習の場，気づきの場」と宣伝している。

1．準備化における工夫

　ここでいう「準備」とは，セッションの初期にとどまらず，それ以前の実際にグループを開始するまでの，いわゆるグループ立ち上げに関わるすべての行程を含んでいる。そこでは，個人療法にはない戦略が求められるからである。

　まず，どこで行われるのか。誰が施設等の最高責任者なのか。誰がスタッフで，そしてリーダーなのか。ここで優先されるべきは，管理者の理解を得ることである。さもないと，その後のグループがいつしか孤立してしまい，結果，害を被るのはクライエントとなるであろう。したがって，始めるにあたっては，いかにして他職種や上司，管理者の理解を得るかということを考えて行動するという，いわゆる「根回し」が必要であり，ここでは，いわば，交渉人役割が求められるのである。

　さて，セラピストのセッション初期に扱うべき課題は，グループ契約の明示である。これはグループのバウンダリー（枠）の問題として考えられており，グループの外的構造と内的構造に分かれる。対象や内容に応じてさまざまなケースがあるが，一般に，外的構造とは，グループがオープンかクローズドか，一定した場所の確保，セッション期間の提示，始まりと終わりの時間の設定な

どをさす。また，内的構造とは，守秘義務の遵守，感じたことを語ることへの奨励，個人的付き合いの禁止，迷惑行為の禁止などが含まれる。あるいは，セッション中の喫煙の問題や飲食についても決められることがある。

次に扱うべき課題は，メンバーに生じる「初期不安」である。メンバーには，これから始まるグループが本当に安全なのか，私に危害を与えることはないのか，参加者は信頼に足る人たちなのだろうかといったさまざまな憶測と疑念が生じており，それらが初期不安の要因となっている。なお，初期不安そのものは必ずしも困った問題ではなく，それどころか，それを扱うことでメンバー個人に洞察の機会を提供するという積極的な意味を見出すことができる。

初期不安は，しばしばグループの沈黙として顕れる。したがって，セラピストは沈黙に強くならなければならない。そして，もし沈黙に弱いという自覚のあるセラピストには，こんな工夫はいかがであろう。沈黙に陥ったときに，椅子の背もたれに集中して背中と椅子の接触感覚に意識を向けてみる。これによって，おそらく，数分から10数分の沈黙に耐えられるであろう。

それでも沈黙が続くとき，そして，これ以上の沈黙が続くことはグループにとって反治療的であると判断されたとき，セラピストはグループに介入する。「この沈黙は皆さんにとってどんな意味があるのでしょうか？」と。

メンバーは，少しずつ語り始める。この語りでは，多くの場合，自分の経験談，趣向の話が中心となり，それが徐々に全体に広がる。たとえば，「昨日はずっと家でテレビを見ていた」「風邪で辛かった」「ここまで来るのに渋滞に巻き込まれて大変だった」「最近の相撲は大関が弱くてつまらない」とかの類である。これを，ひとくくりに「あのとき，あそこで話題」と言っておこう。この「あのとき，あそこで話題」は，いわゆる無難な話題と言い換えることができるが，当初はこの「無難さ」を大切にすることが肝要である。なぜなら，彼らはいまだ不安の中にいるからであり，実際に，不安の消退とともに，「あのとき，あそこで話題」がより深いレベルにシフトすることは，通常のプロセスなのである。たとえば，「小さいときに私はいじめられっ子だった」「私の父母は仲が良くて今でも二人で映画に行っている」「初恋の人は小学校の担任の先生でした」「私本当は医学部に行きたかった」などは，通常の無難な話題よりも個人史が強く表現されている。なお，メンバーによっては，初期の段階で，いきなり過去の個人史が語られることがないわけではないが，早過ぎる個人の露呈には注意したい。そのようなケースでは，防衛の蓋が脆弱な人であるとアセスメントできるかもしれない。

このように，グループ初期では，個人のたどってきた経験知を紹介する場を作ることがセラピストに求められる。この時期は，グループに参加するに至った経緯を聞くこと，どんな印象を持参してグループに来たのか聞いてみることが有効である。その過程で，必ずや個人の顔が見えてくるであろう。

2．直面化における工夫

メンバー間の緊張が解けて，それぞれの個人的体験が表出されると，グループは，「今，ここで」話題に進む。「今，ここで」とは，グループ内で起こる対人的交流を通した個人感情についてふれることであり，洞察を目的とするグループセラピーでは，個人感情を扱うことは必要不可欠である。その過程は，ときとして，痛み，怒り，悲哀感に直面することになり，場がストーミーになることも少なくないので，この段階が「直面化」と呼ばれる。

直面化では，セラピストの観察力が総動員される。ここでいう観察の対象は，メンバー，メンバー間の感情，メンバーのセラピストに向けられる感情，スタッフ間の感情，そこにはいない他者に向けられる感情，そして，セラピスト自身の感情などである。そして，観察の結果，セラピストはグループを進行させるために，感じたことおよび認識したことをメンバーにことばでフィードバックする。このとき，決して饒舌になってはならず，できるだけ短く語ることを心がけよう。さらに，セラピストの視線であるが，グループに返す際には，グループの輪の中心に向けるようにする。あたかもグループの中心にボールを投げるように話す。セラピストの語りは中央に投げられ，それが波紋のように周囲のメンバーに伝わるというイメージである。ここではメンバー個人への介入よりも，グループへの介入が優先されるので，メンバーに直接視線を向けることは避けた方が無難である。なぜなら，この時期のセラピストの介入が，しばしば個人への攻撃と受け取られることがあり，メンバーはセラピストから何か注意を受けたと誤解することが少なくないからである。視線の方向に工夫が必要なわけはそこにある。

たとえば，「グループは私というセラピストの評価を怖がっているのではありませんか」「このグループにはみんながどこか配慮しなければならないという空気があるように見えます」「少しずつお互いのことに安心感を持てるようになってきたのではないですか」など，感じたことを短くグループの中心に向かって語る。

3．統合化における工夫

統合化とは，これまでのグループ体験を踏まえて，個人は何に気づいたのか，集団において私は他者にどのようなメッセージを与えているのか，私は他者からどのように受け取られているのかなど，自己に関わる洞察を獲得させる段階であり，ここに至って，グループセラピーの目的が果たされることになる。

したがって，セラピストは個人の洞察を促すための介入を行う。直面化では，個人よりもグループに向けた介入であったが，ここでは，グループよりは個人に焦点が当てられる。この時期になると，それまでのグループ体験自体を取りあげることが可能なので，セラピストは，グループで起こった体験を個人に返すという方法で洞察を促す。このとき，セラピストの視線はメンバー個人に向けられ，しばしば，個人名を呼んでみる。たとえば，「今，田中さんは，これまでのセッションとは違ってチャレンジしているようですね」「あなた自身で，話してみてはじめてわかったことがあるのですか？」「木村さんにとって今初めて怒りを表明したように見えますがいかがですか？」「あなたの気持ちは今ここで特別に起こっていること？　あるいは，これまでにも何回か経験があること？」など，本人に問いかけるように相手を見て話す。

そして，最後の数セッションは，グループの終結に関する話題を取りあげなければならない。なぜなら，グループメンバー同士がお互いに信頼して凝集性の高いものであればあるほど，終結には痛みを伴うからである。実際に，セラピストは，終結2カ月前頃から，グループが終わりに向かっていることを言語化して，その痛みや分離不安を扱う。また，これまでのセッションで何を学び，何を得たのか，セッションを通した感想を聞くことで，メンバー自身に整理する機会を与える。たとえば，「あと10回でセッションは終わりですが，皆さんは今何を感じていますか？」「これまでのセッションを振り返って皆さんにとって何が良かったですか？　得たものは何でしょう？」「ここで終わるにあたって何か言いたいことはありますか？」などの問いかけを通して，メンバーに別れの準備をしてもらうのである。参加メンバーがどのような別れ方をするのかという主題はきわめて個人的であるがゆえに，洞察への絶好の機会となるであろう。この一連のプロセスが，「統合化」のプロセスとして位置づけられる。

Ⅳ　事　例

実際のセッションにおけるセラピストの具体的介入について提示する。セッションは，毎週1回，60分を原則とし，約10カ月を1クールとする精神科外来

クローズグループ。グループサイズは，メンバー8名，リーダー（臨床心理士）と2名のコ・リーダー（臨床心理士および精神保健福祉士）そして研修生を加えた計12名である。

　対象は，20代から50代までの男女混合の外来グループで，うつ病，ひきこもり，統合失調症とさまざまであり，デイケアに通っているメンバーも含まれている。全員，言語的な自己表現が可能で，知的レベルもある程度保たれている。なお，ここでは，セラピーを開始して10回を越えたところを取りあげた。

セラピスト：では集団療法を始めます。何か話したいことありますか？[1]
メンバー：（沈黙）
A：先生，やっぱり薬って飲み続けるんですか？
セラピスト：皆さんはどう思いますか？[2]
メンバー：（沈黙）
B：それはそうでしょ。だって主治医の先生がそう言っていた……。
A：でも友達が薬を止めたらほんとすっきりしたって言ってたんですよ。精神科の薬を飲むと頭がバカになるって。確かに物忘れがひどいんです。
セラピスト：物忘れですか。皆さんはこの物忘れってありますか？[3]
C：あるある。でも薬のせいかな？　年のせいではないのかな。
メンバー：（笑い）
セラピスト：私も物忘れしっぱなし……。（一同笑い）[4]
A：（真顔で）病気が治るってことは薬を飲まなくなるっていうことですよね。
D：薬を飲まなくなることイコール病気が治るって思うのはわかる。
A：そうそう，そうなんですよ。この精神病っていうのは治るんですか？　嫌だよ，こんな病院にいつまでも通うのは……。
B：前に入院していた病院はひどかったですね。薬で眠らされてた。
D：前の病院に比べたらここは悪くないです。ご飯もおいしいし……。
E：えー，おいしいの？　ここのご飯。だめだよ，まずいよ。
メンバー：（笑い）
コ・セラピスト：精神科の薬って血圧の薬と似ていない？　飲み続けていないと高くなる。飲んでさえいれば，安定してるみたいな……。
セラピスト：そういえば，私もコレステロールの薬飲んでますけど，数値は下がったのに内科医はずっと飲んでくださいって言うし，このまま飲み続けるのかなと思いました。[5]
D：私は前に入院していたとき，あまりに頭がぼーっとするので，先生に内緒で薬を止めたことがあったの，先生には毎日飲んでますなんて言って。そしたらマジですっきりして頭が冴えたんです。でもそのうちまた眠れなくなってしまって，イライラが始まって再入院になっちゃった。
A：へーやっぱり，薬止めるとスッキリするんだ。
D：でも結局戻ってしまったから……。
F：薬って頭がぼーっとなるんですよね。
メンバー：（うなずく）
セラピスト：皆さんは今の話を聴いてどう思いましたか？　薬はなぜ飲んでいるのでしょ

う？　頭がぼーっとする薬をなぜ飲んでいるの？[6]
G：私はうつになってしまうの，どうしてもうつになっちゃう，薬飲まないと……。
H：僕は幻聴が聴こえるんです。今はないですけど，僕をバカにするような声が女の人の声で……。で，薬を飲むと声がなくなって，楽になる。だから，今でも薬を飲むことにしている。先生からは，一生飲みなさい，そうすればふつうの生活ができるからって言われている。
セラピスト：ふつうって何でしょうね？　病院にかかってるっていうことはどこかふつうではない……ってこと？[7]
メンバー：（沈黙）
セラピスト：自分の病気を受け入れることはどうですか？[8]
A：俺はやっぱ受け入れられない。嫌だよ精神科。世間では気ちがい病院だよ，ここは……。
メンバー：（苦笑）
セラピスト：Aさん相当いらついているみたい？　誰に怒ってるの？[9]
A：そうですね，兄貴からおまえはどうせ治らないって言われたもんだから……。頭来てる。兄貴が僕をここに入れたんですよ。
F：でも，家族が好きで入れることはないんじゃないかな……。よっぽどのことがあったんじゃないの？　Aさん……。
A：躁になって，かみさんを殴っちゃったんだ。それで兄貴がこりゃしょうがないって，それで入院……。
F：ほら，それじゃ仕方ないよ。
セラピスト：ここで皆さんの入院はどんな感じだったのか，教えてください。[10]
（以後，メンバーそれぞれの入院時のエピソードが語られた）
セラピスト：今日はどうでしたか？　もうそろそろ時間なので終わりにしますが，ここで何か言っておきたいこととかありますか？[11]
H：みんないろんな事情でここにいるんですね……。
メンバー：（うなずく）
セラピスト：ではこれで終わりにします。[12]
メンバー：お疲れ様でした。

Ⅴ　レビュー

　セッションを振り返って，セラピストの介入箇所について順を追って概観する。

　1：グループセラピストの重要な仕事は，構造を守ることである。ここでは，始まりの合図を示した。この時間の管理者という役割をとおして，メンバーには，セラピストがセッションを支配していることを暗示している。

　2，3：グループフィードバックと呼ばれる。メンバーによって何か重要な問題が提起された場合，しばしば，セラピストはグループ全体に返す。これによって，課題を個人レベルから集団全体のレベルに広げる効果を期待する。

　4：セラピストのユーモアは，場の雰囲気を安全に保つ装置である。セラピストの属性が問われるところではあるが，場を和やかにするための，笑い，冗

談といった「遊び心」は集団の凝集性を高める効果がある。

　5：集団心理療法と個人心理療法の違いの1つにセラピストの自己開示の問題がある。一般に，個人心理療法では，中立性を維持するためにセラピストの個人的情報は漏らさないことが常識となっている。しかしながら，集団で行うセラピーでは，このルールは弱められる。ときに，セラピストはメンバーとして機能するために自己開示が求められるからである。したがって，グループでは，セラピスト自身の「人柄」が良くも悪くも露呈する。少なくともグループでは，分析の隠れ身という姿勢は保ち難いのである。

　6：場に重要なテーマが出たと判断したとき，セラピストはメンバーに直面化させるための疑問を投げかける。このとき，場の全体に向かって語りかけることで，個人に洞察を促すことを期待する。

　7：洞察を促すために，しばしば個人によって語られた「ことば」をあえて取りあげて全体に返す。また，どこか押さえ込んでいる「コンプレックス」を場に引き出すことで，内面に目を向ける機会を提供する。

　8：ここでセラピストは直球を投げ込んだ。

　9：メンバーの背景にある感情を読み取り，それを言語化する。それによって，感情の整理あるいはクールダウンが期待できるであろう。ここでは，このセッションの進行上のキーパーソンであるＡ氏個人への介入がはかられた。その結果，Ａ自身の個人史が語られるに至った。

　10：個人の深まりとともに，メンバーの共有している体験を場に表出してもらうことで，場の凝集性を高める。これによって，自分の体験が決して特別なものではなく，「私だけではなかった……」といった普遍的体験を持つことになる。このことは，しばしば，メンバーの孤立感を緩和させる効果がある。

　11：最後に言い残したことがないかどうかを確認することで，セッションを終結に向かわせる。

　12：セラピストは構造を守らなければならない。したがって，多少の誤差はあるとしても，時間の終わりには厳格であるべきである。この終わりの合図によって，時間の有限性および場の有限性をメンバーに提示している。

Ⅵ　沈黙へのアセスメント

　グループセラピーにおいて避けて通ることができない事象の1つに「沈黙」がある。沈黙への介入では，セラピストによる工夫が求められるところであるが，その前に，沈黙の意味についてアセスメントしなければならない。ここで

は，沈黙の３つの意味についてふれておきたい。すなわち，「抵抗」「回避」そして「内省」である。

1．抵　　抗

　グループへの疑念が拭えず，メンバーやセラピストへの不信感が増大したとき，グループは沈黙する。「話したくない」「話してなるものか」という類いの沈黙である。これは，グループ全体で起こるというよりは，個人レベルで生じる。グループおよびセラピストに抵抗するその内実は，拒絶，怒り，悲しみの表出なので，セラピストは，この種の沈黙の背景にあるものを探索しなければならない。メンバーは何を拒絶しているのであろうか，何に対して怒りを感じているのであろうか，どのように悲しんでいるのであろうかについて解釈する。そして，セラピストは，沈黙に対して，通常，「じっと待つ」という姿勢を貫くのだが，沈黙がそれ以上続くと，グループの存続自体が危ぶまれると判断したときに，セラピストによる適切な介入が求められる。しばしば，次のように介入するであろう。「この沈黙は，グループにとって，あまり生産的でないと思うのですが，皆さんはこの沈黙をどう感じていますか？」

2．回　　避

　拒否ほど強くはないが，グループの場から退却するという点で，消極的抵抗と言えるものである。「話せない」「話すのが怖い」「何を話していいのかわからない」といった類の沈黙であり，しばしば，直面化を避けて安全な自己の世界に閉じこもろうとする際に，この沈黙が生じる。メンバーは危険を感じたときに，適応行動としてひきこもる。このタイプの沈黙では，セラピストは無理にこじ開けようとしてはならない。まずは，それを個人の適応行動と理解して辛抱強く待つこと。その上で，背景にある「不安」に焦点を当てる。セラピストは次のように介入するであろう。「何か前に進むことを怖がっていませんか？　皆さんを不安にさせているものは何でしょう？」

3．内　　省

　自らの世界に浸っている状態にある沈黙である。「考え事をしている」「沈思熟考」「こころの旅をしている」といった類のものであり，したがって，治療的にはきわめてポジティブな意味を有しており，クライエントにとっては，自らの内的世界にふれている大切な時間である。一見してひきこもっているよう

に見えたとしても，それは決して空虚なものではなく，豊かなひきこもりなので，セラピストはこの内省の沈黙を大事に扱い，見守るという態度で臨む。人は洞察に及ぶとき沈黙に至るからである。あるいは，次のような介入もありであろう。「この沈黙は，皆さんにとって大切な時間のようですね。何が浮かんできたのでしょう？」

Ⅶ　おわりに──場の雰囲気を読む

　以上，私が日常臨床で考えている工夫について述べてきた。やはり大切なことは，グループセラピストの観察眼である。アセスメントの力とも言い換えることができるが，その上にはじめて「工夫」が意味を持つのではないか。

　たとえば，あるメンバーの発言によってグループ全体が沈むことはしばしば起こり得るが，この「重さ」をセラピストは感じなくてはならない。そして，この「重さ」が支配したとき，実は，メンバーにとって内省への絶好の機会が訪れたとも言える。そう，ピンチは同時にチャンスである。セラピストは，この「重さ」自体を取りあげてことばにしてみる。「この重い空気を皆さんはどのように受け止めていますか？　皆さんの心に何が起こっているのでしょう？」

　他方において，差し障りのない平和的で表面的なおしゃべりが支配している状況では，グループ全体がはしゃいでいる感じで，笑いのトーンも高い。一見して明るい雰囲気ではあるが，この状態が続くことは決して治療的ではない。この「軽さ」をセラピストが感じたとき，むしろ，参加メンバーによる不安への防衛策がとられていると解釈してみよう。このときケアーしなければならない対象は，無理して場を活性化させようと献身的努力をしている多弁なメンバーである。かかるクライエントは，一見，積極的で物怖じしない性格の持ち主に見えるが，内心は不安に対して敏感に反応するタイプであることが多い。あるいは，自分が何とかしなければならない，あるいは，自分が何とかしなければグループが壊れてしまうという強迫性を有している人たちである。「無理しないでここはゆっくりいきましょう」という介入が，彼らをその疲弊感から救うことになるであろう。

　場の雰囲気を読むための察知能力がグループセラピストに求められている。

文　献

小谷英文（1999）精神分析的集団精神療法．In：近藤喬一・鈴木純一編：集団精神療法ハンドブック．金剛出版, pp.121-130.
高良聖（2002）初期不安の取り扱い─アクショングループの視点から．集団精神療法, 18-1；

5-28.
高良聖（2005）集団精神療法において「してはいけないこと」―グループにおける5カ条の禁じ手．精神科臨床サービス, 5-3 ; 343-346.
高良聖（2005）雰囲気としての心理面接―そこにある10の雰囲気．日本評論社．
高良聖（2006）グループというテクニック―終結そしてセラピスト覚え書き．臨床心理学, 6-2 ; 244-249.
武井麻子（2002）「グループ」という方法．医学書院．
Wong, N.著，日本集団精神療法学会編，秋山剛訳（1986）続・ウォン教授の集団精神療法セミナー―グループリーダーのあり方．星和書店．
Yalom, I. & Vinogradov, S.（1989）Concise Guide to Group Psychotherapy. American Psychiatric Press.（川室優訳（1991）グループサイコセラピー―ヤーロムの集団精神療法の手引き．金剛出版．）
山口隆・松原太郎監修（1984）ウォン教授の集団精神療法セミナー―グループ療法の始め方と続け方．星和書店．

第9章

家族療法における工夫

吉川　悟

I　家族支援と家族療法とシステムズアプローチ

　1940年代にBell, J.の勘違いから命名された家族療法（Family therapy）は，その後の精神療法に対する社会的な要請や統合失調症への応用など，より多様な可能性を模索する中で発展してきた心理療法である。日本に導入された経緯は，1970年代に家族研究グループによって「日本流の家族療法」が模索されはじめ，1980年代後半に他領域からの注目を浴びてブームとなり，その後は家族を視野に入れた治療という立場で多様な実践が行われている（楢林，1997）。

　比較的歴史の浅い家族療法ではあるが，その中核群においても多様な方法論が存在する（吉川，2006b）。理論的背景で分類するならば，精神力動論，行動主義，システム理論，サイバネティックス，社会構成主義などがある。方法論的には，コミュニケーション学派，構造的アプローチ，戦略的アプローチ，エリクソニアン・アプローチ，ミラノ・システミック・アプローチ，ナラティヴ・アプローチなど，多様である。

　こうした理論や方法論の垣根を越えて，本論においては，その中でできるだけ折衷的な家族療法の立場を意識した中での家族療法における工夫をさまざまに提示する。したがって，本論では以下に述べる「家族療法」を「現在の日本における一般的な家族療法として位置づけられている折衷的な心理療法」とする。そして，日本独自にシステム思考に基づく折衷的家族療法の呼称として用いられている「システムズアプローチ」の立場での家族療法的対応に見られる工夫を述べることとした。また，以下のⅦに関しては，論者の立場から見た家族療法における工夫を中心とした内容であり，それぞれの折衷的な家族療法の

前提とは異なる部分があることをご留意いただきたい。

Ⅱ　治療システム

　家族療法では，基本的な治療構造を「治療システム」と呼ぶことが多く，面接場面においては，家族の中の複数の家族構成員を同席する形態での面接が多い（吉川，1993）。多くの他の心理療法の治療構造は，治療者－クライエントという二者関係を基本としているが，家族療法での治療システムは，治療者－家族という複数の人間関係を治療の基本とする。ただし，家族構成員全員を同席させるアプローチから，クライエント，もしくはクライエント以外の家族の中のいずれか複数を対象とすることが最も多く，中には家族の中の誰か一人でも構わない場合もある。しかし，いずれの立場であっても，基本として治療システムを構築することが主眼で，依って立つ方法論によって多少なりとも影響されるものの，いわば，それぞれの治療者が選択的に「家族との面接」という規定を基本としている。とくに，治療の場に存在しない，いわば来談していない家族を治療システムにおいて強く意識することも少なくない（東，1993）。

　家族療法では，頑なに一定の治療システムを維持することに費やすのではなく，治療の目的・状況・進展などに応じてある程度柔軟に治療システムを再構成することが見られる。こうした傾向は，初期段階の家族療法における「システム理論」の影響であろう（Bertalanfy, 1968 ; Miller, 1965）。家族療法的な立場においては，厳密な意味での「家族システム」を規定しているわけではない。それは，クライエントを中心とした日常的な問題を含む相互作用に関与していると考えられる対象（人）を含めて治療システムを構築するためで，いわゆる「家族」療法として考えることが多く見られるからである（吉川ら，2001）。

　この最も顕著な認識論的飛躍は，Goolishian, H.らの提唱した「家族システムに問題が生じるのではなく，問題が生じることによってシステムが構成される：a family system does not make the problem, but a problem makes the system」（Anderson, et al., 1986）という考え方である。1950年代からの多くの家族療法では，システム理論の導入以降「家族システム」を研究対象とし，「家族システムに問題が起こる何かの特性がある」という立場で研究が推進され，実践がくり返されてきた。しかし，このGoolishianの視点以降，問題をどのように認識すべきかの基本的認識が転換されたと考えられる。

　例えば，中学生の不登校のクライエントを例に取れば，このクライエントが日常的に影響を与えあっていると思われる「同居家族」を基本要素としながら

も，クライエントの「交友関係」「学校関係者」「塾講師」「主治医」「前治療者」なども治療対象のシステムの一要素として位置づけたり，両親の「交友関係」「親戚や祖父母」「仕事の関係者」「近隣の知人」なども一要素となるかもしれない。加えて，「亡くなった祖父母」など，現実的に存在しない対象も視野に入れる必要が生じるかもしれない。いわば，それぞれの事例にその治療者が必要と考える影響性のある存在を治療システムの要素とする。つまり，それぞれの事例毎に「家族」に限定しない，クライエントの問題解決に有益と治療者が考える存在を要素として，「治療システム」を構築しようと考えるのである。

加えて，こうした治療システムは，面接において必ずしも同席であることを前提とはしておらず，面接場面では「一部の構成要素－治療者」という部分の関係であってもよいと考える。それは，治療者が面接参加者との対話の中に，治療者が想定した来談していない対象をも含めた「治療システム」を俯瞰し，その相互作用を変化の対象として位置づけるという柔軟性が最も特徴的だからである。

Ⅲ　ジョイニング

こうした治療システムを実践的な側面で構築するためには，治療関係を構築する必要が生じる。しかし，個人を対象とせずに任意のシステム，いわば複数の人間関係そのものを治療システムの対象とするには，治療者が対象となるシステムの要素として入れてもらうことが不可欠で，その姿勢を示すのかジョイニング（joining）である（Minuchin, 1974；東，1993；吉川，1993）。渋沢（1991）は，特に日本の文化において，個人の心理的境界の堅さより，家族単位での社会との心理的境界の堅さがあることを示している。これに従えば，日本における家族療法の実践に関しては，ジョイニングが不可欠であり，この点が他国の家族療法とは大きく異なる点であると考えられる。

ジョイニングは，他の心理療法とは異なる「観察」を重視し，「枠組みの共有」が求められる。まず，「観察」の対象となるのは，何気なく家族の間でかわされている非言語によるコミュニケーションに対する観察である。日常を共有している家族には，日常を機能的にするためのさまざまな特殊な相互作用が存在している。いわば，その家族でないと気づかないような「阿吽のやりとり」である。この「阿吽」の相互作用が面接でも生じやすいように，あえて特徴的な相互作用を再現させるような働きかけをするのがトラッキング（tracking）であり，アコモデーション（accommodation）である。例えば，両親が子どもの相談

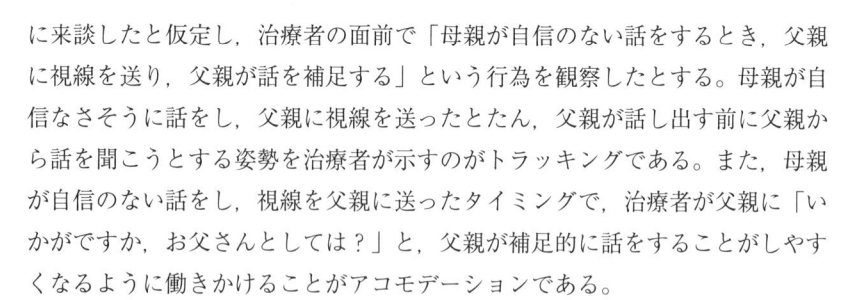

に来談したと仮定し，治療者の面前で「母親が自信のない話をするとき，父親に視線を送り，父親が話を補足する」という行為を観察したとする。母親が自信なさそうに話をし，父親に視線を送ったとたん，父親が話し出す前に父親から話を聞こうとする姿勢を治療者が示すのがトラッキングである。また，母親が自信のない話をし，視線を父親に送ったタイミングで，治療者が父親に「いかがですか，お父さんとしては？」と，父親が補足的に話をすることがしやすくなるように働きかけることがアコモデーションである。

こうした「治療者がどのような態度で話を聞くか」を家族の日常にみられる非言語によるコミュニケーションに適合させていくことは，治療者の観察と同時に，それぞれの相互作用の非言語的側面に応対することや，面接内容に合った形での応答を求めることなどが必要である。紙面の都合上これ以上の詳細については述べられないが，こうした「観察→治療者の対応」は瞬時に行うことが必要で，そのためには習熟者の元での相当な訓練が不可欠であるが，もっとも基礎的な部分であれば，50時間程度の臨床訓練によってある程度の効果は上げられるようになると思われる（吉川，2006a）。

次に，「枠組みの共有」を理解するために，まず「枠組み」について説明する。枠組みの基本となっているのは，面接の場で家族が使用している言葉である。しかし，それぞれの言葉は辞書の規定通りに活用されていたとしても，その指し示すものそれぞれに微妙な違いがある。加えて，日常の何かの連続した行為の一部に対して，特定の表現をあてはめて言葉としている限り，言葉そのものの意味以外のニュアンスを含むことが常である。例えば，情緒的反応，行為の解釈や意味づけ，意図や考え方，期待や希望などについて表現される時，どのような意味で特定の言葉を用いているか，これがもっとも枠組みの中核的な理解の仕方である。

面接の中での家族は，日常的に使用している言葉を用いて話しているのだが，そこには前述のような特殊な「枠組み」を包括している。例えば「仲のよい親子」と表現されていても，その親子には「仲がよい」という言葉の意味を示す多様な相互作用が存在し，その中でも「仲がよい」との言葉の使用が適切であるとしている相互作用が頻発しているからこそ，この言葉を使用しているのである。このように枠組みは，その下位レベルにその基礎となる相互作用の頻度との繋がりや，相互作用の断片であれば重み付けなどがなされていることを示している。

したがって，「枠組みの共有」ということは，表面的に使用されている言葉を

使うことは当然のことながら，その言葉の前提となっている日常的な特定の相互作用を治療者が理解・共有していなければならない。そのためには，必要に応じて家族の用いている「枠組み」がどのような相互作用を包括したものとして使用されているのかを明確にすることが重要になる。これは，情報収集の段階で家族の用いている特定の言葉などの「枠組み」について，「それはどんなところからそんな風に思われているのか，日常的に見られる場面を例にして，教えてください」と依頼することである。そして，そこで提示された場面の相互作用の切り取り方を「なるほど，日常の中での〇という出来事が△になり，□になってしまう場面をAという表現をしておられるのですね」と確認し，枠組みの共有をすることである。

　ジョイニングは，こうした「観察」と「枠組みの共有」を同時進行的に行うものではあるが，あくまでも治療的な場面で不可欠な「治療的な配慮」，いわゆる治療関係を形成するという目的性を優先し，「面前の治療者と継続的な話し合いがしたいと思える」ようにすることが必要である。したがって，「観察」から得られた相互作用に適合しながらも，提示された「枠組みの共有」を常に行うのではなく，クライエントや家族にとって話したいと考えている内容，ペース，割合などを促進するような応対が同時に必要となる。間違っても，治療者がジョイニングを行うという目的性のために，クライエントや家族が面接で期待している応対の範囲を超えたり，普段に近い話し方そのものを疎外するような対応をすべきではない。したがって，ジョイニングを適切に行うためには，治療者がクライエントや家族の不要な緊張を生みださないという前提が必要で，その前提で「観察」を重視し，「枠組みの共有」を行うことが必要なのである。

Ⅳ　アセスメント対象

　家族療法におけるアセスメントの対象は，大別して3つの立場がある。それぞれの治療者にとって家族を中心とした「対象のみ」を対象とする場合と，「対象者と治療者」を対象とする場合，そして対象である個々人が発する「コミュニケーション特性」がある（吉川，2001）。いわば，「家族のみ」をアセスメント対象とする場合と，「治療者を含めた家族」をアセスメントの対象とする場合，そして実践的な対応をする中で面前の個々人が示す「コミュニケーション特性」があり，これらはそれぞれの理論や方法論によって重複して用いられることもある。

　まず，「家族のみ」をアセスメント対象とする場合，そのアセスメントには

多様な立場が存在する。これは，家族という集団のどのような側面をアセスメントしようとするかによる違いである。時間の概念で分類し，家族のどの側面をアセスメントするかを記述するならば，「現在→現在起こっている相互作用」「近未来と現在→今後起こるであろうと想定されている相互作用」「ごく最近から現在→問題解決に関わる相互作用」「問題発生の前後から現在→問題維持に関わる相互作用」「クライエントの誕生前後から現在→クライエントの成長に関わる相互作用」「主要な核家族の成立段階から現在→家族そのものの維持に関わる相互作用」「それぞれの原家族から現在→原家族の特徴を継承している相互作用」「数世代前の家系から現在→家系の中での相互作用の特徴」という多様な視点がある。これらは，家族のどの時間軸でのコンテクストに現在の問題が関与しているかについての理論的枠組みに影響されたものである。

　こうした「家族のみ」に対するアセスメントは，「仮説」と称されることが多い。家族の特徴に対する仮説を設定し，面接ではその異同を明確にするというのが最も基本的な手続きである。ただし，仮説の異同を問うための質問は，自らの仮説を適切に設定した上でないと，適切に質問することはできない。そのためのガイドラインとして，円環的質問法（circular question）という基本的な仮説検証のための質問法があるが，これを参照することは有効である（Tomm, 1987a, 1987b, 1988）。また，治療者といえども人である限りは，自らが一旦設定した「仮説」をそれほど容易に変更することができるわけではない。どうしても自らの仮説にこだわったり，自らの設定した仮説と検証済みの仮説を取り違えることも少なくない。こうした何気ない治療者の仮説の取り扱いに対する姿勢の違いが，その後の治療の展開を大きく左右するのである。

　次に，「治療システム」をアセスメント対象とする場合である。この「治療システムに対するアセスメント」という考え方が，一般的な家族療法とシステムズアプローチと称される方法論の違いの一つである。面前の「家族」だけをアセスメントし仮説設定するという行為は，1980年代までの家族療法の主流で，「治療システム」について仮説設定するのは，構造的家族療法（Structure family therapy）においてごく一部で示されていただけであった。しかし，コンストラクティヴィズム（constructivism）の考え方が登場して以来，担当した治療者が家族をどのようにアセスメントするかの違いと同様に，正しいアセスメントに対する疑義が多く投げかけられている（Dell, 1982 ; Keeney, 1982 ; Keeney et al., 1982）。これは，治療者がどのように家族との関係を築くかによって，対象であるべき家族の振る舞いが変わるため，結果的に「正しいアセスメント」が

存在しないことが示されたからである。これは「観察によってその対象が変化する」という考え方を導入しており，精神医学ではSullivan, H.S.が1953年に提唱している視点を家族療法に導入したとも考えられる（Sullivan, 1953）。

　さて，治療システムに対するアセスメントとは，文字通り家族が治療者を含む面接場面でどのような相互作用を生じさせているかである。前述の家族に対するアセスメントを行うにしても，対象となっている家族との間で何らかの相互作用を行わなければならない。しかし，それは異なる治療者であれば異なる相互作用が生じる限り，その治療者が行った治療の進め方は唯一のものとなる。したがって，治療者を含めた家族との相互作用そのものをアセスメントの対象とするために，治療者は面前の家族とのやりとりをしつつも，同時に自らを含めた治療システムそのものを観察対象とするというメタレベルの視点を持つことが要求されている。表現方法として「治療システムを俯瞰・鳥瞰する」「治療システムをメタレベルの視点で捉える」などと表現されるように，治療者が家族との間で行っている相互作用をアセスメントし，仮説化することが治療システムをアセスメントすることになる。

　最後に，面接に関与する個々人の「コミュニケーション特性」をアセスメント対象とするということは，「個々人がどのような話し方をするかについての特徴を把握する」ことである。ジョイニングの部分で述べたこととも重複するが，システム思考の立場から述べるならば，個々人の役割行動は，システム内のルールに規定されていると考えられる。しかし，一方でそうした役割を遂行するにしても，具体的な役割行動を実施するためには，一定の振る舞い方が要請されることになる。いわば，「ある役割行動」を実現するには，一定のコミュニケーションを場の中で効果的に行う必要がある。それは，結果的にある効果を得るという目的を達成することが必要であるため，そこにはその目的を実現するために個々人の「コミュニケーション特性」を積極的に活用していると考えることができる。

　こうしたアセスメントは，ある程度の臨床経験がある人たちは無意識的に行っている場合が見られる。それは，「場の緊張を下げる」という目的の役割行動を取るときを例にするとわかりやすい。「場の緊張を下げる」ためには，「話題をそらす／変える／ずらす・長々と話をする／黙る・まわりの注目を集める・特殊な行動をする」などというコミュニケーションが考えられる。個々人がこうした場面で行う行為は，これらの中のいずれかであり，それがここで述べている「コミュニケーション特性」の一つである。こうした一定の関係の中で役

割行動を達成するために行われている行為は，非言語的なコミュニケーション特性との関連が強く反映している（吉川，2001）。これは，エリクソン流の催眠誘導において，個々人が治療者のどの言葉・行為に対する反応性が高いかをアセスメントするということや，NLPの表象体系なども，類似する個人特性の一つであると考えられる（Zeig, 1980；Bandler, 1985）。これらの役割行動は，場で求められている目的に合致することが優先するのであって，そのための手段としてのコミュニケーションが個々人の行動に依拠していると考えれば理解しやすい。

　このように，家族療法のアセスメントは，複雑多岐にわたっていながらも，それらを同時進行的に行うことが要請されるため，一つずつのアセスメントを慎重に取り扱いながらも，それぞれを重複して把握する必要がある。これらのアセスメントに時間をかけて，結果的に面前のクライエントや家族に不要な負担を与えることがあってはならないという矛盾が生じる。その意味でも，治療者が自らの情報収集能力や，以下の仮説設定の作業に習熟し，適切で短時間での処理ができるよう習熟しておく必要がある。加えて，「治療システム」に関するアセスメントは，治療者が自らの「コミュニケーション特性」を加味して行い，治療の場で相互作用が構成される中で作られていく種類のものである。したがって，治療者が自らの治療の場における振る舞いに関して高度に自覚的であることが望ましく，そのためには，自らの面接の場における振る舞いを客観的に把握・理解しておく必要がある。そして，これらのアセスメントの目的が，あくまでもジョイニング的な意味を含めて行われるものであることにも留意しておくべきである。

V　仮説設定

　対象システムとのジョイニングを行い，家族との治療関係を構成することができれば，治療者は「仮説設定」を行うことになる。家族療法が諸派乱立していた1970～80年代，「仮説」には家族療法それぞれの立場に独自の「仮説」があるかのような表現が用いられていた。MRIの「偽解決」や戦略派の「連鎖」などは，家族内の問題を含む相互作用を抽出化することであり，構造派の「家族図」や多世代間家族療法で用いる「家系図」も，家族内の心理的距離や個々人の家族内での位置づけを明らかにするものであった（Watzlawick et al., 1967；Watzlawick et al., 1977；Haley, 1976；Minuchin, 1974；McGoldrick et al., 1990）。

これらの「仮説」に共通するのは，それぞれの立場の治療的介入のために「家族システムのどの側面に注目するか」である。いわば，家族システムの相互作用をどのような側面で仮説設定するのかに関して，それぞれの立場ごとの違いが生じていると考えられる。遊佐は，こうした家族療法の諸派がシステムの「機能・構造・発達」のどの側面に着目するかの違いとして概説し，家族療法における仮説設定の共通性についての視点を提供している（遊佐，1984）。これに従えば，家族療法における仮説とは，対象となる家族システムの「機能→問題処理の過程」「構造→問題処理のための役割」「発達→問題処理の歴史的経緯」となり，それぞれの側面を包括したものであればよいことになる。

　これについて吉川らは，「システム論的家族療法における統合仮説」という名称で，家族療法における治療的働きかけを多様に行うことができる仮説構成について提唱している（吉川ら，1992）。これに従えば，1）相互作用が変化した時間軸の区切りの設定，2）各時期の相互作用の特性，3）各時期の相互作用から想定される構造特性，4）各時期の特徴的枠組み，という4つの側面である。この仮説設定の方法は，折衷的家族療法を活用するための統合的なもので，以下の治療的働きかけとしていずれか唯一の立場を取るのであれば不要であるが，より効果的・効率的な働きかけを意図するのであれば，こうしたいずれの働きかけにも有効な統合仮説を設定することが有益である。

　また，こうした統合的な仮説設定を行っていたとしても，治療的働きかけを行うためには，治療システムの特性と働きかけ方との間には，重要な連関があることを留意すべきである。前述した先人達の「一定の仮説に基づいた一定の介入方法」という考え方は，その介入方法を有効にするような治療関係がそこに存在していることを明示していないからである。例えば，構造的家族療法のような方法では，治療者がone-up positionであることがより働きかけを有効にし，MRIのようなコミュニケーション学派の方法では，one-down positionであることが必須条件となるというように，働きかけを行う場合の治療関係における治療者のポジションなど，治療システムにおける特徴を仮説に含む必要がある。

　このように，仮説設定の最も重要な要点は，家族の現状の問題を作り上げていると考えられる，一定の時間経過の中での相互作用の変遷過程である。ただ，相互作用という抽象的な表現では介入のための素地とならないために，それぞれの立場が相互作用に「連鎖・偽解決」といった名称を付与したり，相互作用をより客観的な相互影響として理解するための指標として「家族図・家系図」などというより構造化された仮説設定をしたり，ライフイベントなどを中心と

した家族の変遷過程を「仮説化」したりするという作業をしていたに過ぎない。こうした「仮説」にまつわる多様な視点は，より簡便な治療的な働きかけを行うための素地として，家族システムのある断片に視点を向け，それを抽象化することで，どのような介入が可能かについての議論をしていたと考えることができる。したがって，統合的な仮説設定が可能となるならば，いずれの時期・過程の相互作用であっても，治療的な働きかけを行うために「治療システム」の特徴の調整を行うだけで，多様な働きかけの選択肢を持つことができると考えられる。

VI 基礎的な治療プロセス

　家族療法の基本的な治療プロセスは，抽象化するとすれば『情報収集－仮説設定－働きかけ』という過程の循環である。これは，多くの家族療法で見られる治療プロセスを象徴化したものであり，治療場面における相互作用を抽象化したものである（吉川, 1993）。

　面接のどの段階であっても，治療者は面前の家族と治療者自身を客観化し，その過程で生じた対話や行動を「情報」として受け取ることとなる。ただし，こうした情報を単に「受け取る」だけではなく，先に述べたような時期ごとの相互作用に弁別し，治療的な働きかけが行えるようになるための「仮説」という形式に置き換えることが必要である。仮説の過不足を補うという「働きかけ」を含め，構成された「仮説」に準じて治療的な「働きかけ」を選択し，そのための治療システムの調整を行いながら，自らの選択した治療的な「働きかけ」を実施することになる。これによって，家族のそれまでの相互作用に何らかの変化が生じているかについて，再度「情報収集」を行うこととなる。これらのプロセスは表面的に単純な「対話」の形式を取ることが多いが，そこでは治療者が仮説化と働きかけの選択を常時くり返していることとなる。

　当然のことではあるが，これはいろいろなレベルで同時進行的に行われることが望ましいが，治療者の力量によっては，1回の面接で「1回から数回のくり返し」という場合もあって構わない。中にはインターセッションを取ることで，「仮説設定」を明確に行おうとする場合もある。しかし，理想的な治療プロセスを述べるならば，このような治療プロセスを，時間的（短時間の間に，大きな時間的変遷を扱うこと）・重層的（家族内と治療システム内での現状と変化を扱うこと）・多面的（相互作用とそれに付与している枠組みの特性を扱うこと）・多重的（面接の進展に応じて変化の過程を記述的に扱うこと）に同時進行

で行えることが望ましい。

　ただし，こうした治療プロセスの理想的な形式は，即座に身につくものではない。そこで，以下に不可欠な治療プロセスの構成要因を述べることとする。

1）事前の段階でその家族と治療システムの予備的な仮説を作る。
2）面接で提供される情報から仮説化に必要な部分を選別する。
3）必要とした情報を仮説の断片として受け取り，予備的な仮説を修正・補足する。
4）治療の進展に応じて修正・補足した仮説に準じて働きかけを決定する。
5）選択した働きかけに応じた治療関係の修正を行う。
6）治療的な働きかけを実施し，それによって生じた変化を仮説に組み込む。
7）前段階の仮説との比較を行いながら，2）の過程に戻る。

　このような治療プロセスが最も基本となるもので，この時間・対象・目標・変化過程を意識できるようにしていくことが治療者としての工夫である。そして，前述した時間的・重層的・多面的・多重的な視点で自らの治療プロセスを掌握できるようになるならば，瞬時に適切な対応でなくとも，多面的に治療システムで起こる変化に対応ができるようになると考える。

Ⅶ　理論的・方法論的多様性を包括するもの

　家族療法の先達の臨床活動を相互作用の面接記録から再考した場合，方法論的展開には，多様な広がりがある。しかし，多くの臨床家にとって日常的な臨床対象となる疾患が「不適応」であるならば，インテンシィヴではあるが，いわゆる構造的家族療法が最も効果的な方法になると考える。これは，Minuchin, S. が創始者として位置づけられている方法ではあるが，先駆者である Ackerman, N. もその逐語録からは同様のスタイルを維持しており，Whitaker, C. や Andolfi, M. も類似の治療スタイルを取りながらも，よりマイルドなアプローチを実践している（Ackerman, 1958；Whitaker, 1977；Andolfi, 1977）。また，近年の近接領域にあるとされている Greenberg, L. でさえ，その基本スタイルとしているのが構造的家族療法である（Greenberg, 2005）。

　その特徴を最も著しているのは，「今，ここで（Here & Now）」という用語で説明されるように，治療場面で直接的に治療者が自らを治療的変化の触媒となり，家族内の相互作用に変化をもたらすための働きかけをするアプローチである。まだまだ日本においては，そのアプローチを有効に実践できるための訓練プログラムはほとんど見られないのが実状であるが，家族療法が directive な指示的アプローチである以上，その方法論における有効性を最も発揮できるア

プローチであると考える。詳細は紙面の都合上割愛するが，家族療法における最も多様な可能性を持つ方法論として，示しておきたい。

　また，別の側面から述べるならば，可能であれば，ブリーフセラピーの4つの優位性を視野に入れることを工夫の原点として示しておきたい。それは，治療者としての臨床に関わる際の自らの臨床を客観化するためのガイドラインである。それは，短期（brief），効果的（effective），経済的（economical），効率性（efficiency）である（児島，2002）。家族療法の実践にこのようなブリーフセラピーの視点を持ち込むことを愚とされる向きもあるかもしれないが，家族療法が登場した1940年代は，精神分析療法の堅牢な治療構造などが存在していた時期でもある。その中でその前提を根底から覆さんばかりの方法論として家族療法が登場し，システム理論，コミュニケーション公理，サイバネティックスなどの説明原理を用いて，独自の発展を遂げた。しかし，やはりその原点にあるものは，治療者のための理論ではなく，ユーザーの利益のための理論・実践でなくてはならない。その意味でも，家族療法の工夫の最たるものは，論者の考えの中では治療者が「水鳥の水かきをすること」である。優雅に見える水鳥の泳ぐ姿とは裏腹に，水面下での彼らの水かき行動は，優雅とは縁遠い激しい動きになっているという。同様に，ユーザーであるクライエントや家族との表面上の対話は優雅でありつつも，治療者としてそのサービスのためにできる限りのシステム理解と，効果的な働きかけの言葉を構成することができるようにするため，水鳥の水かきをブリーフセラピーの4つの指標に準じて考慮することが必要だと考える。

文　献

Ackerman, N.W. (1958) Psychodynamics of Family Life. Basic Books.（小此木啓吾，石原潔訳（1967）家族関係の理論と診断／家族関係の病理と治療．岩崎学術出版社．）
Anderson, H., Goolishian H., Windermand, L. (1986) Problem determined system—Towards transformation in family therapy. Journal of Strategic & Systemic Therapy, 5-4；1-13.
Andolfi, M. (1977) Family Therapy—An Interactional Approach.（石川元訳（1994）精神医療における家族療法．星和書店．）
Bandler, R. (1985) Neuro-Linguistic Programming. Real People Press.（酒井一夫訳（1986）神経言語プログラミング．東京図書．）
Bertalanffy, L.V. (1968) General Systems Theory—Foundations, Development, Applications. George Braziller.（長野敬ほか訳（1973）一般システム理論—その基礎・発展・応用．みすず書房．）
Dell, P. (1982) Beyond Homeostasis—Toward a Concept of Coherence. Family Process, 21；21-41.
Greenberg, L.（2005）プライベート・コミュニケーション．

Haley, J. (1976) Problem-Solving Therapy. Jossey-Bass.（佐藤悦子訳（1985）家族療法―問題解決の戦略と実際．川島書店．）

東豊（1993）セラピスト入門―システムズアプローチへの招待．日本評論社．

Keeney, B.P. (1982) What is an epistemology of Family Therapy? Family Process, 21 ; 153-168.

Keeney, B., Sprenkle, D. (1982) Ecosystemic epistemology—Critical implications for the aesthetics and pragmatics of family therapy. Family Process, 21 ; 42-53.

児島達美（2002）ブリーフ・セラピーへの招待．現代思想, 30-4 ; 70-83.

McGoldrick, M., Gerson, R., Shellenberger, S. (1990) Genograms—Assessment and Intervention. W.W. Norton.

Miller, J.G. (1965) Living systems—Basic concepts. Behavior Science, 10 ; 193-237.

Minuchin, S. (1974) Family and Family Therapy. Harvard University Press.（山根常男訳（1984）家族と家族療法．誠信書房．）

楢林理一郎（1997）家族療法―最新の進歩．最新精神医学, 2-6 ; 517-525.

渋沢田鶴子（1991）欧米流精神療法と日本的観点―米国における経験との比較から．精神療法, 17-4 ; 322-327.

Sullivan, H.S. (1953) Interpersonal Theory of Psychiatry. W.W. Norton.（中井久夫訳（1990）精神医学は対人関係である．みすず書房．）

Tomm, K. (1987a) Interventive interviewing—Part I. Strategizing as a fourth guideline for the therapist. Family Process, 26 ; 3-13.

Tomm, K. (1987b) Interventive interviewing—Part II. Reflexive questioning as a means to enable self-healing. Family Process, 26 ; 167-183.

Tomm, K. (1988) Interventive interviewing—Part III. Intending to ask lineal, circular, strategic, or reflexive questions? Family Process, 27 ; 1-15.

Watzlawick, P., Bavelas, J.B., Jackson, D.D. (1967) Pragmatics of Human Communication. Norton.（山本和郎監訳（1998）人間コミュニケーションの語用論―相互作用・パターン，病理とパラドックスの研究．二瓶社．）

Watzlawick, P., Weakland, J.H. (1977) The Interactional View—Studies at the Mental Research Institute Palo Alto 1965-74. W.W. Norton.

Whitaker, C. (1977) Process techniques of family therapy. Interaction 1 ; 4-19.

吉川悟，加来洋一，和田憲明，東豊（1992）システム論的家族療法の統合モデルに向けて第1報―仮説設定と戦略設定のための情報収集プロセス．第9回日本家族研究・家族療法学会大会抄録, p.16.

吉川悟（1993）家族療法―システムズアプローチの『ものの見方』．ミネルヴァ書房．

吉川悟（2001）ことばになりきらない相互作用を見立てるために．家族療法研究, 18-2 ; 162-167.

吉川悟，東豊（2001）システムズアプローチによる家族療法のすすめ方．ミネルヴァ書房．

吉川悟（2006a）大学院生の臨床トレーニングとしてのロールプレイの効果―いわゆる「予診」場面でのトレーニングを通じて．龍谷大学大学院臨床心理相談室紀要, 2 ; 1-10.

吉川悟（2006b）古典的家族療法と現代の家族療法．In: 牧原浩監修，東豊編：家族療法のヒント．金剛出版, pp.21-37.

遊佐安一郎（1984）家族療法入門―システムズ・アプローチの理論と実際．星和書店．

Zeig, J. (1980) Symptom prescription techniques, clinical applications using elements of communication. American Journal of Clinical Hypnosis, 23 ; 23-33.

第10章

ブリーフセラピーにおける工夫

宮田敬一

　ブリーフセラピーには，大きく問題志向，問題機能志向，解決志向という3つのアプローチがあり，いずれも問題の解決に焦点をあてることで，セラピーは結果的に"ブリーフ"（短期間）になっている。そして，人はこの"ブリーフ"という言葉にどこか魔力的な魅力を感じるのかもしれない。しかしながら，ブリーフセラピーは，セラピー期間よりも，ミルトン・エリクソンの心理臨床から生み出されたセラピーに関する考えと技法にその特徴がある，きわめて現実的，実践的なセラピーである（宮田, 1994a）。

　エリクソンの催眠・心理療法（Erickson & Rossi, 1979 ; Zeig, 1980 ; 成瀬・宮田, 1990）における根幹の一つは利用アプローチであり，クライエントの行動，情動，考え，興味，関心，宗教，症状など，個人的特性をセラピーに組み込むことである。今一つは，意識と無意識との創造的相互作用を喚起する間接的アプローチであり，日常的な意識を迂回するために逸話やメタファーなどが使用される。この利用アプローチと間接的アプローチは対であり，間接的に関わることで，クライエントの特性，関与を引き出し，そこで引き出されたものが，今度は新たな資源としてセラピーに利用されるのである。

　この対アプローチはセラピーの基本であり，まず，クライエントとの関係の構築に役立つ。クライエントの示すものをセラピーに組み込むので，間接的にセラピストはクライエントを尊重し，認めるだけでなく，そのことをクライエントに伝えることにもなる。それゆえ，セラピストはクライエントと関係をつけることが比較的容易となる。また，対アプローチはクライエントのセラピー課題への没入と関与に貢献する。つまり，クライエントの関心や考えを肯定的な資源として利用し，セラピー課題を提示することで，クライエントはその課

題に抵抗なく没入できるし，課題への関与度も増大するのである。

　筆者は，エリクソンの心理療法に出会って以来，この30年近く問題の原因を理解することよりも，いかに人が変化するのかについて関心を持ってきた。そして，ブリーフセラピーを実践する中で，ディストラクション（注意の向け直し）と主体性の強化をセラピーの両輪として，クライエントに応じてセラピーを柔軟に組み立てる試みをしてきた（宮田，2002）。この過程は，クライエントから見れば，問題のコンテクストから離れ，別の新たなコンテクストの中に没入し，主体的に活動することで，クライエント自らが変化を体験し，その体験を意味づけるものである。その実践のために前提となるブリーフセラピーの考え方を提示する。

Ⅰ　ブリーフセラピーの考え方

1．クライエントのおかれているコンテクストの理解

　ブリーフセラピーは相互作用論に立脚するゆえに，問題のあるコンテクスト内の相互作用を明らかにする。そのためにはまず，クライエントがどんなコンテクストの内におかれているのかを理解する必要がある。具体的には，コンテクストを構成している要素ともいえる，人，ペット，植物，物とそれらの空間的位置，およびそれらの要素間で繰り返されている相互作用の有り様をクライエントに生き生きと語ってもらうのである。

2．新たなコンテクストへの移行を動機づけるための資源

　筆者はブリーフセラピーの過程を問題から解決へと注意を向け直す，つまり，ディストラクション過程として捉え実践してきた（宮田，1994b）。クライエントはその過程において問題から変化を導く新しいコンテクストへ注意を向け直すだけでなく，主体的に新たな体験をすることになる。しかし，クライエントが容易に問題（症状）のコンテクストから離れられず，問題に固執しているとき，あるいは解決のコンテクストを描けないときは，問題コンテクストと解決コンテクストの中間に移行コンテクストを構築することが必要になる（図1）。いわば，問題コンテクストの亜型コンテクストを一時的に構築するのである。その新しいコンテクストへの移行を容易にするためには，エリクソンの利用アプローチが有益である。セラピストはクライエントの行動，症状，考え，趣味，関心などの個人内資源だけでなく，クライエントのおかれている家族組織や社会的組織の内の外的資源を見出し，それらを移行に利用にするのである。

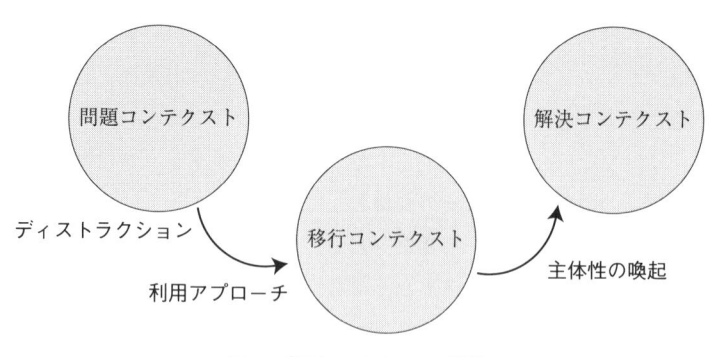

```
      問題コンテクスト            解決コンテクスト

   ディストラクション    移行コンテクスト
        利用アプローチ              主体性の喚起

          図1  移行コンテクストの構築
```

3．日常生活における主体性の喚起

　ブリーフセラピーでは，変化は面接室における単なる認知地図の再構築によって起こるのではなく，クライエントの日常生活における新しい体験に基づいて起こると考えている（宮田, 1996）。それゆえ，移行コンテクストであれ，解決コンテクストであれ，クライエントには日常生活の中で主体的に何かを実際にすることが求められる。その中で，クライエントは普段の生活の場で「やれる」という，生きていく自信を見いだすのである。

4．人の生きている3つの時間軸

　ブリーフセラピーでは，人の過去ではなく，現在と未来に焦点をあてる。たいてい，人は問題に遭遇すると，現在に悩み，過去にその原因を求め，その過去をどうしようもできないと悩み，さらに今現在に立ち戻って自信をなくしていく。それゆえ，今現在の問題コンテクストから離れた異なるコンテクストの構築，特に，肯定的な未来コンテクストを導入することは，現在と過去だけに限定されていた人の生き方に，変化を喚起する新たな体験をもたらすと考えられる。

5．肯定的な面と否定的な面の調和

　どんな人にも，肯定的な面と否定的な面の両面があると思われる。問題を抱える人は，たいてい自分の否定面だけに注意が向かい，自分でも持っているはずの肯定面を見ようとせず，その肯定面を忘れてしまっている。ブリーフセラピーは，人の病理よりも肯定面に焦点をあてている。しかし，単なる人の理想面だけを追求する「オメデタイ楽観論」でなく，人は悩みを抱えながらも肯定

的に生きていける調和的存在として捉える視点を有することが大切である（宮田，2005）。最近，オハンロン（O'Hanlon, 2003）は対極の調和という東洋的な見方を入れた，セラピーにおける具体的なコミュニケーションについて言及している。症状をもつ個人の内界であれ，その人のおかれている悲惨なコンテクストであれ，そこに，仏教やタオに見られるように，別の肯定的な芽の共存を見いだすことができれば，人は変化の可能性を手に入れることができる。

Ⅱ 事　例

1．事例の概要

　帽子をかぶった，かわいい感じの小学4年生女児が1年以上もの間，髪の毛がほとんど抜けたままであるということで，両親に連れられて来室した。皮膚科では異常はないと言われている。両親によれば，昨年の2月〜3月頃，最初は頭の真ん中の毛が薄いかなという感じであったが，それが1〜2カ月で真ん中がすぽっと抜け出し，広がっていったという。毛が抜けている場所は居間ではなく，勉強部屋である。昨年の夏前からは現在の状態のままで，後頭部の下側を除いて，女児の頭髪はほとんど抜けている。家族は，共働きの両親，姉，本児，妹の5人である。少女によれば，（頭のことを）気にしているのは両親で，自分は気にしていない。そして，夏，外を歩くとき，「帽子をかぶっていると暑いので，ただその帽子をとりたいだけ」と言った。学校では，帽子はとっている。3年生のとき，クラスの子たちから「ハゲ」と嫌なことを言われたことはあったが，登校は続けていた。今は，担任の先生の努力でクラスでのいじめはないと彼女は言う。そして，学校で困ったこともないと述べた。成績は中の上である。教科では音楽が好きである。習い事は，好きな水泳を週2回，エレクトーンを週1回，さらに「ポピー」（通信教材）もしている。

　父親は，本児が姉とも妹とも仲がしっくりいかず，いつもけんかしていることを気にしていた。母親もきょうだい同士で反抗していると述べた。本児は，「（姉妹の）2人が仲間になって，いつもいじめられている」と言った。しかし，母親が家にいると，「大げんかにはならない」。両親はセラピーに熱心で，3回を除いて，面接には2人が必ず同席した。面接形態はすべて親子の合同面接である。

2．面接過程

　セラピストが，〈何か飼っている？〉と少女に尋ねると，「犬を飼っている」

と言う。母親によれば，本児と姉は猫も犬も恐がり触れなくて，昨年の10月頃からその克服のために犬を飼い始めたのだという。本児によれば，この1～2週間前まで，犬は家の中で生活していたが，テーブルに噛みつくので小屋に入れた。それにすごく犬の毛が抜けて床が真っ白だったと言う。今は，犬を好きになったと彼女は述べた。次に，セラピストはクライエントの問題が出てから，家族状況にどんな変化があったのかについて両親に尋ねた。すると，母親は，昨年の4月から自分がパートから正社員に復帰したことを述べた。父親は，犬を飼い始めたことを取り上げた。そして，〈家で何か植えているものは？〉とセラピストが少女に尋ねると，「プラムの木。秋に紫色になる」と言う。母方の祖父が，彼女が生まれたときに植えてくれた木である。セラピストは彼女にその木の写真を撮って見せてほしいことと，その木に名前をつけてほしいことを頼んだ。しかも，〈きょうだいには内緒でね〉と話すと，彼女は喜んで，「内緒ね」と母親に言った。そして，〈将来の夢〉には，「パン屋」と応えた。

　第2回面接に母親と来たとき，すでに3～4mにもなっている，彼女より大きなプラムの木を彼女は「クリン」と名づけたという。「栗みたいな小さな実がいっぱいついていた」からである。そして，その名前は母親しか知らないという。

　セラピストは，〈6月は梅雨で水がいっぱいなので木が大きくなる。「クリン」がどんな風に大きくなっていくのか，実の色がどんな風に変わっていくのか，写真を撮って教えてほしい〉と話した。また，母親に向けに，〈問題のことは一切言わないでほしい。彼女の大事なものですから，「クリン」を見守ってほしい〉と話した。

　第3回面接で，彼女はプラムの写真を持ってきて，「実の色がだんだん青っぽくなってきた」と述べた。セラピストは〈プラムは1年して，また春になると芽が出てきます。人間も約1カ月で細胞が入れ替わります。遺伝子レベルで新しいものにすっかり入れ替わってしまいます〉と話すと，少女は真剣な顔をして聴いていた。そして，セラピストはこれから咲く花を考慮して，「ひまわり」か「朝顔」を育ててみることを提案すると，少女は，家に一昨年まで「ひまわり」が咲いていたこと，今「アジサイ」の花が出てきていることを述べた。そして，学校に行けば，「朝顔」も「ひまわり」も育てているから種がある，と彼女は言った。

　彼女は家にあった「ひまわり」の種を3つ植えてみた。しかし，「芽が出たけど，茎が腐った」という。実は，母親によれば，「ガラス事件」があったのだ

と言う。彼女が花壇の近くにいた妹に「ひまわり」に水をやったかどうかを聴くために窓を叩いていて，ガラスを割ってしまったのである。そのガラスを入れ替える際，「ひまわり」は危険になるので，別の場所に植え替えられた。そのために「ひまわり」はうまく育たなかったのである。そして，彼女は「ヘチマ」にしたという。彼女はクラスの班で植えたヘチマの芽をジャンケンで勝ち取ってきたのである。〈幸運のヘチマだね〉とセラピストは返した。〈一番楽しみなのはどれ？〉「ヘチマ」〈夏休みが終わる頃には，ずいぶん大きくなっていると思うよ〉。夏休みの間，彼女はほとんど毎日，朝と夜，水泳に行き，選手育成コースに入れるようになった。そして，初めて大会にも出た。ただ，50m自由形の結果は，「17位。最後から2番目だった」と彼女は言う。

第6回目の面接で，彼女は40cmくらいになったヘチマの写真を見せてくれた。父親は，娘が活発になっていると述べた。彼女は，帽子をかぶらないで外で遊んでいるという。しかし，入室後，すぐに帽子をとった彼女の頭髪には変化はなく，セラピストにはむしろ少なくなっているようにさえ見えた。母親は，娘には「石橋をたたいて渡るところがある。授業中も手を挙げない。みんな挙げるのを見て挙げる」と述べた。そして，両親が娘とどのように接していったらよいかと尋ねたとき，セラピストは，彼女が「あまりにもお利口さんだから，少し悪くなってほしい」と示唆した。現在の彼女の行動を「すごくよい」から「すごくわるい」までの1〜10点のスケールで評定してもらうと，父親は5点，母親は3点，そして，彼女自身は5〜6点であった。〈7点になるには？〉「お母さんの言うことをきかない。エレクトーンをしないとか，ポピーをしないとか」〈どっちにする？〉「ポピーをしない。エレクトーンは発表会が近いので，練習しないといけない」。しかし，彼女は，「勉強がわからなくなるのは嫌だ」と言い，毎日1ページ勉強しているポピーを「半ページにする」と言った。

第7回目の面接で，症状に変化が現れた。母親の指示で，ポピーは捨てたと娘は言った。「お母さんがいないとき，算数だけを残して，捨てた。ずっと，ポピーはやっていない」。例のわるい子スケールで尋ねると，彼女はやはり5点と言う。そして，これまで誰も面接で頭髪のことは言及しなかったが，父親が初めて「楽になって，伸びてきたかな。てっぺんが黒くなったかな」と述べた。母親は，「髪が生きてきて，やわらかい」と娘が言っていることを報告した。これまでの改善に6カ月を要した。また，水泳の記録も伸びて，彼女は自己ベストを出していた。〈どうやったの？〉「めちゃくちゃに泳いだ」

第8回目の面接では，彼女は，成長したヘチマの皮を剥いて乾燥させたスポ

ンジを持参した。彼女の髪はすっかり黒くなり，母親がカットしてそろえるまでになっていた。

　しかし，第9回目の面接で，入室後，彼女がスキー帽を脱ぐと，頭の真ん中が前よりも薄くなっていた。セラピストは，前回，毛髪がもどってきていたので，今回維持していれば終結を考えていた。それゆえ，彼女には面接から離れる不安があるのかもしれないと感じた。そして，セラピストは，症状改善に時間がかかることのメタファーとして，運動の上達曲線を描きながら水泳学習の話をした。〈水泳では，やがて記録が伸びない高原状態がでてきます。そのときは黙って学んでいるときで，その後記録が伸びてきて，能力いっぱい出せます。花も同じで冬の寒さに耐えて，きれいな花が春に咲きます〉。彼女は，水泳では高原状態の直前に自分がいて，「まだ，下がっていない」と言った。彼女の予測では，これから少し，記録が下がって，今のラインに再び戻る。しかし，自分は水泳の上手い人よりは常に下であり，「上の人のラインにはいかない。上の人と同じになるとは思わない」と言った。

　その後，水泳は上達し，彼女は選手育成コースでのタイム競争のまっただ中にいた。セラピストは，水泳の記録上昇は高原状態に入って，少し休んでみたらどうかと提案すると，「だめ」と彼女はいった。それで，セラピストは，〈水泳のタイムを自分の予定するタイムに少し落として，流してみたらどうか。ペースがわかって大事なときには，むしろよくなってくるよ〉と提案した。この提案には彼女は同意し，報告してくれることになった。またこの時期，彼女は迷っていたが，学校の器楽部に入り，アコーディオンを週2回練習することになった。

　新学年になり，彼女は水泳のタイムについて，「ふつうの夜の練習では，流した」と述べた。春になり，彼女は妹と一緒にホウセンカ，オシロイ花，トウモロコシの種を植えていたと，父親は述べた。そして，今は，昨年の秋に母親と植えた，チューリップとムスカリが咲いていると，彼女は言った。セラピストは問題がどれくらいよくなっているのかについて，「非常に困っている」から「まったく問題がない」までの10点スケールで家族に評定してもらった。父親は8点，母親は8〜9点，娘は5点だった。〈ここに来なくてもいいのは？〉と尋ねると，彼女は「8くらい」と言った。セラピストは，彼女にはやはり，面接から離れる不安が強いことを感じた。

　第12回目の面接で，母親は，彼女が妹に優しくなったと述べた。セラピストが高原状態とその後の再上達段階の入っている学習曲線を描き，現在の水泳と

図2　改善曲線の予測

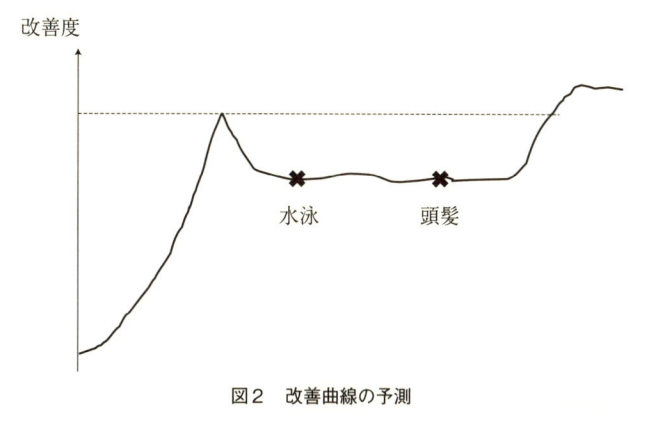

　頭髪の改善位置を尋ねると，彼女は，水泳については高原状態に入ったはじめの方を，頭髪については，高原状態の3分の2あたりをプロットした（図2）。
　4カ月後の第13回面接で，母親は，娘が美容室で髪を切ったことを報告した。また，父親は，彼女が帽子をとれるようになったことを述べた。そして，「髪が生えてきているから自信がついたのだと思う」と，父親は述べた。水泳について，彼女は「タイム，落ちた」と言った。彼女は大会に出場するほど水泳は上手くなったが，結果は最後かその前の順位である。
　その3カ月後，母親は夏休み中，彼女が市の水泳大会で1位になったことを報告した。そして，母親の勧めもあり，彼女は水泳の練習で忙しいので，器楽部をやめることにした。彼女の髪は，すっかり伸びて，昨年の3月頃の状態に戻っていた。ここまでセラピーは1年半要した。
　その後，症状改善の維持を確認するためのフォローアップ面接が1年にわたり6回なされた。その間，彼女は練習により飛び込みの怖さを克服した。それまでの顔からの飛び込みではなく，ついに頭から水に飛び込むことができるようになったのである。そして，大きな水泳大会で金メダルをもらった。彼女はその金メダルと花壇で実った大きな紫色のプラムの写真をセラピストに見せてくれた。

III　セラピーにおける工夫

　脱毛のブリーフセラピーについては，すでに筆者は肯定的未来を構築するためにメタファー課題を提示し，比較的短期間に症状が改善をしたことを述べている（宮田，1997）。しかし，この事例では，同様にメタファー課題を使いなが

らも，セラピー過程で症状改善の高原状態に陥り，さらなる工夫を求められた。この事例は，実質的なセラピー期間は1年であるが，変化の維持確認のためのフォローアップにさらに1年を費やし，短期療法とは必ずしも言えない。それゆえ，ブリーフセラピーモデルに基づくセラピーとして位置づけられることになる。

1．クライエントを守り関係づけるための工夫

クライエントを尊重し守ることは，関係性の構築と結びつく。脱毛という症状のために親に連れてこられ，自ら困っているとは口にしないクライエントとセラピーを維持し協働していくためには，何よりもまずクライエントを保護し，尊重する姿勢をとることがセラピストに求められる。そのためには，クライエントおよびクライエントのおかれている日常生活の中から，クライエントにとって役立つと思われる肯定的な資源を見いだし，それをセラピーに利用することである。本事例では，セラピストは，クライエントの誕生を記念して植えられたプラムの木の存在を知り，その写真を撮り，成長を観察する課題をクライエントに提案した。課題を通して，その木はクライエント自身の象徴として，セラピストから大事にされ，尊重されていることがクライエントに間接的に伝えられたと思われる。そして，クライエント自身，両親，セラピストの間でプラムの木を大事にし，その成長を期待して見守ってきたことが，セラピーにおける関係性を強化しただけでなく，セラピー状況そのものを，問題を扱う否定的なコンテクストから肯定的，未来志向的なコンテクストへと転換させることに貢献できたと思われる。この関係性のゆえに，「ひまわり」の芽はガラス事件により枯れてしまっても，クライエントはすぐに学校から「ヘチマ」の芽をジャンケンで勝ち取り，それを育て，最後はスポンジにまで仕上げたのであろう。

2．リソース体験を喚起する工夫

クライエントのおかれている現在の日常生活は，ともすれば，症状がパワーをもつがゆえに，クライエントと家族にはすべてが否定的なコンテクストとなりうる。しかし，その日常生活の中には，たいてい肯定的なコンテクストに転換できる芽があるので，エリクソン（Zeig, 1980）が述べるように，セラピストはまず，日常生活の中からクライエントを理解することが大切である。事例におけるプラムの木はクライエント自身の成長の象徴だけでなく，彼女の誕生と

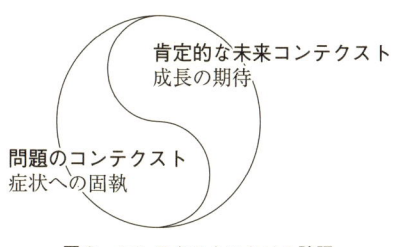

図3 コンテクストにおける陰陽

成長を喜び期待する，クライエントとまわりの人たちのつながりの象徴でもある。この木は，クライエントと家族に忘れていたかもしれない心のつながりと肯定的な未来を再び喚起してくれる存在である。また，この家族の花壇には，さまざまな花が植えられていて，そこに共に植え育てている家族のつながりと協働を見ることができる。このようなリソースとなる体験をクライエントと家族が喚起できれば，彼らは自ら解決への道を歩み出すことになる。

3．移行コンテクストを構築する工夫

　人によっては問題のコンテクストを扱わなくても解決のコンテクストを構築できるし，問題と解決の中間に移行コンテクストの構築を必要とする人もいる。脱毛のように症状そのものに直接的な心理学的アプローチができない場合，問題と解決の中間に移行コンテクストが必要となる。本事例における移行コンテクストは，問題を有する否定的な家族コンテクストに，植物を育て観察する課題を提示するという，対極にある肯定的な未来志向のコンテクストを導入することで構築された。つまり，否定と肯定の両極が一つの極関係として共存するコンテクストである（図3）。次いでそのコンテクスト内におけるクライエントの主体的な活動が調和的な変化，つまり症状の改善をもたらす解決（解消）コンテクストの形成へと導くことになる。この過程はタオにおける陰陽の運動原理（Caplan, 1979）や仏教における円融（鎌田, 1984）と密接に関係している。

　また，事例では，クライエントのおかれているコンテクスト内の調和だけでなく，クライエント個人の内的パートの調和も取り扱われた。クライエントの症状の変化が一時，逆もどりし始めたとき，セラピストは，クライエントが勉強，習い事など何でも強迫的にこなそうとすること，とりわけ水泳の記録更新の試みがストレスになっていることに気づき，逆説的に「わるい子ちゃん」になることや水泳で「手抜き」をすることを提案したのである。これは，自己内の「よい子」パートとは異なる，「わるい子」パートの喚起であり，両極パート

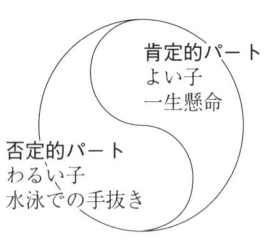

図4　内的パートにおける陰陽

の調和を意図したものである（図4）。いわば，この介入は調和的コンテクストの内で個人内パートの調和を実現するための工夫といえる。

4．能動的主体性を喚起する工夫

　問題のコンテクストから新たなコンテクストへのディストラクション，つまり，クライエントや家族が没入できる別のコンテクストへの移行ができても，変化のためには，クライエントは知的なレベルではなく，その新たなコンテクストの中で，主体的に新しい何かを体験をすることが必要である。そして，クライエントにはその体験を通して新たな意味を自分の中に見いだすことが期待される。事例では，プラム観察と撮影の体験，植物を育てる体験，水泳での練習の手抜きを楽しむ体験，水泳上達の予測をする体験が挙げられる。これらの体験を通して，自分自身を大事にする感覚，最後まで植物を育て上げた喜びと充実感，意図的にいくらか自分を解放できる余裕，水泳をやり遂げることの期待感と成就感，そして，クライエントは何よりも自分に対する自信を見いだしたと思われる。このような新たな体験とその意味づけが主体性の再喚起，あるいは強化につながるものと思われる。

5．クライエント，家族，セラピストの協働を工夫する

　この家族は，両親ともセラピーに熱心でほとんどの面接に同席した。セラピーにおいて家族がよりまとまる工夫とは，家族に共通の体験をしてもらうことであろう。その意味で，セラピストが，家族が植物を育てていることに関心を向けたことは，未来志向とか象徴的意味とかいうよりも，植物を育てる体験を通して家族がよりつながることに意味があるように思われる。ここでも，技法に目がいくかもしれないが，技法そのものの要因というより，クライエントと家族が新たなコンテクストに没入し，そこで情動的につながる体験が変化を導く一つの要因になっているように思われる。そして，セラピストとは，その新

たなコンテクストで育つ，彼らの新たな変化の芽を見守る存在である。

文　献

Caplan, G. (1964) Principles of Preventive Psychiatry. New York, Basic Books.（新福尚武訳（1970）予防精神医学．朝倉書店．）

Erickson, M.H. & Rossi, E.L. (1979) Hypnotherapy : An Exploratory Casebook. New York, Irvington.

鎌田茂雄（1984）天台思想入門．講談社．

宮田敬一（1994a）ブリーフセラピーの発展．In：宮田敬一編：ブリーフセラピー入門．金剛出版, pp.11-25.

宮田敬一（1994b）ストラティージックセラピーにおけるディストラクションの意義．In：日本ブリーフサイコセラピー研究会編：ブリーフサイコセラピー研究 Ⅲ．亀田ブックサービス, pp.151-155.

宮田敬一（1996）ストラティージック・セラピーの治療的枠組み．In：日本ブリーフサイコセラピー学会編：ブリーフサイコセラピーの発展．金剛出版, pp.87-98.

宮田敬一（1997）ストラティジックセラピーにおける変化の期待の構築．In：宮田敬一編：解決志向ブリーフセラピーの実際．金剛出版, pp.31-41.

宮田敬一（2002）日常生活の智慧としてのディストラクション．ブリーフサイコセラピー研究, 11 ; 13-19.

宮田敬一（2005）ディストラクションモデルにおける解決志向アプローチの位置づけ．ブリーフサイコセラピー研究, 14 ; 11-20.

成瀬悟策，宮田敬一（1990）ミルトン・H・エリクソン．In：小川捷之，福島章，村瀬孝雄編：臨床心理学の先駆者たち．金子書房, pp.225-233.

O'Hanlon, B. (2003) Inclusive Therapy. New York, Norton.（宮田敬一監訳（2007）インクルーシブセラピー．二瓶社．）

Zeig, J.K. (Ed) (1980) A Teaching Seminar with Milton H. Erickson. New York, Brunner/Mazel.（成瀬悟策監訳（1984）ミルトン・エリクソンの心理療法セミナー．星和書店．）

第11章

イメージ療法における工夫

福留留美

　イメージ療法とは，内的に感じられるイメージ像を手掛かりに，それに伴う体験のあり方の変化を通して適応状態の改善を目指す臨床心理学的方法である。臨床場面におけるイメージの使用は，Janet, P.の報告を初めとして長い歴史があり，現在では臨床の最前線において，多くの学派で幅広くイメージ法が適用されている（Achterberg, J, 1985）。

　日本においては，催眠の基礎研究と実践研究の先駆者である成瀬が『催眠面接の技術』(1959)でイメージ誘導法を紹介し，水島（1967）は催眠とは関係のないフリー・イメージ法による面接過程を報告している。言語面接の補助的な扱いではなく，イメージ体験を主な心理治療の手段として用いたものを，成瀬（1980）は，イメージ療法と呼んだ。

I　心理臨床と関連するイメージの特性

　イメージにはさまざま特性があるが，心理臨床上のアプローチに関連して，特に注目しておきたい点を以下に挙げる。

1．イメージと行動

　Boulding, K.E.（1956）は，「イメージが変われば，それに応じた行動をするようになる……行動がイメージに依存している」として，現実行動のあり様がその人の内的なイメージに導かれ，影響を受けていると指摘している。また，藤岡（1974）は，「イメージによって人間は行動し，イメージが行動の具体的な細部まで指導している」と述べている。実際，筆者の経験でも，後に提示する事例のように，イメージが変わると，その後しばらくして現実面での変化が現

れるということがしばしば起こる。
　一方，イメージ展開の様子から，クライエントの日常的な思いや行動パターン，あるいは普段は気付かれない深い感情などを窺い知ることができる。すなわち，イメージと行動の関係は，お互いの姿を映し合う合わせ鏡のようである。

2．イメージと前言語的な体験

　イメージについての多くの基礎研究を行ったRichardson, A.（1969）によると，イメージは，それに対応した実際の刺激がなくても，「感覚的・知覚的・感情的・その他の体験状態」が経験されるとしている。イメージというと視覚像としての特性がまず思い浮かぶが，臨床的に重要なのは，このようなイメージ像に付随して感じられる感覚・知覚や感情等の体験に関わる領域である。心理面接において，クライエントは自分の抱える問題について言語化できないことが多く，自分の感情や体験についても言葉で表現することが難しい。そのような前言語的な領域に焦点を合わせたい時に，イメージが有効な手掛かりを与えてくれる。

3．イメージの自律性と操作可能性

　イメージは主体が意識的に作り上げるものではなく，目を閉じ，リラックスして受動的な態度（成瀬，1968）でいると，夢を見るように自然に感じることができる。藤岡（1974）は，イメージが意識とは関係のないところで展開することを「イメージの自律的運動様式」と呼んでいる。イメージには，このように主体の意識性が及ばない領域がある一方で，意図的な操作性を発揮できる領域もある。前者をイメージの「自律領域」，後者を「操作可能領域」（福留，2004）と呼び，ここではその臨床的な位置づけについて述べてみたい。
　従来，箱庭や描画などイメージ表現に関わる心理臨床において，イメージの自律性に治癒力があるとして，自然な流れを妨げずに自律性を発現させることがセラピストの重要な役割と捉えられてきた。しかし，実際の臨床場面においては，クライエントの安全を守るという観点から，イメージの危機的な場面でセラピストが介入しなければならないことは多い。また，クライエント自身がイメージに身を任せるだけでなく，ある程度能動的に働きかけることができると，イメージをセルフ・コントロールの手段として利用することが可能になる。つまり，主体がイメージに対して，上手に操作性を発揮できるように援助することもセラピストの重要な役割と考えられる。

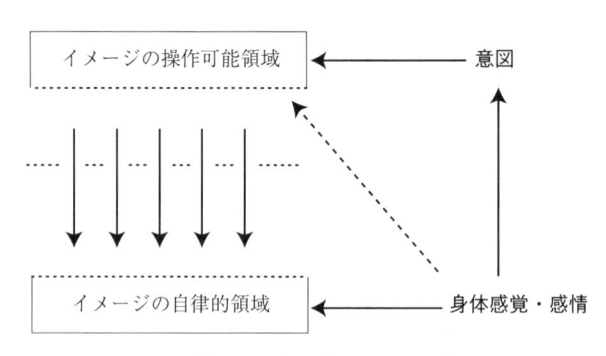

図1 イメージの「自律領域」と「操作可能領域」（福留, 2004）

　イメージの自律性を尊重しつつ，なおかつ意図的な操作性を発揮するには，イメージ体験中に五感や身体感覚，感情との繋がりを維持し続けることが肝要である。イメージを意図性だけに従わせようとすると，イメージが消えたり，主体の世界から離れて，違和感として感じられるようになる。身体感覚や感情と絶えず照合しながら，意図性を発揮して「操作可能領域」へ働きかけると，やがて「自律領域」にも変化が起きてくる（図1参照）。

Ⅱ　イメージ療法を成功に導く要件

1．イメージの体験の仕方に注意

　臨床場面におけるイメージは，そこで体験的な変化が起こって初めて，治療的な意味を持つと言われている（田嶌, 1987 ; 水島, 1990 ; 藤原, 1999 ; 成瀬, 1988 ; 福留, 2000）。藤原（1999）は「視覚的イメージがビビッドであるということと体験的にビビッドであるということは，必ずしも一致しない」と述べ，体験の重要性を強調している。また，田嶌（1987）は，同じイメージ内容でも，どのように体験されているかによって治療的な意味は異なるとして，体験様式の変化が治癒につながるとしている。セラピストは，ストーリーの展開だけに目を奪われることなく，イメージと主体の関係性に注意する必要がある。これはイメージ法を臨床的に安全に使用するためにも，大変重要なポイントである。

2．クライエントの状態による目標設定と体験的距離の調整

　イメージ体験が深ければ深いほど治療的にも有効かというと，決してそうではない。境界例以上の病態水準では，クライエントを不安感や恐怖感で圧倒するイメージが容易に現れる危険性があるため，イメージ法は一般的に禁忌と言

われている。臨床場面においてはクライエントの安全を守ることが最重要課題であるから，病態水準が重い場合やクライエントが健康であっても不安感情が高まっているときなどは，体験が深くなりすぎないように，また不安対象と一定の体験的な距離が保てるように目標設定をしなければならない。

状態が落ち着いている健康人や神経症レベルの人の場合，イメージ体験を促進する働きかけが可能となる。治療的な流れの中で，不安対象に向き合う力がある程度ついたと判断される場合は，体験的な距離を縮め，直面する方向で目標設定を行う。

なお，開眼での普段の意識状態でもイメージ体験は可能である。開眼イメージは，体験としては浅いが，意図性や操作性を発揮しやすいという利点がある。クライエントにとっては，急に深い内界を体験する恐怖感も少なく，「僅かではあるが安全な程度の変化」（福留，2004）を得ることができる。このように，クライエントの状態に応じて目標設定を変え，イメージの体験的な距離を調整することが必要である。

3．介入の仕方や進め方についてのクライエントとのやりとり

イメージセッションの進め方や介入の仕方については，前後の言語面接時に話題にするといい。また場合によっては，イメージ中にクライエントに尋ねてもよい。イメージ展開の仕方は，個人差が大きく，セラピストにとっても事前にその状態を把握することは難しい。一人のクライエントにとって有効であった介入の仕方が，別のクライエントにもいいとは限らない。また同じクライエントでも，前はできなかった直面が，今日のこの場面ではできる感じがしているかもしれない。クライエントの状態とセラピストの把握のズレを最小限に止めるために，それを話題として取り上げることは，イメージセッションにおいても，普段の言語面接においても大事である。

Ⅲ　イメージ療法における技法上の工夫

イメージは，導入に際して場面の指定をしないフリー・イメージ法と場面や流れなどの枠組みを与える指定イメージ法がある。フリー・イメージ法では，セラピストはクライエントを守りながら，心の動きに寄り添っていくことを行うので，クライエントの自主性が大事にされる利点がある。しかし，自由に浮かんで来るものを眺めるというのは，そう簡単ではなく，「……が見えてきますよ」と指定をした方が，かえって浮かびやすいということもある。藤原（1994）

は，イメージの体験的変化に特に注目して，それ自体は意味のない三角形を指定する「三角形イメージ体験法」というユニークな方法を考案している。また，田嶌（1987, 1992）は，危険な体験を包む安全枠としての複数の壺を指定する「壺イメージ法」を考案している。壺の容器や蓋が，危機的イメージ体験に直接晒されることを防ぐ安全弁として機能すると同時に，壺の中に入ることによって体験をより深くする機能も併せ持つ優れた方法である。

　閉眼によるイメージ法が一般的であるが，クライエントによっては閉眼自体に抵抗がある場合がある。また，閉眼後，リラックス暗示による一連の手続きを進めるには時間的な余裕が必要なこと，セラピスト自身が経験を積まないと実施が容易ではないこと，さらにはクライエントの状態によってはイメージ体験を深め過ぎない方がいい場合などがある。そのため福留（2004）は，開眼で言語面接の流れのまま，あえて浅い体験で行う「開眼壺イメージ法」を提案している。

Ⅳ　イメージ適用事例からみた工夫の実際

　働きかけの工夫が具体的に分かるよう，イメージ面接のプロセスを少し詳しく提示してみたいと思う。

1．からだの感覚に気づくように働きかける

事例1

　クライエントは20代の女性で，さまざまな強迫行為と強迫観念のため，1日の睡眠時間が3〜4時間となり，精神科を受診。薬物治療と並行して，心理面接を行った。

　面接を始めて2カ月経過した頃に，クライエント理解の視点を広げるためにイメージ法を導入した。「川の上を行っている……トンネルの中に入った……真っ暗……私は羽がついた状態で進んでいる」〈今，どんな感じですか？〉「……何も感じない……トンネルが川と一緒に落ちた……私も立ったまま一緒に落ちた……」〈今，どんな感じ？〉「……特に何も感じない……今度は石の階段を登っている……すいすいと……登ってきたはずなのに地面に坐っている……」と何の感覚も感じられないまま，場面が次々に変わった。しかし，終盤になると，ゆっくりとした口調になり，「……今は羽がない……半分怖いような，居心地がいいような……眠りたい……からだ全部丸まったまま……お腹の赤ちゃんのような感じ……ずっと，そこにいたい……」と胎児のような姿勢で眠るイメージ

となった。セッション後，日常とイメージ中で体験した感覚の違いについて，「生活の中に満足感や安心感がない。イメージの中で膝を抱えて眠っているときの気持ちが，小さい頃好きな犬と一緒に安心して眠っていた時の気分と似ている」と語った。その後のセッションでも，安心して心地よく寝るイメージが続き，「寝るのが好き。寝ると力も入らない。でも，昼寝をしていると母親からだらしないと言われるので，あまりできない」と，からだがリラックスできない背景についても語られた。その頃から，「（症状が）すこし，ましになった」と，さまざまな強迫症状の緩和が報告された。

イメージ場面が速いスピードで次々に変わり，激しく動いているにもかかわらず，それに伴うからだの感覚が知覚されていない。そのようなとき，セラピストの質問に刺激されて，クライエントは自分自身の中に埋もれていた身体感覚に注意を向けるようになったと考えられる。

　市川（1977）は，身体性の回復には直接的な感覚の回復が契機になると指摘している。また，成瀬（1988）は，自分のからだという実感をもって活動する時の体験を"自己感"と呼び，自己の発達におけるその重要性を指摘している。この事例（福留, 2000）では，身体感覚に注意を向け，それを受け入れることができるようになると，拒否的であったからだとの関係性が変わり，からだから安心する体験をしている。強迫的な観念や思考に圧倒され，からだの感覚を知覚しにくくなっている強迫症者にとって，イメージを通した身体感覚への働きかけは，自己感覚を育むために有効である。

2.「安全感覚」と「危険感覚」を賦活し，「安全感」「安心感」を育成する
事例2

　30代の女性である。対人関係で問題が起きるとイライラが続き，職場や家庭生活に支障をきたすということが主訴であった。初めの数カ月は言語面接を行ったが，「何か大事なものに触れられていない感じがする」と語られたため，イメージ法を導入した。

　数回目のイメージセッションから，厳しい冬山を登る場面が続いた。「傾斜の急な雪山……所々に岩場が見える……その雪山を独りで登っている……ズルズルと何度も滑りながら，すごく苦労して登っている……頭を上げたら頂上の嶺が遠くに聳えている……そこまで行かなきゃと必死で這いつくばって登っている」〈そう……一生懸命登っているんですね……今の服装はどんな様子です

か？〉」「半そでのTシャツとジーパン」〈足元は，どう？〉「サンダルみたいなのを履いている」〈周りの景色は冬の雪山で，しかもかなり厳しい斜面を登っているみたいですね……今の服装で大丈夫でしょうか？〉「あー，そう言われてみて初めて気がついたけど，これじゃちょっと寒そう……あまりに無防備」〈もう少し安全に登ることができるように……見ていて安心という感じが持てるには，どんな服装だったらいいでしょうね？〉「もっと厚手のセーターと……その上からシュラフも…それから手袋も……靴は登山用の靴を履きました」〈それだと，さっきより安全で安心な感じが少しでもありますか？〉「そうですね……それとヤッケみたいなのを持って……」。続く数セッションでも，同様に安全を確かめる働きかけを行った。

その後のイメージセッションで，川を渡る場面が現れた。「今，川を渡って向こう岸に行こうとしている……裸足でズボンの裾を捲くり上げて進んでいる……大きな川じゃないから，歩いて渡れそう……浅そうだし」〈どれくらいの深さですか？〉「くるぶしがつかるくらい」「でも，だんだん進むうちに，少しずつ深くなってきた……（あっという間に）あー，もう腰くらいの深さになった……でも，進まなきゃと思っている……でも，流れも激しくなってきた」〈このまま進んだら危ないようだから，これ以上進むのは止めて，元のところに戻りましょう〉「うーん」〈大丈夫ですか？〉「……はい……なんとか，さっきのところに戻りました……でも，気持ちはまだあっちに渡らなきゃと思っている」〈……気持ちはそうなんですね……でもあのままでは危なかったですよね〉「はい」〈大丈夫ですか……では，ここで今どうしたらもっと安全に渡れるか，少し考えてみましょうか？……どうしたらいいでしょうかね？〉「……橋があったらいいと思う……でも橋ができるには，土手の地盤が緩すぎる……このままじゃ橋は作れない」「……土手に石を積んで，しっかりした地盤にしないと」と，地盤固めの作業を行った。

このセッションの後しばらくして，再び山登りの場面が現れた。しかし，厳しい冬山ではなく，緩やかな山道をゆっくり歩いて登るというイメージであった。そして，その終盤で「……このまま山頂まで行きたい気持ちはあるけど，日も暮れてきたし，この辺で休もうかな……あー，ちょうどいいところにお寺があった……今日はここで泊めてもらおう……」と言った。

このようなイメージの変化が起こった後，クライエントの夢にもさまざまな変化が現れた。"目的地になかなか辿りつかない""乗るべき電車を乗り過ごす"という焦燥感を伴った長年の繰り返し夢が，「今日は大切な用事があるから，あ

の電車には乗らなくてよかった」と納得する夢に変わったと言う。また日常生活においても,「職場で嫌なことがあっても,家まで持ち込むことがなくなった」と語られた。

　このイメージ展開の特徴は,客観的には危険を孕んだ状況であるにもかかわらず,その危険性に気付かないまま,無防備に突進しようとする点である。このようなイメージ中に現れる認知・行動パターンは,クライエントの現実生活においても同様に見られる。イメージ中でセラピストはその危険性を伝え,クライエントが自身の身体感覚や気分を確認しつつ,より安全で安心と感じられる工夫を行うよう促している。安全に進み,安心を感じるためには,まずは危険を危険として的確に察知できることが前提となる。セラピストが自身の安全感覚と危険感覚を頼りに,イメージ中での介入を繰り返すことで,クライエントの中にも同様の感覚が育っていく。この安全感覚と危険感覚の賦活は,個々のイメージセッションでの目標であると同時に,より大きな安心感の育成のために,心理面接過程の最終的な目標にも繋がると筆者は考えている。

3．イメージ展開を生活や生き方の在り様と繋ぐ
事例3
　30代の主婦で,主訴は過食である。家事は完璧にこなし,家庭以外の社会活動にも積極的に参加していたが,家族が寝静まった後,過食をすることが悩みであった。言語面接では知的な語り方が特徴的で,変化がないため,2カ月程してイメージ法を提案した。
　1回目のイメージセッションでは,「絨毯……絨毯を巻いているところみたい……横幅の広い……6〜7mありそう……右側の端から空気が入らないようにきっちり巻いて……だんだん斜めにずれてきた……今度は左の端から同じように巻いていったら,また斜めにずれた……あっちとこっちを行ったり来たりしている……前を見たら,絨毯が地平線の向こうまで続いている……うんざりしてその場にへたり込んだ……」というイメージ展開であった。
　セッション後にクライエントは,「つまらないイメージ」と感想を述べた。しかし,セラピストには実に象徴的な展開に思えた。〈同じように家の仕事をきちんと,誰にも手伝ってもらわずに孤軍奮闘していませんか？〉と問うたところ,「そうですね,すべて一人でやっている。主人にも子どもにも何もさせていない」と語った。そこで,家族に任せることのできることを探し,とりあえず

は，食事前に箸を並べることを子どもにさせてみるということになった。

次回のイメージセッションでは，「高い塀の間を歩いている……刑務所の塀みたいに高い……なんか迷路の中を行っているみたい……歩いているうちに塀が氷になった……だんだん寒くなってきた……怖い……」〈……氷の塀の中を一人で歩いているんですね……寒いし，怖いですね……自分が今どんなところにいるか上の方から眺めてみましょうか〉「……あー，なんかもう出口に近いところにいる」〈……出口に近いところに来ているんですね……では，もう一度元のところに戻りましょうか〉「上から見たので，道が分かります……出ることができました」

このイメージ後，クライエントは「先生は余計なことをしてくれた」とセラピストを非難した。セラピストは一般的にはイメージ中の危険性や切迫性から，さらにはクライエントの自我強度を考慮して，介入をするかどうかを判断する。ここでは切迫性ありと考えて，俯瞰する視点を提案したのだが，そのことがクライエントの意に添わなかったのである。クライエントは，「これは小さい頃算数で分からないところを先に答えを見て，それから解くのと似ている。これでは，力がつかない」と非難の理由を述べた。セラピストは〈そうですね。でも，いつも正攻法だけでなく，時には逃げたり，休んだり，いろいろな生き方のメニューを持っている方が，リスクが少ないと思いますよ〉と伝えた。クライエントは，はっとした表情になり，バッグから編みかけのセーターを取り出した。「実は今，子どものセーターを編んでいるけど，ここの編み方が分からない……友人にうまい人がいるけど，聞けない……自分で解決しないといけないと思って……それで，途中で止まったまま，いつも持ち歩いている……」と呟いた。このようにイメージを手掛かりに，日常の生活を振り返ることを行ったところ，過食がすぐに収まるということはなかったが，過食自体を以前のようには責めなくなり，毎日だった過食の頻度が徐々に減少した。

摂食障害を抱えている人は，その生活振りを詳細に聞いてみると，からだの調子を無視したまま，随所で頑張り過ぎや無理をしていることが多い。先にも述べたように普段の認知・行動パターンがイメージ中に再現される。それは，例えば人の手を借りず一人で頑張るというイメージのストーリーとして表れることもあるし，孤軍奮闘中の焦りや孤独感などの体験としても現れる。「普段の生活で同じように感じることはありませんか？」と問うことで，感覚を手掛かりに日常生活とイメージを繋ぐことができる。この事例のように，関連につい

てすぐに連想が思い浮かぶ場合もあるが，しばらく時間がかかることもある。

　Fretigny, R. & Virel, A.（1968）は，「メンタル・イメージ」の治療において，「面接で体験した経験を現実生活の行動の中に統合させること」を「成熟段階」と呼び，重視している。「治療者が面接と面接の間に現実化，実用化，分析，意識化の操作を差しはさまないならば，……得られた効果は必ずしも持続しない」と述べている。普段の生活とイメージを繋ぐ働きかけを行っていると，筆者の経験では，クライエントが自発的に，生活の中でセルフ・モニタリングやセルフ・ケアの手段としてイメージを用いるようになるようである。

4．クライエントの状態や病態水準によって，体験的距離を調整する
事例4

　30代の男性である。家族以外の人とは，ほとんど親しく話をすることができない事例である。対人関係に困難を感じながらも仕事を続けることはできていたが，特に上司の言動をきっかけに不安定になることが多かった。そんなときに不安感との体験的距離のコントロールのために，その不安感覚を〈何か丈夫な入れ物に入れて，どこか安全なところにしまっておく〉という，増井（1981）の「置いておく」方法にヒントを得たイメージを用いた体験的な距離作りを提案した。#54で閉眼により「金の鍵のある金庫」のイメージが浮かんだ。〈そのイメージが，どのようであったら少しでも安心と感じられますか〉と丁寧に確認すると，金庫の蓋を閉めて，鍵をかけると安心だと答えた。さらに金庫は面接室の一隅に，鍵は自分の心の中に保管すると語った。#56では，「（前回の）イメージの後，気分がすごく楽になった」と言い，「（今日も）苦しい感じがちゃんと納まっているか，確かめたい」と語った。イメージを浮かべると，「金庫の中が四つの小部屋に分かれている」と言う。#58には，「苦しい箱だけじゃ心配。楽な箱があった方がいい」と言い，苦しい箱の横に小さな楽な箱を置いた。「苦しい四つの小箱は，右から順に苦しさの程度が重くなっている」，「一番右の小箱を少しだけ開けてみたい……（開けると）白い煙が……」と語った後は，苦しそうな表情で無言となった。#61では，「金庫が上下二段に分かれて，それぞれ四つの小箱（に分かれている）。下の（段の）方が苦しさが重い」「苦しい箱は金属製，楽な箱は木でできている」「苦しい箱を開ける時は自分でできるけど，閉める時は先生も手伝ってほしい」と言った。#63には，上司から非難されたことで不安になったため，イメージの小箱の状態を調べてみたいと言った。小箱の蓋を点検すると，上段の一個の蓋がずれていたので，その箱を

心理療法がうまくいくための工夫

#54 「金の鍵がかかった金庫」

#56 「……4つの小箱に分かれている」

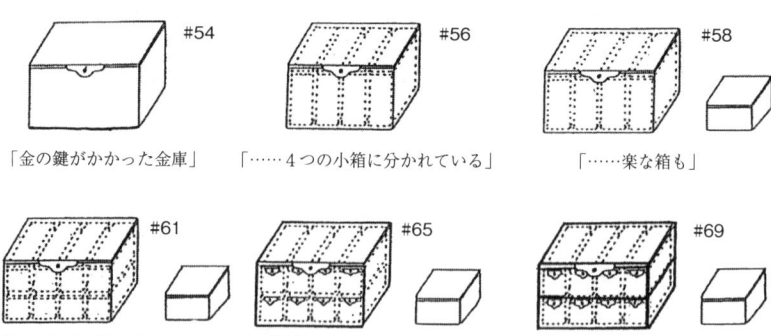

#58 「……楽な箱も」

#61 「……上下2段に分かれていて、それぞれ4つの小箱」

#65 「小箱の一つ一つにも鍵を」

#69 「上下の段の間に仕切り板」

図2　金庫のイメージの変化

取り出して蓋をし直すことを行った。#65には、上司から再び非難され、すごく落ち着かない気分だと言う。イメージを確認すると、苦しい方の上段の右端が「蓋がずれているので、一度開けて蓋をし直す」と言う。その蓋を開けた時、「嫌な感じのする空気みたいなもの（を感じる）……」と表情を曇らせたので、〈どうしたら少しでも大丈夫と感じられるかな？〉と介入すると、「小箱の一つ一つにも鍵を」と、小箱用と金庫用の大小2個の鍵をして、自分の心の中に置くと語った。#68には、「イメージをするようになってから、気分の動揺が後々まで尾を引かない」と語った。「苦しい箱の上段を一度開けて閉じ直す……下段の箱を出す時は手伝ってほしい……（中を）少しだけ覗きたい……」と言い、すべての小箱に鍵をかけた後は実に穏やかな、すっきりとした表情となり、微笑みを浮かべた。#69には、苦しい下段の小箱の点検後、上段との境に「仕切り板を入れる」と言う。そして、その後初めて楽な箱を開け、「明るい……なんか暖かい感じがしてくる」と語った。以前は「同じ人が優しく見えたり、怖く見えたりして混乱する」と言っていたが、「嫌なところもあるけど、親しくできる」と人に対する両価的な気持ちも抱えることができるようになった。

　病態水準が重い場合、特にクライエントを不安にさせ、圧倒する対象に近づかないこと、イメージ体験と適切な距離を保つことに目標を定めなければならない。この点が、イメージ中で不安対象と直面や対決をすることができる健常人や神経症レベルとは、働きかけの方向が全く逆で、大きく異なるところである。本事例では、直面や対決による解決（ここでは、苦しい箱の中を覗いたり、入ったりすること）を目標にするのではなく、あくまで不安や恐怖を抱え、包み込む安全枠を整え、補修し、強固にすること、それ自体が援助目標になる。

そのような心的な作業をイメージ中で幾度も繰り返すことで，クライエントの苦悩感は和らぎ，生活ぶりは徐々に適応的となっていった。安全感覚が幾分育った後には，少しだけの無理のない直面（#58の「一番右の小箱を少しだけ開けてみたい」）が起こっている。また，#69では初めて「楽な箱」を開いて，安全感を心地よい感覚として体験した様子が覗われた。

V　まとめ

筆者が，イメージ法を用いることで特に目指している点を，次にまとめてみたい。

1．苦悩感の緩和と軽減

人がある問題に苦しむのは，問題解決ができないという現実的な苦悩であるのに加えて，それを自分ではどうすることもできないという制御不能感や重圧感などの心理的な感覚が苦しみをより強くしている。イメージ療法では現実的な側面への働きかけではなく，イメージを手がかりに心理的な苦悩感の変化に向けた働きかけを行う。すなわち，悩みを心の中でどのように位置づけると，少しでも楽に，安全に抱えることができるかを探し，工夫を行う。その結果，制御不能感に変化が起きると，苦悩感が和らぐ。

2．「安全感覚」「危険感覚」の賦活と「安全感」「安心感」の育成

イメージに伴って起こる身体感覚や感情を基に，「安全で楽な感じ」がするか，「危険で不安な感じ」がするかを確かめ，それらの感覚が賦活されるよう働きかける。臨床事例では，特に危険感覚が不明確であることが多い。感覚レベルで安全感覚や危険感覚の芽が育っていくと，危険対象に対して慎重に行動するようになり，自身の安全を守ろうとするセルフ・ケアの態度が生まれ，より安定した安全感や安心感が育成される。

3．現実的な認知・行動レベルの変化

苦悩感が緩和すると，今まで不安や葛藤のためできなかった行動が起こしやすくなり，結果的に現実レベルでの変化が起きる。

以上は，イメージセッションだけでなく，心理面接全体を通して目標にしている点でもある。

文　献

Achterberg, J. (1985) Imagery in Healing. Shambhala Publications.
Boulding, K.E. (1956) The Image.（大川信明訳（1962）ザ・イメージ．誠信書房．）
Fretigny, R. & Virel, A (1968) L'imagerie Mentale.（渡辺寛美・湯原かの子訳（1986）夢療法入門．金剛出版．）
藤岡喜愛（1974）イメージと人間―精神人類学の視野．日本放送出版協会．
藤原勝紀（1994）三角形イメージ体験法に関する臨床心理学的研究．九州大学出版会．
藤原勝紀（1999）イメージ療法を考える．In：藤原勝紀編：現代のエスプリ，No.387．
福留留美（2000）イメージ体験が繋ぐからだと主体の世界．心理臨床学研究，18-3；276-287．
福留留美（2004）イメージ表現法におけるクライエントの安全感の育成に関する臨床心理学的研究．九州大学人間環境学府博士論文（乙15号）．
市川浩（1977）身体の現象学．河出書房新社．
増井武士（1981）催眠分析とイメージ．催眠学研究，26；17-19．
水島恵一（1967）イメージ面接による治療過程．臨床心理学研究，6-3；10-19．
水島恵一編（1990）現代のエスプリ，No.275．（特集：イメージの心理とセラピー）
成瀬悟策（1959）催眠面接の技術．誠信書房．
成瀬悟策（1968）催眠面接法．誠信書房．
成瀬悟策（1980）催眠シンポジウムⅩ イメージ療法．誠信書房．
成瀬悟策（1988）自己コントロール．誠信書房．
Richardson, A. (1969) Mental Imagery.（鬼沢貞・滝浦静雄訳（1973）心像．紀伊国屋書店．）
田嶌誠一（1987）壺イメージ療法―その生いたちと事例研究．創元社．
田嶌誠一（1992）イメージ体験の心理学．講談社．

第12章

催眠療法における工夫

"治療の場"としてのトランス空間を活かす工夫

松木　繁

I　はじめに

　催眠は心理療法の「打ち出の小槌」と言われるくらい，これまで多くの心理療法を生み出してきている。J・A・シャルコーの弟子であったS・フロイトは，催眠療法中におけるクライエントのカタルシス経験を基に自由連想法を編み出し精神分析の体系をまとめており，J・H・シュルツは，催眠によるリラクセーション効果を合理的に組み立てられた生理学的訓練法として自律訓練法を開発した。また，近年においては，M・H・エリクソンの催眠療法のコミュニケーション的側面の活用を通して戦略的アプローチ等が積極的に行われている。それ以外にも，催眠現象を通して得られるさまざまな臨床的諸現象を取り上げて強調することで，さまざまな独自の心理療法として発展したものも少なくない。そうした意味では，催眠療法を効果的に行うことの検討を本稿で行うことが，本書のテーマでもある「心理療法がうまくいくための工夫」を考えることに通じるものと考えられる。

　これまで催眠療法の治癒機制に関しては，わが国でも幾度となく議論され（齋藤ほか，1991；成瀬，1993；高石，1996ほか），また，それらの考えを体系的にまとめる努力も行われてきた（成瀬，1992）が，それらは，催眠状態での状態的特性（例えば，生理学的，心理学的変化など）が治療に果たす役割や"状態論"そのものにその議論が集中してきた。

　その後，成瀬（1993）によって催眠理論の再構築が試みられ，その議論は催眠本質"状態論"から体験治療論へと移り，折しも，エリクソン催眠がわが国に積極的に紹介され始めたこともあって，その議論は，ようやく催眠療法にお

ける臨床的事実に基づくものへと展開してきた。特に，セラピスト－クライエント間の関係性や相互作用などの関係的特性やコミュニケーション的側面による視点も含めた，統合的な視点に基づく理論構築の必要性は，高石（1996）によって強調されたものである。催眠理論構築に関する『催眠学研究』誌上での成瀬－高石論争はわが国における催眠理論構築に多大な影響を与えたものとして記憶に新しい。

　こうした催眠療法研究の流れを考えて，本稿では，まず，"治療の場"としてのトランス空間を効果的に作り出すための必須条件は何かを，催眠療法中における「体験の仕方の変化」という体験治療論の観点，「共感的な関係性や相互作用」というコミュニケーションの観点から概観する。そして，それらを効果的に作り出すための工夫を，セラピストの治療姿勢（例えば，クライエントの「主体性の尊重」「個別性の尊重」「解決志向」など）のあり方と，そうした治療姿勢を支えるために必須の技法的工夫（例えば，「観察とペーシング」「利用法（Utilization）」「文脈」など）という点から具体的に論を展開させていきたい。

Ⅱ　効果的な催眠療法を行うための工夫

1．トランス空間が"治療の場"として機能しているかのチェック

《キーワード：「体験の仕方の変化」「共感的な関係性や相互作用」》

　効果的な催眠療法を行うための工夫の第一歩は，トランス空間が"治療の場"として機能しているかのチェックである。筆者は，先に，視線恐怖症状を抱える不登校生徒に催眠療法を適用し著効を得た事例研究（松木，2004, 2005）の中で，トランス空間が"治療の場"として効果的，効率的に機能しているかを判断するための2つの重要な観点を示した。

　1つは，催眠療法中においてクライエントおよびセラピストに「体験の仕方の変化」が起きていること（それらは，クライエントの催眠への「関わり方」の変化とそれを支えるセラピストの治療姿勢の変化として示される）。そして，2つ目は，催眠療法中におけるセラピスト－クライエント間の「共感的な関係性」をベースにして，二者間の「（心的）相互作用」が"治療の場"としてのトランス空間の中で促進されていることである。

　図1は，上記のことを具体的に示した図である。この図に関して要点を述べると，セラピスト－クライエント間の共有体験としてのトランス空間が得られていない第1段階では，クライエント自身の被催眠体験は，自分という主体の外界で起こっている状態の変化として体験されていると考えられるため，トラ

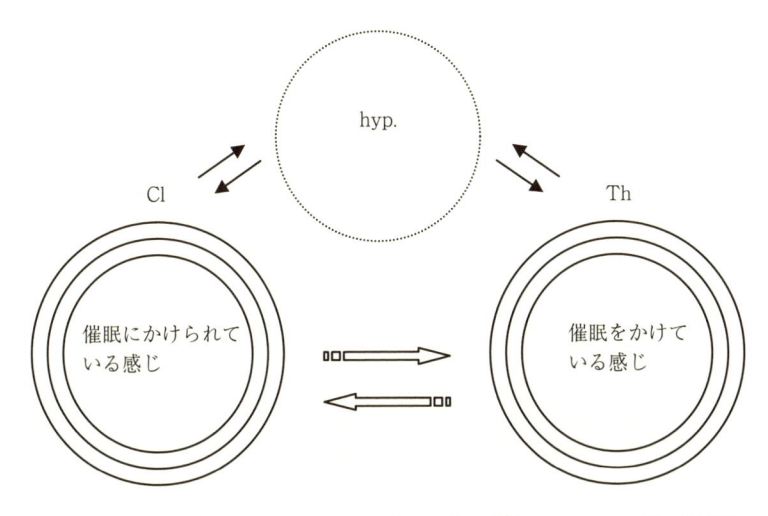

第1段階　共有体験としてのトランスが得られない段階でのCl-Th間の関係性

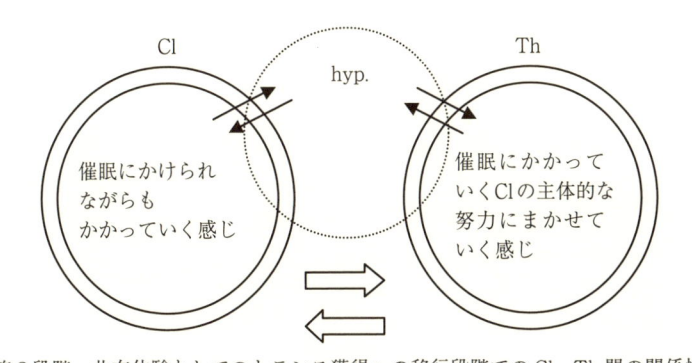

第2段階　共有体験としてのトランス獲得への移行段階でのCl-Th間の関係性

図1　クライエントの催眠（hyp.）への「関わり方」の変化とセラピスト（Th）－クライエント（Cl）間の共感的な関係性や相互作用の変化（その1）

ンス空間での（心的）相互作用は起こらず，クライエント自身の「体験の仕方の変化」も促進されにくいと考えられる。それゆえ，トランス空間が"治療の場"としての機能を果たすとは考えにくい。しかし，第2段階以降は，トランス空間がセラピスト－クライエント間の共有体験空間となり，それらは，第4段階へ向かって段階的に深まり，結果として，トランス空間はクライエントにとってセラピストとの共感的な関係性や相互作用に支えられた「安心，安全の場」「守られた空間」となっていくと考えられる。"治療の場"としてトランス空間が機能するためにはこうした変化が必要とされるのである。

心理療法がうまくいくための工夫

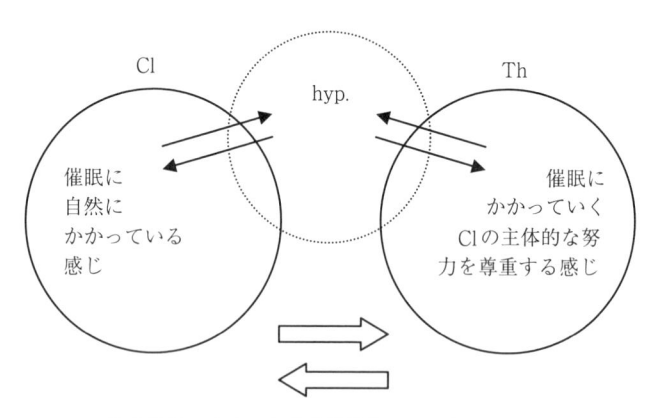

[図：第3段階 Cl と Th の2つの円が重なり、中央に hyp. の点線円。Cl 側「催眠に自然にかかっている感じ」、Th 側「催眠にかかっていく Cl の主体的な努力を尊重する感じ」。双方向の矢印。]

第3段階 安定した共有体験としてのトランスが
得られた段階での Cl – Th 間の関係性

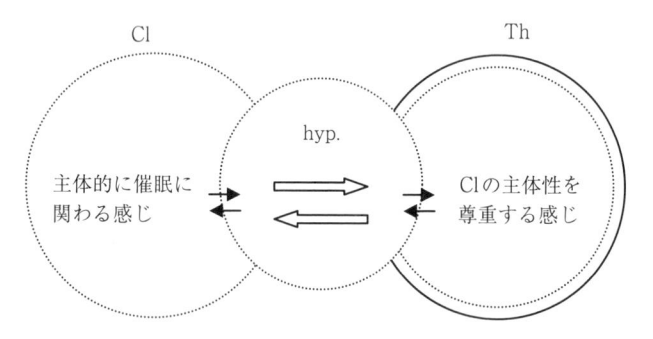

[図：第4段階 Cl と Th の2つの点線円が重なり、中央に hyp. の実線円。Cl 側「主体的に催眠に関わる感じ」、Th 側「Cl の主体性を尊重する感じ」。双方向の矢印。
下部：「自己支持の工夫や変化の可能性を Cl が主体的に見出す。」「Cl の示す自己支持の工夫や変化の可能性に共感し援助的に関わる。」]

第4段階 共感的体験としてのトランスが得られた段階での Cl – Th 間の関係性

図1 クライエントの催眠 (hyp.) への「関わり方」の変化とセラピスト (Th) －クライエント (Cl) 間の共感的な関係性や相互作用の変化 （その２）

2．"治療の場"としてのトランス空間を支えるセラピストの治療姿勢

《キーワード：「受容的・共感的態度」「個別性・独自性の尊重」》

　第２段階以降の詳細な説明は前掲の拙著に譲るとして，こうした効果的な治療の場としてのトランス形成は決してクライエントの側だけの状態的変化や「体験の仕方の変化」だけに委ねられているのではなく，セラピスト側の状態的変化や「体験の仕方の変化」，治療姿勢などにも委ねられ，さらにはセラピスト－クライエント間の関係性や相互作用のあり方に委ねられていると考えるのが臨床的には妥当であろう。例えば，催眠誘導の過程では，"威光的"な誘導より

178

もクライエントの主体的な努力を尊重した誘導による方がより効果的なトランスが得やすいし，また，クライエントがトランス下で示す問題解決のためのサインも，催眠にかかっていこうとするクライエントの主体的な努力をセラピストが受容的，共感的な態度で尊重する中でこそ見出せるのである。

　こうした対応はクライエントの「内的体験に応じて生ずる術者との対人的関係が重要」(Zeig, K., 1984) としてクライエントの個別性や独自性を尊重して利用する点や，そのための暗示としてクライエントの状態の変化に即した形で許容語（permissive words）を使う点などエリクソン催眠の中で言われる個別性の尊重や利用アプローチ（O'Hanlon, W.H., 1992）などに通ずるものがあるが，決してエリクソニアンでなくともクライエントとの共感的な関係性や（心的）相互作用に注目していれば，おのずとこうした対応を心がけるようになるのではないかと考えられる。

　舞台催眠の悪影響があってか，催眠に対する印象は心理臨床の専門家であっても，とかく"操作性"，"支配性"が強調されがちであるが，実際の臨床場面では，他の臨床技法以上に共感的な治療姿勢が催眠療法には求められるのである。かつて，C・R・ロジャーズ（1989）が，ミルトン・エリクソンの催眠療法に対して，彼の直感的な技法の背景には「クライエントの最も深いところにある感情を感じ取る能力，そして，それらの感情に純粋に自発的に創造的に反応する驚くべき共感性の高さがある」と述べたことは，効果的な催眠療法を行う上で何が最も必要なのかを示しているのである。

3．"治療の場"としてのトランス空間でクライエントの解決能力を高めるためのセラピスト側の条件

《キーワード：「（心的）相互作用」「セラピストのトランス」「トランスの共有」》

　次に，トランス空間においてクライエントの解決能力を高めるのに必要なセラピスト側の条件を，セラピストの「体験の仕方の変化」とセラピスト−クライエント間の関係性や（心的）相互作用という観点から見てみたい。

　先に効果的な催眠療法が行われるためには，催眠療法中においてクライエントおよびセラピストに「体験の仕方の変化」が起きていることが必要であることを述べたが，セラピストにも「体験の仕方の変化」が生じている状態とは，セラピスト−クライエント間の関係性や（心的）相互作用という観点から見ると，具体的にはどのようなものであろうか。

　図1の第4段階のセラピスト側の点線部分で示した部分は，クライエントば

かりでなくセラピストも（治療者としての観察自我を持ちつつも）クライエントとともに軽い催眠状態に入り，その中で「自我が開かれている」状態になっていると推測できることを示したものである。こうしたセラピストの「体験の仕方の変化」に支えられてできるトランス空間の中でこそ，セラピスト－クライエント間の（心的）相互作用は促進されていくものと考えられる。

その状態は，「（心理療法は）患者の遊ぶ領域と治療者の遊ぶ領域という2つの遊ぶ領域の中で行われている」という表現で心理療法におけるセラピスト－クライエント間の（心的）相互作用の状態を示したD・W・ウィニコット（1971）の観点や，母親－乳児間の主観的体験の共有を「情動調律」という言葉で表現し，その（心的）相互作用の状態を示したD・N・スターン（1985）の観点を彷彿とさせるものである。こうした状態は八巻（2000）も「間主体的トランス空間」の創出による「間主体的現象」として示しているが，この時のセラピスト－クライエント間の関係性は，まさに主体－客体という二元論的な関係性を越えて一体化した状態に限りなく近づいた状態であると推測される。

こうした条件こそが催眠療法を効果的に行うためには必要とされるのである。そして，この条件下において，クライエントは，自己支持の工夫や自己治癒のための工夫を自らの力によって見出し高めることができ，結果として，解決のための可能性を自ら志向し高めていくのである。催眠療法が「解決志向」であるという所以は，まさに，ここにあるのであろう。

4．催眠深度

ここで催眠深度について少し触れてみたい。これまで，催眠療法の効果性において催眠深度がどこまで関係するのかについての議論は幾つかなされてきているが，それらはもっぱら実験・基礎研究の中でなされてきたものであり（Hilgard, E.R., 1982；成瀬，1968），その深さの基準は"状態論"に依拠しているものである。しかし，前項で述べたように，催眠療法の効果性はセラピスト－クライエント間の関係性や（心的）相互作用に関係していることを考えると，"状態論"に依拠した催眠深度は，催眠療法の効果性を測定するのに適正であるかどうか検討の余地がある。臨床的事実に即した催眠療法の効果性という観点から述べるならば，治療効果の高さを計るための催眠深度の基準は，"状態論"でいう催眠深度の基準だけでなく，コミュニケーション的側面からの催眠深度の測定基準（例えば，セラピスト－クライエント間の（心的）相互作用がどの程度起こっているかなど）を作成する必要があるのではないかと考えられる。

ただ，セラピスト－クライエント間の関係性や（心的）相互作用など，臨床で起こる相互的な事実を実験的にどのように測定することが可能なのかは，今後の催眠療法に対する実験・基礎研究のさらなる発展を待たざるを得ない。

Ⅲ 効果的な催眠療法を行うための技法的な工夫

1．催眠療法における観察とペーシング

《キーワード：「カタレプシー」「体験の仕方の変化」「観察に基づくペーシング」》

次に，効果的な催眠療法を行うための技法的な工夫について述べたい。催眠療法がうまくいくために最も基本的で，しかし，最も重要な技法的工夫は，観察とペーシングの精度を高めることである。催眠療法に限らずあらゆる心理療法において，悩みの内容を語る際のクライエントの表情や態度，行間に秘められたメタメッセージ，等々の観察とそれに基づく的確なペーシングはセラピストにとって必要な技量である。しかし，催眠療法においては，トランス空間という特殊な条件下での観察やペーシングを行うという点で他の心理療法に比してさらなる力量を問われるし，また，工夫も必要となる（高石，2005）。

催眠療法中におけるクライエントのさまざまな変化は，トランスという特殊な意識状態の中で起こる現象であるため，その観察やペーシングには催眠療法特有のものがある。催眠療法における観察やペーシングの"コツ"は，クライエントが催眠状態に入ったことを示す身体反応としてのサインであるカタレプシーを逃さずに観察し，その観察に基づいて，カタレプシーに伴うクライエントの体験をなぞるようにペーシングを行うことである。カタレプシーは，クライエントの「体験の仕方の変化」が今まさに起ころうとする時に現れる現象でもあり，その身体反応にはさまざまな心理的意味が含まれていることが多い。例えば，トランス中にしばしば出現する眼球運動は，クライエントの内面に関係する何らかのイメージがクライエントに自発的に思い浮かべられている時に出現することが多いので，そのタイミングでセラピストが，「今，何か目の前に思い浮かんだことがあれば，思い浮かんだイメージを教えてくれますか？」と教示すると，クライエントは，自分にイメージが思い浮かんだことをセラピストが気付いていることに深い安堵感を得て，そのイメージに没入していくことができていくのである。前項までに何度も強調したセラピスト－クライエント間の共感的な関係性に支えられたトランス空間がクライエントにとっての「守られた空間」として機能し，その条件下で（心的）相互作用が活発に動き始めるのである。

そうした時，そのイメージは単なる観察的・視覚的イメージから，より体験的・体感的イメージへと変化し，結果，クライエントにとっての解決のためのサインや解決の努力の仕方を示すサインとして機能し始めるのである。催眠療法中のクライエントの自発的イメージが問題解決の契機となった具体的な事例は前掲の拙著（松木，2004）を参照されたい。

2．事例を通して催眠療法の観察とペーシングの工夫を見る
①社会不安性障害への催眠療法適用事例を通して見る観察とペーシングの実際
《キーワード：「社会不安性障害の症状」「"不一致感"」「文脈」》

次に，催眠療法中における身体反応としてのカタレプシーの観察とペーシングを通して，クライエントの症状の改善を促進させた事例の一部を紹介する中で，観察とペーシングの"コツ"を具体的に示してみたい。この事例は，出勤途上の電車内で突然の不安発作に襲われ，その後，外出不安を訴えたり，急に喋れなくなったりするなど，社会不安性障害の症状を訴えた男性会社員の事例である。

発症の背景には会社内の人間関係と仕事上の行き詰まりによるストレスが推測されたのだが，催眠療法を開始する前のインテーク面接で，クライエントが語った内容は，「仕事はもともと自分が専門にやってきたことなので好き」「この症状さえなければ仕事は楽しい」，また，「この症状のために欠勤や早退が多く，会社内では周りの社員に迷惑をかけていて申し訳ない」「この症状さえなければ，会社内の人間関係もうまくやっていける」というもので，その「文脈」は，仕事に対する意識も会社内での人間関係に対する意識も否定的なものではなかった。つまり，身体症状と，推測される発症の心理的要因，そして，クライエントが語る「文脈」とには，それぞれにしっくりこない"不一致感"があったのである。

催眠療法では，その"不一致感"が，暗示に対する運動反応として象徴的に示されたため，その"不一致感"の調整をトランス内で図ることだけで，不安軽減に対する特別な技法を用いることもなく，症状の改善が得られ，同時に会社内での人間関係も改善されたという事例である。

このクライエントに対する催眠療法の様子は以下のようなものであった。第1回目の催眠面接での誘導において，「腕下降」暗示に対するクライエントの反応は，右斜め上に挙げた腕が最初，なかなか降りてこず，その内に，カタレプシーを起こし始めて軽く震えながら，"少し降りては引っかかって止まり"，一呼吸置いて動き始めて，再び，"少し降りては引っかかっては止まる"という動

作(体験の仕方)を繰り返していた。そうした催眠誘導反応に対するクライエントの観察を通してセラピストは以下のようなペーシングを行っている。軽いトランス下で,「腕下降」暗示に対して右腕のカタレプシーを起こしているクライエントに向かってセラピストは,

セラピスト(Th):「今,腕が震えながらも少し降りては引っかかって止まり,また動いて,降りながらも引っかかって止まるという動きをしているのは感じられるよね?」
クライエント(Cl):「…(軽く頷きながら)…はい……」
Th:「じゃあ,その止まったり降りたりする腕の感じに少し気持ちを向けてくれるかな?」
Cl:「…(軽く頷きながら)…はい……」
Th:「どう? どんな感じ?」
Cl:「うーん…何ていうか…(少しの間)…いやな感じ……」
Th:「……止まったり降りたりが?……」
Cl:「……はい。(腕はカタレプシーを起こしたまま,小刻みに震え同じ動作を続けている)…(その内に,深呼吸し始めて)…ちょっと息が……」
Th:「……息がしにくい感じ?」
Cl:「はい。……この感じ……」
Th:「……どんな感じ?」
Cl:「…(少しの間)…うーん……話をしようとする時に喉が引っかかる感じと似ているような……引っかかり…(少しの間)…また,少し楽に…(呼吸が少し落ち着きつつある)…」
Th:「……息がしにくくなったり,また楽になったり……」
Cl:「はい。そんな感じです…(少しの間)…腕が少し楽なような…(と,応えつつ腕の方は徐々に降りつつある。それに応じるように,呼吸がさらに楽になりだす)…」
Th:「今,腕はどう?」
Cl:「はい。少し楽になって動きだしました」
Th:「腕が楽に降り出すと,呼吸はどう?」
Cl:「はい。少し楽になって引っかからなくなってきたというか……変な感じです」
Th:「腕が引っかからずに下り始めると,呼吸も引っかからずに楽になる感じ? 腕が,降りては引っかかるのと喉が引っかかるのとが似ているような……?」
Cl:「そうですね」
Th:「じゃあ,この腕が楽に降りる感じを味わうことができるようになれば,呼吸も楽になるかもしれませんね」
Cl:「そうですね…(と,言いつつ腕は自然に膝まで降りて,そのまま閉眼。深いトランス体験)…」
Th:「そう,そのまま目を閉じて楽〜にしましょう。今,味わった,少し変だけど,楽になった感じ,楽にすることができた感じ……自分の体が自然にしてくれた感じ……そんなことを感じながら,ゆっくりと楽に呼吸しながら,少しずつ深〜い,リラックスした感じを味わっていきましょう……」
Cl:「……(Clはゆったりとした感じでトランスを楽しんでいる)」
Th:「……楽に呼吸していること……空気が気持ちよく喉を通っている感じ……そんな感じを味わいましょう……」
Cl:「……(無言で頷きながらトランスを楽しんでいる)」

Th：「……今，あなたは，とっても大切なことに気付くことができたと思います。自分の体の感じを通して，話しにくくなる時の喉の引っかかる感じも感じられたし，それを上手に楽にしていく方法も覚えることができました。この感じは自分でした感じがしないくらい自然にできたことです……でも，あなたの体がしっかりと覚えてくれているのでいつでもどこでも思い出すことはできます。普段，忘れていても，何か緊張するような場面では不思議と思い出すことができます…（間）…じゃあ，そのまま，楽な感じを十分に味わってみて下さい。もう，十分味わえて良いなと思ったら合図をして下さい」（後略）

②トランス中の身体反応と「文脈」の"不一致感"に対する観察とペーシング
《キーワード：「トランス内の身体反応」「相互作用」「身体反応と文脈の不一致感」「不一致感の調整」》

　催眠療法中に示される身体反応と「文脈」との"不一致感"は，クライエントが抱える問題や症状に関わる心理的意味を象徴的に指し示していることが多く，それゆえに，それに対する観察や丁寧なペーシングは治療的に重要な意味を持つと考えられる。

　この事例の場合，症状に伴う身体感覚の違和感が，催眠誘導過程での「腕下降」暗示に対するぎくしゃくした身体反応，例えば，「ぎくしゃくした動き」「体の震え」「引っかかり」「息の通りにくさ」「話しにくさ（吃音）」に象徴的に示されていた。それゆえに，そこから連想されるクライエントの人間関係のあり方は，「ぎくしゃくした人間関係」「緊張」「気持のひっかかり（すっきりしない感じ）」「風通しの悪さ」「息詰まり＝行き詰まる」「自己主張のできない関係」であろうと予測されたにもかかわらず，覚醒時の言語面接中にクライエントから語られた内容は，仕事に対する意識も会社内での人間関係に対する意識も否定的なものではなかった。ここで示された，この"不一致感"に対する観察とペーシングが，この事例では重要な意味を持つのである。

　ここで治療的に扱っていることは，表面上，催眠誘導過程での「腕下降」暗示に対するクライエントのぎくしゃくした動き（身体反応の"不一致感"）の観察とペーシングを通して，その動きと社会不安性障害に伴う過緊張状態での自身の身体反応の"不一致感"とが相互的に関係し合うことを体験的に気付かせていることを行っているように見えるのだが，実際は，覚醒時に語られた症状にまつわるクライエントの「文脈」の"不一致感"をセラピストが的確に捉えて観察を行い，同時に，そのぎくしゃくした動き（身体反応の"不一致感"）を丁寧なペーシングを通してクライエントにフィードバックを行わせ，さらに，その調整を新たなペーシングの中で行っていたのである。それによってクライ

エントは，自身の身体反応の"不一致感"と，社会不安性障害に伴う過緊張状態での自身の身体反応の"不一致感"とが，さらには，仕事上での行き詰まりや会社内での人間関係のストレスという心理的要因とが相互的に関係し合うことに体験的に気付いていったのである。

言葉を換えて言うならば，クライエントの抱える問題や症状に対する「関わり方」「悩み方」（松木，1991），「体験の仕方」の変化が，催眠療法における丁寧な観察とそれに基づくペーシングによって引き起こされたと考えられるのである。この事例は，結局，数回の催眠療法によって症状の改善が得られ予後も良い状態が続いている。

催眠療法中に出現するクライエントの身体反応の"不一致感"は，クライエントの身体症状や内的状態の"不一致感"に関係していることが多く，それゆえに，セラピストの暗示に対するクライエントの反応への的確な観察とペーシングが催眠療法を効果的に行えるかどうかの重要なカギになる。そして，その"不一致感"への気づきとその調整作業そのものが，心理的な意味を包含した心身の調和を図るという催眠療法の基本的な方法論であり，それそのものが催眠療法を効果的に行うための工夫と言えるのである。そして，その考え方の背景には，クライエントが潜在的に持つ自然治癒力や可能性を活かしそれを最大限に活用しようとするリソース志向の臨床観があるのである。

Ⅳ　まとめ

催眠療法における工夫を考えるにあたって，"治療の場"としてのトランス空間を効果的に作り出す工夫を，体験治療論の観点，コミュニケーション論の観点からまとめた。しかし，序文でも述べたように，催眠は心理療法の「打ち出の小槌」と言われながらも，催眠療法そのものの治癒機制については未だに十分な議論がなされているとは言えない。それゆえに，実際の催眠療法で展開されている臨床的事実を単一の理論や技法論だけでは説明しきれない。特に，トランスという空間が"治療の場"として機能した時にクライエントによって示される解決の能力（それは，時によっては多重なメッセージ，多層なメッセージで示されてくるのだが）には，人智を超えた無限の可能性を臨床家として感じさせられることが多い。そうした意味では，催眠療法とは，エリクソンの言う「無意識」の力として「人の奥深くにある知恵を持った自己」（Zeig, K., 1984）が活性化し自己治癒力を高めることをセラピストとクライエントとで行う共同作業なのかもしれない。

文　献

Hilgard, H. (1982) Hypnotic susceptibility and implication for measurement. International Journal of Clinical and Experimental Hypnosis, 39, 394-403.

松木繁（1991）『悩み』の解決と『悩み方』の解決—『悩み方』の解決に焦点を合わせた二つの事例とその考察．心理臨床学研究, 9-2 ; 4-16.

松木繁（2004）催眠療法における"共感性"に関する一考察．催眠学研究, 47-2 ; 6-11.

松木繁（2005）催眠の効果的な臨床適用における治療関係のあり方をめぐって—治療の場としてトランスが機能するための幾つかの条件．臨床催眠学研究, 6-1 ; 22-26.

成瀬悟策（1968）催眠面接法．誠信書房．

成瀬悟策（1992）催眠療法を考える．誠信書房．

成瀬悟策（1993）催眠理論の再構築．催眠学研究, 38-1 ; 1-4.

O'Hanlon, W.H. (1992) Solution-oriented Hypnosis.（宮田敬一監訳（2000）ミルトン・エリクソンの催眠療法入門．金剛出版．）

Rogers, C.R. (1987) Carl R. Rogers, Ph.D—Rogers, Kohut, and Erickson : A personal perspective on some similarities and differences. In : Zeig, J.K. (Ed) : The Evolution of Psychotherapy.（村山正治訳：ロジャース，コフート，エリクソン．In：成瀬悟策監訳（1989）21世紀の心理療法Ⅰ．誠信書房, pp.303-320.

齋藤稔正ほか（1991）特集「変性意識状態」．催眠学研究, 36-2 ; 6-42.

齋藤稔正（1987）催眠法の実際．創元社．

Stern, D.N.（1985）The Interpersonal World of the Infant.（神庭靖子ほか訳（1989）乳児の対人世界・理論編．岩崎学術出版社．）

高石昇（1988）日本催眠医学心理学会第34回大会シンポ「催眠と心理療法—展望と課題」．催眠学研究, 33-1 ; 40-42.

高石昇（1996）成瀬論文「催眠理論の再構築」を読んで．催眠学研究41-1, 2 ; 64-65.

高石昇（2005）催眠はいかなる場面でどのように適用されるか．臨床催眠学研究, 6-1 ; 5-14.

Winnicott, D.W. (1971) Playing And Reality.（橋本雅雄訳（1979）遊ぶことと現実．岩崎学術出版社．）

八巻秀（2000）催眠療法を間主体的現象として考える—事例を通しての検討．催眠学研究, 45-2 ; 1-7.

吉川悟（2001）治療抵抗を催眠現象として見立てることを利用したアプローチ—「催眠療法でないと治らない」と主張した事例．催眠学研究, 46-2 ; 2-7.

Zeig, K. (1980) Teaching Seminar with Milton H. Erickson.（成瀬悟策監訳（1984）ミルトン・エリクソンの心理療法セミナー．星和書店．）

第13章

臨床動作法における工夫

吉川吉美

I　はじめに

　臨床動作法は，成瀬悟策を中心とした催眠研究グループが脳性マヒ児への肢体不自由の動作改善の心理学的アプローチ法として確立した動作訓練法に端を発する。そして，動作訓練と全く同じ方法で自閉・多動の子が落ち着き，コミュニケーションも取りやすくなり，自閉傾向が軽減されるという報告がなされ，対象が脳性マヒを中心とする肢体不自由児から自閉症や多動児まで拡がった。その後，障害児者の訓練としての適用だけでなく精神科領域や心療内科領域，小児科領域，皮膚科領域等で不登校，神経症，パニック障害，心身症，うつ状態，チック，脱毛などに対しての心理療法として適用されるに至り，その適用成果の成績が高いという報告をする臨床家が多く現れはじめるに伴い，適用範囲が拡大していった。そして，一般社会人から高校生，小学生まである肩こり・腰痛などにも動作法を適用し有効であることが分かってきた。また肩関節から肩胛関節にかけての習慣的・慢性的な緊張の結果，四十肩・五十肩といわれる症状を呈していることも分かり，その慢性緊張の処理の仕方を動作法をすることによって解決できて，痛みが軽減することも分かってきた。

　このように健康法として動作法を適用する人が増えてきている。こうした実践研究の発展において，そこに共通に見られる心理的側面を，クライエントにおける生き方の自己処理，自己選択，自己管理，自己変革，自己治療の過程として捉え，そのための適切な援助が成瀬悟策により臨床動作法として体系化さ

れた。筆者は，この臨床動作法を臨床現場で使用する過程で，より効果的な使用方法を目指し取り組んできた。そこでこの書では基本技法を基に臨床現場で数多くのクライエントに適用してゆく過程で工夫してきた臨床現場で役立ついくつかの方法について記述する。その方法に入る前に，成瀬によって体系化された臨床動作法の基本的な考え方の概要から述べることにする。

II　臨床動作法の概要

1．動作について

　成瀬（2000）は動作を「からだの動きは，具体的には身体的，生理的な運動の形をとっているけれど，本来的にみると当人自身の心理的な活動とその実現ないし成果だから心理現象というべきである。ひとがある動きをしようと『意図』して，それを実現しようと『努力』し，その結果『身体運動』が生起するまでの全課程を呼ぶ。それは脳・神経活動から筋骨格活動のすべてを含む身体生理的活動を包含した心理的過程である」と定義している。この考え方は，動作をしている人の体験を中心にして動作を理解していこうとするものである。

2．臨床動作法について

　成瀬は臨床動作法を，「動作を主たる道具とする心理臨床活動」であり，援助する場をセッション場面とするならば，その目的は「治療セッションにおける動作体験を通して，クライエントの日常の生活体験のより望ましい変化を図る心理療法」となると言っている。

3．体験について

　成瀬は，体験は「感じ」であると言い，次のように言っている。「人があることをしようと意図し，それを実現しようと努力している過程のすべては，当人にとって，この場のこの瞬間，自分が今こうしているということを直に感じとっている。これを体験という。そして，いま，ここで，直に感じているという認知活動そのものを『体験する』という。それにはさまざまな体験の仕方ないし様式があるとする」。そして成瀬は，心理臨床における一般的・共通的治療原理として，「体験の原理」を提唱し体験治療論を展開している。広く心理治療の分野でクライエントにアプローチする目的は，クライエントのこれまでの生き方やこれまでの生活で行ってきた体験の仕方に対して，臨床的により望ましい方向に変化をもたらすことを行っているという捉え方である。これはクライエ

ントの日常で，クライエントにとって望ましくない体験様式を変えてゆくのに有効に作用する体験を計画的に援助する立場で機能するのが，セラピストの役割だということである。

4．課題努力法

　成瀬は，心理臨床におけるクライエントの活動は，セラピストから出された課題に対して，それを達成しようと努力し，その努力過程で有効な体験をなしていくことにあるとして，そのための方法を課題努力法と呼んだ。臨床動作法で言えば，クライエントがセラピストから出された動作課題を達成するように努力する過程で，クライエントにとって新しい，より良い体験様式が展開できるように，適切に援助する方法である。この課題努力法の背景には，セラピストがクライエントにとって必要と考える体験を具体的な動作課題としてクライエントに提示する。それをうけてクライエント自身（自己）が自体に能動的に関わる（努力），そのことによってクライエントの自体感が明確になり，また自体が分かり，そして自体に対して操作的にチャレンジを試み，そして自体操作ができるようになり，確かな自己を確立してゆくというプロセスがあるとされている。

　さてこれらの臨床動作法の基礎的理論を背景に，いわゆるストレスが問題となって症状化し問題となり臨床動作法を求めて来談したクライエントがいるという設定で，その展開と工夫について述べる。

Ⅲ　アプローチの流れ

　クライエントに筆者は，臨床動作法の立場から次のようにアプローチする。臨床動作法は，心理学的なアプローチ法であり，自分自身がこれまでの身体の使い方が分かって，そしてさらに望ましい身体の動かし方を知って自分自身で変えてゆく方法です，と伝え臨床動作法に導入する。

1．見立て

　クライエントが主訴としている内容，あるいは症状と，眼前にいるクライエントの身体の使い方，または動き（動作）との関連性で，観察的にクライエントに身体の歪み，あるいは主訴内容の原因と考えられる慢性緊張や不当緊張感を捉える。いわばそれはストレス状況で自己防衛しようとした緊張が慢性化して身体に左右差や歪みが現れていないか，痛みや違和感といった不当緊張感がない

Schema of Body Dynamics

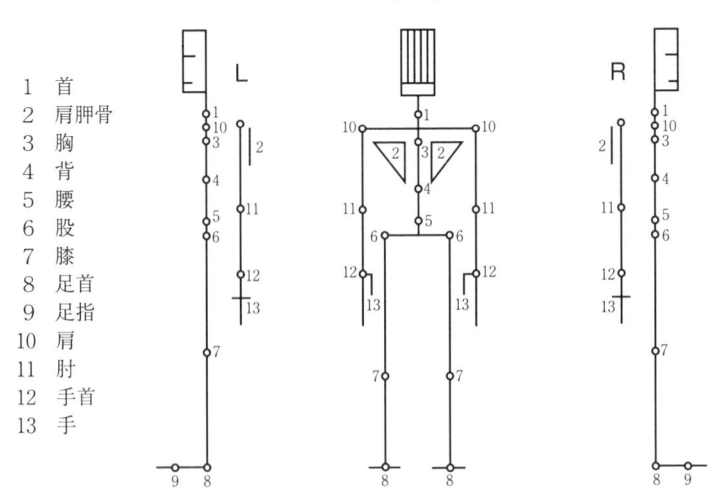

1	首
2	肩胛骨
3	胸
4	背
5	腰
6	股
7	膝
8	足首
9	足指
10	肩
11	肘
12	手首
13	手

図1　Schema of Body Dynamics表

かを確かめる意味合いからである。それは図1の「Schema of Body Dynamics表」を手がかりに進める。

　筆者は,「Schema of Body Dynamics表」をクライエントに説明し,「あなたの問題と関係しているかもしれないので1番から13番まで調べてみましょうか？」と提案しクライエントとともに,身体を調べることから始めるようにしている。こうして見立てを行う。

2．動作課題の設定

　セラピストは見立ての中から解決・達成可能な動作課題を見つけ,クライエントに提示する。そしてクライエントとともに動作課題に取り組むことになる。この時多くのクライエントは,これまでのストレス状況での生活体験として自分自身では対処できなかったという,例えば「いろんな機関に行ったけれどもダメでした」「いろいろと試みたけどダメでした」等の体験をしていることが多い。つまり自己効力感が低下している場合が多い。そこで見立ての中から解決・達成可能な動作課題を見つけ,クライエントに提示することになる。そこにおけるセラピストとクライエントとのやり取りは,一般的に次のように行われる。セラピストは「ここ〈特定部位〉に力を入れてみて下さい」とクライエ

ントに動作課題を提示する。するとクライエントは「こうですか？」と動作課題に対して解決・達成化を試み〈特定部位〉に力を入れる。そこでセラピストはクライエントの努力過程（～する）で，指示した解特定部位に力が入ったと伝わったら，すぐに「そうそう，そうです」とフィードバックする。

3. 動作課題の遂行

　治療者とクライエントは動作課題の解決・達成化に向けてお互いに共同作業を通し努力する。この時，治療者はクライエントの行っているクライエント独自の動作（ある身体部位の緊張の仕方と弛めの仕方など）に細心の注意を向け，たとえ微動作に対しても対応する必要がある。動作課題を提示した時と同様にセラピストは「ここ〈特定部位〉に力を入れてみて下さい」とクライエントに動作課題を提示する。するとクライエントは「こうですか？」と動作課題に対して解決・達成化を試み〈特定部位〉に力を入れる。そこでセラピストはクライエントの努力過程（～する）で，指示した解特定部位に力が入ったと伝わったら，すぐに「そうそう，そうです」とフィードバックするこのやり取りを丁寧に繰り返し行うことでクライエントは「できた」という体験がなされる。そして「できるようになる」という体験に変わり，このことで自己効力感の向上が期待できる。さらに主訴内容に対して自分自身どのようにしていけば良いのかという解決への糸口が見つかり，意欲的に動作課題に取り組むようになる。

　ここではクライエントは，自体への対面の体験，自体操作の体験，自体統制の体験，をする。

4. 動作体験の変化の吟味

　クライエントが動作課題の達成・解決化ができたら，数分前の動作法を行う前に自身の身体に注意を向けさせた時の身体感覚と，今の身体感覚を比較させる。そしてその変化を実感する。

5. 動作体験の変化と日常体験の変化の吟味

　セッション体験を重ねるにしたがい，これまでのクライエントの日常体験していた体験の仕方に変化が現れる。具体的には症状の軽減化や消失が生じたりして，それが日常化する。

　臨床動作法は上記の1.～5.の流れで展開される。そこで筆者の場合，初回セッションで上記の対応を重要視している。またこれまで臨床現場での数多くの

治療的成功ケースを振り返ると，初回セッションでの見立てから課題の提示の段階で治療的に成果が上がるように，アプローチ方法に工夫をしてきている。それは技法上の工夫，技法の組み合わせ上の工夫，展開上の工夫に分けることができる。次に治療的工夫について述べる。

Ⅳ　治療的工夫

1．技法上の工夫

筆者は図1の「Schema of Body Dynamics表」の①～⑬部位のいくつかに工夫したオリジナルな方法を用いている。今回は紙面の関係上，二技法に止める。

（1）①部位へのアプローチで工夫した一方法

クライエントがいわゆるストレスにより心身症的訴えで来所し，見立ての段階で①②③④⑤⑥⑩の躯幹部に慢性緊張が認められた場合，クライエントをまず側臥位に誘導する（図2）。次にセラピストがクライエントの腰を脚でブロックした状態で躯幹を捻るように指示し，セラピストは，クライエントの肩を片方の手でブロックする（図3）。その状態で首を下方方向に回すように指示する（図4）。すると胸鎖乳突筋が浮き出てくるので，セラピストは指で胸鎖乳突筋をポインティングし「ここを弛めて下さい」と課題を提示する。弛められたら肩をブロックしていた手で弛んだ分だけ下方に誘導する（図5）。この動作を2，3回繰り返すと躯幹部の弛み感が得られやすく，クライエントは「身体が軽くなった」，「動くようになった」と報告することが多く，リラックスさせるのに有効なアプローチ法である。また寝違いによる首部位の左右差の違和感は即座に解消されるという利用価値のある方法でもある。

（2）⑩部位へのアプローチで工夫した一方法

クライエントがいわゆるストレスにより肩部位の辛さを訴えてくる場合が多くある。そして見立ての段階で慢性緊張を評価するために，クライエントを仰臥位に誘導し片腕を上方向に挙げるように指示すると，クライエントは腕を上に挙げきることができず途中で止まってしまう（図6）。そこでセラピストはクライエントの肘と手首を持ち，横方向に「肘が床に着くところまで持ってきましょう」ゆっくりと誘導する（図7）。そこでセラピストは肘をブロックし，片方の手でクライエントの手首を持ち前後左右に少し誘導し「もし辛くなったりしたら教えて下さい」と伝える（図8）。そしてクライエントが「はい出てきました」と報告してきたらセラピストはそこで止め，クライエントに対して「その出てきた緊張を弛めて下さい」という動作課題を提示する（図

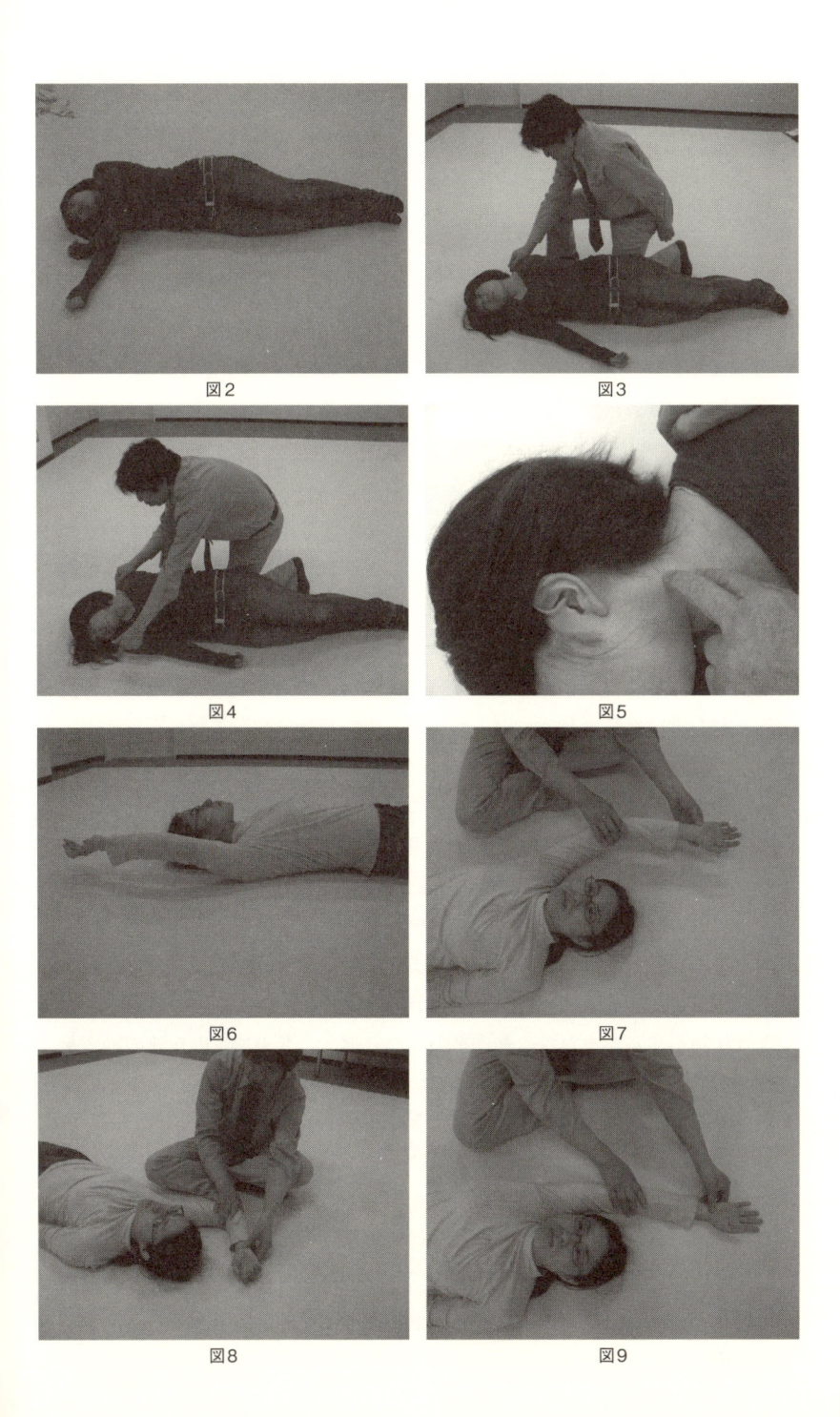

第13章　臨床動作法における工夫

図2

図3

図4

図5

図6

図7

図8

図9

9）。そしてクライエントは弛める努力をして弛められるようになる。その結果，腕がさらに上方向に挙げられるようになる。そして肩周りや胸周りのリラックス感が得られやすいことが多く，肩部位や胸部位などに生じる痛みも減少化することがある。

2．技法の組み合わせ上の工夫

次に技法をいくつか組み合わせた方法について紹介する。

いわゆるストレスで上肢系⑩②⑪⑫⑬に慢性緊張があり，腕や指が重くて，あるいは痛くて，または震えて「〜ができない」と訴えるクライエントに対しては，クライエントを仰臥位に誘導する。そして片方の腕を「くの字」に曲げるように指示する（図10）。そしてセラピストは肘をブロックする。そしてクライエントに対して手を外回しの方向に回すように指示する。そして親指から手首にかけて出現した緊張に対し片方の手で図11のようにクライエントの手首と拇指球辺りをブロックする。そして指を開くように動作課題を提示する（図12）。そして今入れた緊張を抜くように指示する。この動作を数回繰り返す。そして施行後に肩周りを施行前と比べての違いを体験的に吟味させる。またこの時点で明確な左右差が体験されるので，もう一方の肩を行い左右差の是正を行う。

次にセラピストはクライエントの手首を片方の手で図13のようにブロックし，もう一方の手でクライエントの5本の指先全体に当て，指全体でセラピストの手を押し返す方向に緊張するように指示する。そして今入れた力（緊張）を抜くように指示する。またこの動作を数回繰り返す。さらに次に図14のように四本指の第一関節部位を片方の手でブロックし，もう一方の手でクライエントの四本指の下に入れ，指を上に挙げるように指示する。そして挙げたらセラピストの指を押し返すように指示する（図15）。そして今入れた力（緊張）を抜くように指示する。またこの動作を数回繰り返す。さらにこの一連の動作を逆に，図15から図11までを行う。すると腕から手指までがリラックスする。特に手指は軽くなって動かしやすくなったと報告するクライエントが多くいる。

そして施行後に五本の指を開いたり閉じさせたりして，施行前と比べての違いを体験的に吟味させる。またこの時点で明確な左右差が体験されるので，もう一方の手を行い左右差の是正を行う。このアプローチにより，日頃の日常生活においていかに腕や手を緊張させて生活しているかに気づく。またどうすれば良いのかという，解決化の糸口が見つかったりして，書痙を訴えるクライエントの治療には有効な場合が多い。

図10

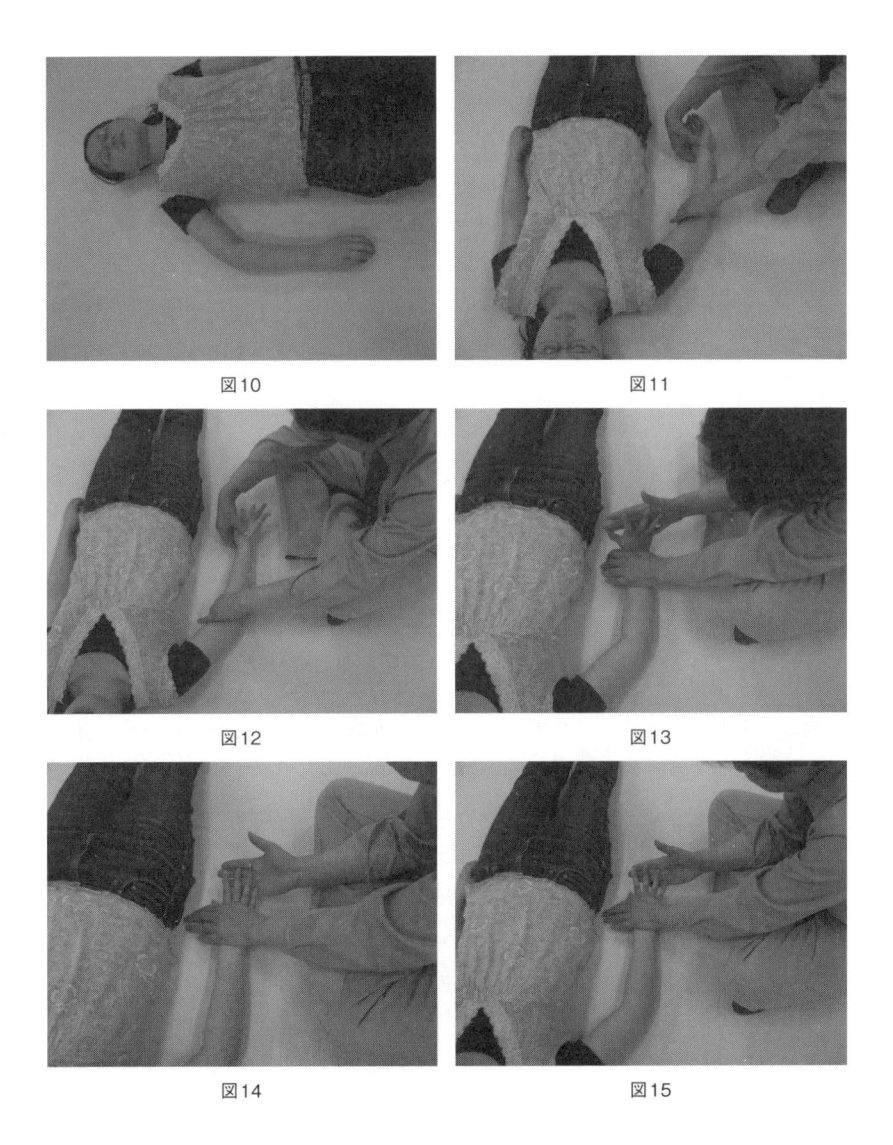

図11

図12

図13

図14

図15

3．展開上の工夫

（1）家族機能の改善を目指した場合

　ケースが来所した場合，子どものことであれば，両親がつれて来たり，妻のことであれば，付添として夫も一緒に来所したりする。そしてインテーク時や初回セッションでの主訴内容に，クライエントの症状に家庭内葛藤や家族病理が関与していることが考えられる時がある。すなわち主訴内容を訴える中で少

なからず家族関係が関与しているのに「この子が問題で，他の家族メンバーは問題ない」とか「他の兄弟は問題ないのに，どうしてこの子は問題をいつも起こすのか」などと認識している場合などである。その場合，治療場面に家族も同席させて臨床動作法を行う場合がある。

　例えば，初来所の面接時，「この子は幼い時から人前に出ると緊張してしまって，息を詰めてしまうのか，喋れなくなるのです．家にいる時はそうでもないのに……臨床動作法で何とかこの子をリラックスさせて人前で緊張しないでいられるようにしていただけないでしょうか」等とセラピストに実情を訴える両親の横で背を丸め，顔を赤らめて，一生懸命訴える両親とセラピストのやり取りをチラチラと横目で様子を窺うクライエント。セラピストが一応両親の訴えを聴き終え，そしてセラピストがクライエントに焦点を当て，話しかけると上半身に力が入り緊張してしまい，呼吸も乱れて，セラピストに答えようとするのだが音声を出しずらくなり一瞬フリーズしたような状況になり，両親も含め3人の視線がクライエントに陥り，両親はその横で「いつもこうなのです」と言わんばかりの表情で見ている。このようなクライエントがいたとしよう。

　このような場合，筆者は，クライエントに「無理しなくてもいいですよ。今ご両親からお聞きしましたので」と言い，「今から臨床動作法を行います。臨床動作法がどのようなものか見てみないと分からないと思いますので，ご両親もご参加下さい」と誘う。そして了解が取れたら臨床動作法が施行できる場所へ誘導し，最初に臨床動作法について10分程度説明し，臨床動作法に導入する。その時「では始めましょうか，まず最初に，お父さん，試しに行ってみましょうか」とクライエントではなく，付添いの人物を前に出し行う。「えっ，私ですか？」と指名された父親も母親もクライエントも意外に思う。クライエントのことで来たのに何故私が？　といった表情になる。そこでクライエントと母親に「今からあなたがすることをお父さんが行うので見ていてください」と言い，父親には「あなたのクライエントに行うことを行ってみますのでご判断下さい」という。そして実際に父親に対して，約7分程度で，①見立てで，②一動作課題を設定し，③その動作課題の遂行を行い，④その動作体験の吟味を行う，までの一連の臨床動作法を施行する。そうすると父親は「こんなに身体がかるくなるのですね」とか「私も日頃こんなに身体を緊張していたのですね」とか「クライエントも私と同じなのですね」などと体験が語られる。そこで，「臨床動作法は自分自身がこれまでの身体の使い方が分かって，そしてさらに望ましい身体の動かし方を知って自分自身で変えてゆく方法です。また自分が体験す

ることで臨床動作法が分かり，家で家族がお互いに行うこともできます」と伝え，全員が臨床動作法を受けることを勧める。合意が得られればセラピストの助手を参加させ，家族全員が一様に臨床動作法を受けることになる。こうして初回のセッションが終了したところで次回以降もこの方法で行きたいことを告げる。

このように，家族葛藤や家族病理が症状に関係していた時，上記のように臨床動作法を用いて家族ダイナミクスの変化を起こさせることにより，クライエントの症状の改善化を目的としたストラテージックアプローチとして行うこともある。これまで摂食障害の家族や身体表現性障害の家族等に試みている。

（2）習慣性夜尿症へのアプローチ

中学生まで持ち越した夜尿症例（数症例であるが）についても，興味深い工夫により治療に成功した方法があるので紹介する。いずれもが長年にわたっていろいろな治療機関で薬物治療や心理治療を試みていたが上手くいかなかった症例である。そうしたクライエントに対し初回面接では，クライエントとセラピストの二人になり，来談理由をクライエント自身から聞きとり，夜尿についてとそれを治したいという気持ちがあることを確認する。次にセラピストは排尿のメカニズムについて説明し，排尿は別に悪いこと，異常なことではないことを確認する。そこでクライエントは，昼間には尿意がありトイレで排尿をして全く問題がないことも確認する。「しかしどういうわけか寝てしまってから，お布団の中で排尿してしまうことだけが問題なんだね」と確認する。そして，臨床動作法に導入する。

まずクライエントを仰臥位に誘導し，セラピストはクライエントの腰を上方向に浮かせ，その浮いた空間にセラピストの足を入れ，クライエントに腰回りやお腹のまわり（Schema of Body Dynamics 表の⑤⑥）の力を抜くように指示する。しばらくしてセラピストはクライエントの腰の下に入れている足を抜き，クライエントにその状態で腰のリラックスしている状態に意識を向けさせ体験させる。このことを数回繰り返す。その後クライエントは仰臥位の状態を保ったまま，セラピストはクライエントの頭の上方に移動し，顔系への臨床動作法に移行する。顔系動作法についての具体的方法については紙面の関係で他の書に譲るが，うまくいけば推定7分位で覚醒水準が下がり，トランス状態に落ちる，または眠りに陥る。そこでこの状態でクライエントの覚醒水準を上げ（目覚めさせ），立たせて今すぐトイレに行って出なくても良いから排尿をしてくるように指示する。そしてトイレから戻った時点で排尿の確認を行う。そして次

回から今行った方法で治療を行うことを告げる。このセッション以後，クライエントからは，寝てからトイレに起きた，とか失敗しない日があった，と報告されることが多くなってゆき，やがては失敗しない日が多くなり，習慣的夜尿状態から脱することができた。

V　おわりに

　心理療法がうまくいく工夫というのは，クライエントにとっての有用性や有効性，効率性といった観点を追求することであろう。そういった観点から臨床動作法における工夫について述べてきた。そこで筆者は工夫ができるようになるには，まず臨床動作法の基本的技法を体得し実戦することにより，眼前のクライエントが主訴内容を語る時にクライエントの姿勢や動作に主訴内容であるこれまでの生活の仕方や動作の仕方が推測されるようになり，治療方針や計画を立てる上で確かな見立てができるようになることだと思う。そのためには，動作的観察眼を養い，技法運用の修練，修熟が必要と考える。そして動作臨床例が多くなれば，いわば動作学的臨床知が鍛えられ，このようなクライエントにはこのような動作技法が，またこういう状況にあるクライエントにはこういった動作技法が有効である，といった工夫をセラピストが基本的技法を基に応用するようになる。さらに動作臨床例が多くなるにつれ疾患別，または問題別に，有効な技法と展開が工夫され，臨床に役立つアプローチ法が見つかってくると筆者は考えている。この章では，筆者のこれまでの臨床動作法実践過程から見つけた工夫した方法の一部を記載した。

文　献

成瀬悟策（2000）動作療法．誠信書房．
鶴光代（2007）臨床動作法．金剛出版．
吉川吉美（2001）心因性肢体不自由．In：講座 臨床動作学2—肢体不自由動作法．学苑社，pp.197-207.
吉川吉美（2003）心身症の事例．In：講座 臨床動作学5—健康・治療動作法．学苑社，pp.229-239.
吉川吉美（2004）臨床動作法の理論・方法実践から．In：より効果的な心理療法を目指して．金剛出版, pp.186-204.
吉川吉美（2004）臨床動作法が伝えるもの．In：無意識を活かす現代心理療法実践と展開．星和書房, pp.229-239.
吉川吉美（2005）臨床動作法．In：臨床心理学入門事典—現代のエスプリ別冊．至文堂, pp.200-201.
吉川吉美（2005）痛みと臨床動作法．臨床心理学 5-4, 486-490.

第14章

TAゲシュタルト療法における工夫

催眠・ブリーフセラピーとの折衷的視点から

中島　央

I　はじめに

　個人的な話で恐縮だが，著者の体験をふりかえってみると，表題にあるTA（交流分析）ゲシュタルト療法（Goulding & Goulding, 1979）は，著者が学生時代に出会った衝撃的な心理療法体験であり，その後のクライエントとの心理臨床活動においても，また個人的な心理的課題の解決においても，大きな影響を与えられている技法ということになる。現在の自分の心理臨床活動の基本は，主としてミルトン・H・エリクソン（以下エリクソン）による催眠やそれから派生したブリーフセラピーの考え方を軸にしているのだが，実際に目の当たりにしたグールディング夫妻の心理療法は，「こんな短時間で人間が変化するのか」というインパクトは相当に強烈であった。著者自身現在では，恥ずかしながらTA——交流分析の全体に関しては臨床活動の中心にしているとは言い難く，そういった不勉強の身にありながら，この方法は，その「切れ味の良さ」，特に過去の出来事にとらわれ感情的に膠着状態にあるクライエントに対する局面打開として，面接の要所で折衷的に時々用いさせてもらっている。

　再決断療法はTAセラピストであるグールディング夫妻によって1970年代に創始された，TA独特の自我状態理論（Stewart & Joines, 1987）と，ゲシュタルト療法（Perls, 1973）のインパス理論を統合した実践であり，具体的には，空の椅子を用いながら「子ども」の自我状態を分離し，その中にある，否定的

な行動のひな型にあたる禁止令――否定的な決断の枠組みを，さまざまな感情の処理を行いながら解消し，新たな決断を行う，という技法で，一回のセッションの中で劇的な認識変化をもたらすことができる，と言われている。この技法はグールディング夫妻の著書（Goulding & Goulding, 1979）によると，「たとえば週末の3日間，1週間，2週間，1カ月という期間中に変化し，この変化をそれ以上の治療なしで，自分自身で実践することを奨励する」ということで，もともと，このような期間のワークショップ・グループを通して実践され設計されてきた技法であり，個人療法にも応用されている。

　再決断療法の全体のプロセスは，約20分間のうちに終了する。治療の焦点を決定する「契約」を結ぶやりとりからスタートし，TAセラピストが「ポジティブストローク」と呼ぶ，コンプリメントや勇気づけを交えた働きかけを行いながら，怒り・哀しみ・不安恐怖・罪悪感・後悔などの否定的感情を，安全な治療環境の中で表出することを促し，先に述べたイムパス状態（感情的に身動きがとれない膠着状態）を再現するのが，その第1段階となる。続いてそこから第2の段階として，セラピストの介入により，現在・最近・幼児期・空想などの組み合わせで，主として空の椅子を用いながら場面設定を行い，「スターはクライエントであり，ドラマは勝利に終わるように細心の注意を払って構成される」再決断のプロセスが実行される。そのあとグループにおいて特に，参加者やセラピストからその再決断に対してポジティブストロークを投げかけ，再決断が強化されるのが仕上げの第3段階となる。以上前出のグールディング夫妻の著書から簡単にそのプロセスをまとめてみたが，典型的なやりとり以外にもさまざまなやりとりがそこには記述されている。また，筆者がワークショップ（1987年に神奈川県佐島で行われたグールディング夫妻ワークショップ）で体験したものも，特に再決断の段階においては，むしろ典型的なものより自由度の高いものが多く，多彩で芸術的な香りがするものだった。その中にはエリクソン風のメタファーや家族彫刻等もあり，夫妻が数十の流派の心理療法ワークショップに出かけ，いいものだけを取り入れ再決断療法を構成してきたという，統合的な視点が色濃く反映されていた。

　一方，リペアレンティングは，同じくTAセラピストであるシフ一派が確立した，寄宿させた統合失調症の患者を乳幼児期まで退行させ，生活の中で通常の発達段階を経ながら，ポジティブで一貫性のある「親」のインプットが行われ，疾患が治癒していくという集中的で強力な治療的関与をさす（Stewart & Joines, 1987）。この方法は再決断療法と同様に自我状態理論を用いながらも，再

決断の「子ども」の自我状態への直接的な働きかけに対し,「親」の自我状態に働きかける方法として, 再決断療法に対照することができる。これにより, 主として自己に影響を与え続けている「批判的な親」を「養育的な親」におきかえることで,「子ども」や「大人」の自我状態をより有効に機能できるようにするということから, グールディング夫妻に近いM・ジェイムスが, セルフ・リペアレンティングという技法を確立している。このセルフ・リペアレンティングと再決断療法は, 相補的な技法として統合的な道を歩んでいて（Goulding & James, 1998), R・グールディングの死後, M・グールディングはM・ジェイムスとコ・セラピストとして活動することもあるようだ。本邦では池田 (2003) の実践が, この統合的な技法をよく表現している。

II 臨床場面での工夫と事例

再決断およびセルフリペアレンティング (以下再決断とひとくくりにする) は, TAという精神分析から派生した理論体系を背景に持ち, 幼いときに形成された禁止令や決断などの要素が折り重なって人生脚本を形づくっているという概念が, この技法のガイドラインとなっている。実際の再決断のプロセスを表現するのに,「人生脚本が書き換えられる」と表現することができるのも, こういった理論構築が前提となっている。

しかしながら, この技法が成立する条件を治療構造の観点から考えてみると, この「書き換え」が約20分間という短時間の間に行われ, その展開がたたみかけるようにスピーディで, かつ動的なものである, という点が重要であると著者は考えている。この技法の展開を支えている, 空の椅子を用いた目まぐるしい自我状態の変換に着目すると, それは決して静的・構造的なものではなく, 多分に動的・機能的なものとなっている。つまり, 再決断のプロセスを表現するのに, セラピストがセオリーに沿って脚本の分析を重ねていくと表現するより, クライエントが空の椅子などで, 親・大人・子どもの自我状態の変化を体験していく中で, その視点の違いによって, 新たな発想や感情を生み出していく, と表現するのが適切なように思う。

したがって実際のセッションの中では, 問題状況に関して, 例えば過去の否定的な決断をした場面の分析に拘泥して, ダイナミズムとなる「今ここ」での自我状態の変換に鈍感になってしまえば, イムパスが深まるのみでいっこうに抑圧を突破できない。むしろ真の「原因」ではなくとも問題状況を象徴する過去の場面を取り出し, メタファーと割り切って自我状態変換のダイナミズムを

維持した方が，うまく状況を突破できるようだ。空の椅子を用いることによって自我状態の変化が促進され，いうならば自我の「解離」がいやおうなしに促進される空間が急速に出来上がっていくことになる。

　筆者がこのやり方を試し始めた当初は，理論にとらわれ，いわゆるこの「ナマモノとしてのリアリティ」をあつかう作業がうまくいかず，失敗を重ねていた記憶がある。やり方に慣れてくるとひととおり「見栄えのいい」セッションになるのだが，結果が伴わない。例えば，クライエントが子どもの自我状態から虐待した父親の椅子に罵声を浴びせ，勢いよく部屋の外にそれを追い出しても，結果的に「何も変わらない」こともあった。そのあとに新しい父親を創造し自分に温かい言葉をかけてもらっても，である。当時は「理論的には正しい（批判的な親を追い出し養育的な親を取り入れる）はずなのになぜ？」と悔しい思いをしていたのだが，今考えるとその時のクライエントは「予定通り」で「こうすべきだという行動」を取っていたにすぎないことがわかる。つまり，セラピーのセッティングがクライエントの思考スピードに比して遅すぎて，織り込み済みの行動を演じてくれただけ，ということが多かったのだ。

　今でも著者はこの技法をマスターしているとは言いがたいが，最近少しはナマモノをあつかっていると意識できるようになった。それは後から催眠やブリーフセラピーを学び，その視点からこの方法を見つめなおした結果だと思う。催眠誘導と同じように，以前よりクライエントをよく観察し「素早く」実行するようになり，ブリーフセラピーの考え方で，セラピー行為をクライエントにより「簡単で」フィットさせるように実践している。これには，著者がエリクソンの手法から，変化を次々に企て連鎖させていく「動的モデル」（中島，2006）という考え方を構築し，前述のようなダイナミズムを維持する試みに注目し再決断を解釈したことも大きく影響している。

　以下に著者が経験した典型的な再決断のプロセスを示してみる。

Ⅲ　事例1

　30代女性。会社員。いろんな局面で自分のしたいことが表現できない，とのことで相談に訪れた。人間関係の悩みからうつ病になり，クリニックで抗うつ剤（SSRI），安定剤などを中等量服用していた。

　以前からの悩みということで，まず，今までの自分の人生の軌跡を振り返って話してもらった。実はこのクライエントは高校のときまで，ある競技の優秀なアスリートで，怪我でそれを断念した，という背景を持っていた。セラピス

トは，クライエントがその時代を振り返り，「食事・男女交際など全てにおいて制限があった」ことにはじまり，「大人の思惑で，思わぬところで進路が決まったり，私は生身の中学生なのに……」「怪我したら生活態度までいろんなことを言われて……」「他の女の子はそんなことを言われないのに……」と語りだすと，どんどん少女のような語尾が上がる語り口になる（＝退行してくる＝子どもの自我状態に移行する）ことに注目し，再決断・セルフリペアレンティングを導入しようと考えた。もう一度問題を確認すると，その後も恋愛などで我慢することが多く，最終的にはその後の20年近く自分が「引いて」問題を解決するというパターンを繰り返していた。以下やりとりの概要を示す。

セラピスト（Th）：人に主導権を取られてしまって未だに取り返せていないんですね。いつも誰かのためにと思ってますか？
クライエント（Cl）：誰のためでしょう……。自分にとって生きがいみたいなものが自分のためではなくて，誰かにつくすことになっていて，自分がすることで相手が返してくれるような……。
Th：もういいでしょう。いい加減取り戻してみてもいいと思いませんか？
Cl：思いますけど……。
Th：まだ取り戻そうと思っていないですよね？
Cl：思えてないですよね……。（インパス状態）
Th：それは，奪われたものだからどっかで返してくれないと，と思っている？
Cl：思ってます，どっかで。
Th：最初に大人たちから楽しい時代を奪われてしまって，その後何となく，この人だったら取り返してくれるのでは，私のプライドを取り返してくれるのではと賭けていたのでは？　それを諦めてからは罪を償っているという感覚ですよね？
Cl：うん（幼い口調で，子どもの自我状態になっている）。
Th：そこから誰かに助け出してもらおうとする感覚？
Cl：うん。取り返せないって，どうしても……。
Th：逆にこれを奪われたのではなくあのとき差し出したんだと考えたらどうなりますか？ 夢があったんですよね，自分の中に。17歳の少女が自分の人生を差し出してる。その子を許していないのでは，憎んでいませんか？
Cl：（考えているようでどんどん「批判的な親」の表情になる）許してないと思います。
Th：あなたの隣にその17歳の女の子が座っているとして，ちょっと見てみて下さい。（Clが）すごく厳しい顔になってますよね。わかりますか？　その顔で見られてどんなになってます？
Cl：（冷たい表情で）萎縮しています。
Th：そんな冷たい目でしか見れませんか？
Cl：（困惑して，また子どもの表情）見れない。
Th：かわいそうだと思いませんか？　その子に向かって「あなたかわいそう」と言ってあげて下さい。
Cl：かわいそうね（泣き崩れる）。
Th：許してあげたらどうですか？

Cl：許します……，許したい。
Th：許したいというより許しますか？
Cl：許します。
Th：しっかり見てあげて許してあげると言ってみて下さい。
Cl：(泣きながら) 許してあげるよ。
Th：だいぶ優しい目になってきましたね（養育的な親が部分的に出現した）。じゃあ，手を取ってあげて自分の中に迎えてあげて下さい。
Cl：(目をつぶって傍らの少女の手を取るようなしぐさをする)
Th：握った手がすーっと軽くなっていきます。軽くなったら目を開けて下さい。

　この後のクライエントの感想として，「うまく言葉で言い表せないけどなんか存在が，それが自分かもしれませんけど，いとおしく思うような気持ちがあります。実はずっと競技を続けたかった」と語ってくれた。その場で，過去に成し遂げたものを新たに認め，今できることを話し合って面接を終了した。
　その後数回の面接を経た後，急速にうつは改善しSSRIは中止した。

　再決断の結果として，自己のとらえかたや状況に対する反応が，感情や感覚を含め短時間で効率よく変化し，それが自覚的／意識的にもはっきり体験されることが特徴的と言える。しかしながら著者の経験では，その変化は，確かに持続するのだが，現実場面とすり合わせた場合にある種の戸惑いを生むことも多い。これはとりもなおさず，再決断が，その結果をフォローするプロセスを必要としているということでもある。このとらえ方に関しては，前出の再決断のプロセスを示したグールディング夫妻の著書でも彼ら自身が，「再決断の後で」という章を設け，「クライエントが終了間近くなると，私たちは，彼に目を閉じて自分の家庭に戻ったところを想像するように言う」と，戸惑いに対処する一種のイメージワークを行うことを述べている。この事例1でも実際には，ここに紹介したプロセスのあと，催眠を用いて，無意識の側面から自己の存在感を強化するなど，数回のフォローアップを経て安定した症状改善を得ている。
　この観点から著者は，変化を過去の問題事象とは別に，すでに起こりつつある／すでに起こっているプロセスととらえる点で，再決断と対照的なアプローチと考えられるソリューションフォーカスト・アプローチ（SFA；De Jong & Berg, 1998）との折衷を考え，実践した（中島，2002）。SFAは，すでに日常の中で起こっている変化に関連する事象（例外：多くは無意識に落ちていることも多い）を積み上げていくことをそのアプローチの根幹としていて，ファンタジーの中での変化をあつかうことも多い再決断とは，相補的な部分を持つ方略

とも言える。SFAも実は相補的なユニットを必要としていて、ファンタジーとしてのミラクルクエスチョンを取り入れている。その効果を、現実を積み上げることでは得ることが困難な、問題が「解決した視点／解決感」を得ることだと考え、ミラクルクエスチョンと同様に再決断を考えてみたのである。ミラクルクエスチョンとの違いということでは、それが未来に一気に視点を移すことで解決した視点を得るのに対し、再決断療法では、あえて過去の出来事に焦点をあてることで、「過去の出来事が変わらない限り変化はない」という固着した視点にもスムーズに対応することが可能になる点で、特徴があるのかもしれない。

さらに現在では著者は、催眠、特にエリクソン派のそれをベースにしてその中で再決断を用いることが多い。この立場からは、再決断と自我状態療法 (Watkins & Watkins, 1991) などの解離を基本にした方略との共通点も見えてくる。しかし、それ以上に、再決断が意識的なやりとりに依っているのに対し、催眠のプロセスが無意識的なリソースの活用に依っている (Zeig, 1987) ことから、相互に補完、というより相乗的な影響が生じることを期待している。

Ⅳ 事例2

20代女性。中学時代から不登校、過敏性腸症候群。父親が精神疾患で、両親は本人が10代の時に離婚。高校を中途退学して以降は、自宅へひきこもっている状態であったが、その後カウンセラーとのカウンセリングで情緒的に安定し、月に数回母親と外出するくらいに回復していた。ただ、「人と話すと緊張しておなかが痛くなる」「ひとりで外出できない」という症状があり、「催眠療法を受けてみたい」との希望で、カウンセラーの紹介で著者を受診した。

初回面接からほぼ1カ月に1度のペースで、催眠を中心とした面接を4回行った。面接の中では、リラクゼーション下での腸の動きのモニターや水晶球による未来への時間投射などを行った。クライエントによると、「腹痛がストレスと関係していると理解できるようになって、大丈夫かもしれないと思えるようになった」という考えの一方で、「改善しているという実感が持てない」状態であった。

5回目の面接で、軽い催眠状態で仕事や将来のことに関する連想を行っていたところ、「母と離れるのが不安」「10代半ばのとき、デパートで母と離れてうろうろしていたら、前振りなくいきなり世界が強烈に回転し出してここにはいられないと思った」「今もトイレなどで逃げ場がなくて不安になる」といった、

広場恐怖の症状とその起点を想起しだした。セラピストがそれを受けて，同様に広場恐怖であったフロイトとその家族の話をメタファーとして話していると，クライエントは，自分の父について，「好き嫌いというより気持ちが分裂している」「小さい頃父が自分を猫っかわいがりしていたが，暖かい思い出ではない」といったことを語りはじめた。以下やりとりの概要を示す。

Th：お父さんからかわいがられていた「子ども」を，心の奥に封印してしまっていて，残りの部分で自分が生きているとしたら，あなたの中の守られているという感覚はどうなると思いますか？
Cl：疎外っていうか。社会と私との間にあるべき膜がない。
Th：誰のために封印しているの？
Cl：母のため。完全に母の味方だった。それで父が嫌いっていうのもどこまでが本当の気持ちかわからなかった。ぐちゃぐちゃで，区別がつかなかった。
Th：実は小さい頃あなたはお父さんにスキンシップをもって包まれていたんですよね。そんな感覚を持ってはいけないと思って押し込めていたとしたら？
Cl：いい思い出がないという感じ。一緒になって封印というか……。
Th：それは辛い部分ですか？
Cl：戸惑う感じですね，慣れない気持ちっていうか……。
Th：あなたを猫っかわいがりしていた父親はもうこの世には存在していないということがわかりますか？ 今いるのは別の人でしょう。あなたにとっての優しい父はどこかにいなくなっている。あなたをかわいがる人はどこにいますか？
Cl：いない。
Th：そうですか？ そうではないかもしれない。
Cl：自分の中にいます。
Th：実際の父親からかわいがってもらうわけではなく，あなたの中に残っている父親からかわいがってもらうことはできる。
Cl：そう思いますね。
Th：（椅子を使って）あなたの横に小さな女の子がいます。2，3歳の女の子が座っていることを想像してみて，そこにお父さんがやってくると，どうすると思います？
Cl：たぶん抱き上げてあやしてくれます。
Th：横（空の椅子）を見てしっかり。どんな顔をしていますか？
Cl：笑っている。
Th：ここで問題です。遠くないところにお母さんがいますが，それを見てどう思っていますか？
Cl：笑ってみています。
Th：あなたは今までどういう想像をしてましたか？
Cl：無表情で眺めていると思っていました。
Th：今までそう思っていなかったのですね。無表情で見ているのは今のあなただけで。どうやって見てあげればいいと思いますか？ 笑って見てあげられないのはなぜでしょう？
Cl：（苦痛の表情で）否定してきたので見るに忍びない。
Th：この子には罪はないでしょう。その子に向かって，「あなたに罪はない」と言ってみて下さい。

Cl：（大きなため息の後ほっとした表情で）あまりに笑顔がまぶしくて。
Th：どうですか？
Cl：（笑いながら）あなたに罪はない。
Th：そして，私にも罪はない，ですよね。
Cl：私にも罪はない。
Th：どうですか，この守られている状況を見て。
Cl：（笑ってみている）石のかたまりがとけた。
Th：そうですね。これはあなたのものですよ。

　どのような感じであったか尋ねると，「満ち足りたような。腑に落ちた感じがする」「父のことを想い出すと気持ちが乾いて殺伐としていて，暖かい感じがわいてこないのが不自然だった」ということであった。
　その後も著者との面接は続いたが，この面接後，クライエントから，抵抗を残してはいるものの何回か1人での外出を試み，父と会っても冷静に話すことができたことが報告された。また，数カ月後には，特にこの面接後ということではなく，全体を振り返って「以前の自分と比較して確かに回復していることを自覚できる」ということが報告されるようになった。

　ここでは，軽い催眠状態の中での再決断の例として，父親に対する「許してはいけない」という感覚が氷解し，かわいがられていた記憶への抵抗がなくなるといった，いわばデ・フレーミング（O'Hanlon, 1987）的な展開を紹介した。さらに帰結として，「腑に落ちた」と表現されているが，やりとりの文脈からも明らかなように，それはこの解決が新奇的・外挿的なものではなく，すでにあったが受け入れられなかった「父にかわいがられていた自分を許す」という基軸が活性化しおこったということである。ちなみに，このプロセスの後の変化は緩和ではあるが安定したものになった。

V　若干の考察──無意識のリソースと再決断

　エリクソン派のセラピストも催眠の中で再決断のような意識的なやりとりを基本とする技法を用いることには関心が高いようで，最近では，S・ランクトンがワークショップ（2007年に大阪大学で行われた日本催眠医学心理学会第53回大会でのランクトン博士ワークショップ）の中で，トランスの中で行うリペアレンティングについて言及していた。他ではヤプコ（2001）の認知行動療法の活用がある。
　無意識へのアプローチは，催眠誘導を例に出すまでもなく，エリクソンのア

プローチがそうであったように，セラピーのプロセスに関して「お膳立てとフォロースルー」(Zeig, 1987) を形成していく作業が主となる。またこの作業の中ではよく，そのダイナミズムとして，時に図らずとも，無意識の中に眠っているリソースとしての，「解決の文脈」が表出される場合がある。しかしながらこの場合，そのダイナミズムは無意識を向いているため，それがアプローチの特徴にもなっているのだが，文脈自体が意識されないことも多い（中島，2006）。ただ事例でも示したように，臨床上ではそれが時として，「抵抗」とは言わないまでも，その文脈が「わかっていても受け入れ難いこと」として体験され，変化への足かせになっている場合が経験される。このようないわば「無意識と意識のねじれ」は，結果的に，案外臨床の幅を狭めているのかもしれない。そういった場合に，再決断などのそのダイナミズムが意識的な体験変化に向かうプロセスは，「抵抗処理」とはまた違った意味で，体験的に解決の文脈が「腑に落ちて」ねじれが解消される，リソースがリソースとして機能するための変化において，ひとつの助けになりうるのではないだろうか。そういった無意識に対して働きかけ，そこで起こったことに，意識での変化が加わり追認されることが極まってくると，セラピスト－クライアント間に「共感的体験としてのトランス」(松木，2003) が生まれるのかもしれない。そういったところが，前述の相乗的効果に対する期待の所以になっている。

　再決断という技法において，それを成立させるための治療構造上のダイナミズムについて，またそれと催眠との折衷，つまり意識的な解決感を伴う変化を生みだす技法と，無意識に働きかけそのリソースを活用する技法とを折衷させることによって生じる効果について，私見を述べさせていただいた。この実践が，読者の皆様の臨床的チャレンジの一助となることを期待しつつ，稿を閉じさせていただきたい。

文　献

De Jong, P. & Berg, I.K. (1998) Interviewing for Solutions. Brooks/Cole Publishing Company.（玉真慎子，住谷祐子訳（1998）解決のための面接技法．金剛出版．）
Erickson, M.H. (1954) Pseudo-orientation in time as a hypnotherapeutic precedure. Journal of Clinical and Experimental Hypnosis, 2 ; 261-283.
Geary, B.B. & Zeig, J.K. (2001) Handbook of Ericksonian Psychotherapy. Tucker & Theisen.
Goulding, M.M., & Goulding, R.L. (1979) Changing Lives Through Redecision Therapy. New York, Brunner/Manzal.（深沢道子訳（1980）自己実現への再決断．星和書店．）
Goulding, M.M. & James, M. (1998) Seif-reparenting and redecision. Transactional Analysis

Journal, 28 ; 16-19.
池田登（2003）トラウマにさよならする時．文芸社．
松木繁（2003）催眠療法における"共感性"に関する一考察．催眠学研究, 47 ; 1-8.
中島央（2002）ソリューションフォーカストアプローチモデルへの再決断療法の統合：事例を通しての考察．ブリーフサイコセラピー研究, 11 ; 59-67.
中島央（2006）サイコセラピーのやりとりを考える：Milton H. Erickson の試みについてのひとつの推理．臨床催眠学, 7 ; 22-28.
O'Hanlon, W.H. (1987) Taproots : Underlying Principles of Milton Erickson's Therapy and Hypnosis. New York, W.W. Norton.（森俊夫ほか訳（1995）ミルトン・エリクソン入門．金剛出版．）
Perls, F.S. (1973) The Gestalt Approach and Eye Witness and Therapy. CA, Science and Behavior Books.（倉戸ヨシヤ監訳（1990）ゲシュタルト療法．ナカニシヤ出版．）
Stewart, I. & Joines, V. (1987) TA Today. Vann Joines.（深沢道子監訳（1991）TA TODAY —最新・交流分析入門．実務教育出版．）
Watkins, J.G. & Watkins, H.H. (1991) Hypnosis and ego state therapy. In : Keller, P.A. & Heyman, S.R. (eds) : Innovations in Clinical Practice: A Source Book. Professional Resource Exchange.
Yapko, M. (2001) Hypnosis in treating symptoms and risk factors of major depression. American Journal of Clinical Hypnosis, 44 ; 97-108.
Zeig, J.K. (1987) Discussion. In : Zeig, J.K. (ed) : The Evolution of Psychotherapy, Brunner/Mazel.（成瀬悟策監訳（1990）ジェフレイ K. ゼイク，Ph.D. による討論．In：21世紀の心理療法Ⅱ．誠信書房, pp.518-524.）

第15章

統合的心理療法における工夫

新保幸洋

I 統合的心理療法を成立させる3つの柱

　ここで述べる統合的心理療法は，村瀬嘉代子氏（大正大学名誉教授・北翔大学大学院教授）がそれまでの臨床経験の中で現実の要請にこたえようと，その都度模索を重ねてきた結果，いわば帰納的に辿り着いた心理療法のスタンスである（村瀬，2003a）。その考え方の根底には，すぐれた心理療法には学派を超えて共通する普遍性があると考え，その部分にこそクライエントの治療的変容を効果的に援助してゆく鍵があるとするものである。その普遍性の獲得が，統合的心理療法の目指し，向かうべき方向性の一つとなっている。

　統合的心理療法は次の3つを柱としているといってよい。

①臨床家として考える軸を徹底してクライエント側におく。
②緻密な観察力に基づいたアセスメントを心がけるとともに，クライエントの状態に即応したプランを立て，それを実行する能力を磨く。
③臨床家としての自らの振る舞いやあり方に常に厳しい眼をむけて省察を重ね，職能的成長および人間的成長を怠らない。

　中でも①は，統合的心理療法の根幹に関わる重要ポイントである。この点に関して伊藤（2007）は，「村瀬の提唱する『統合的アプローチ』が，他の何人かの論者によって提唱されている『統合的心理療法』や『折衷的精神療法』とは，似ているようでいて，本質的に異なっている」と指摘している。そして「『統合』が治療者側における技法や理論の統合ではなく，徹頭徹尾クライエントにとっての必要性からする統合である」と述べ，「さまざまな技法や理論的理解が

適用され，折衷的，統合療法的に見えるとしても，それは結果にすぎない」としている。筆者もその点に賛成である。

Ⅱ　クライエントの側に考える軸を置くことの重要性

　本稿のテーマを考える際にも，上記の指摘は大きな意味を持つ。なぜならば，「心理療法における工夫」について考えよという命題を与えられると，どうしても治療側の視点から物事を捉えがちになってしまうからである。それが嵩じれば，「いかにクライエントを治療者側の思い通りに操作するか」についてその方法を詳細に論じたり，効果の大小を競うという風になりかねない。たとえば，治療者はクライエントに対していかに素直に多くの事実を語ってもらうか，そのためにはどうしたらよいかという視点で議論をしがちではないだろうか。しかし本当は，「クライエントが自分自身と向き合って自然に，そして素直な気持ちで話をしたくなるような治療的状況を作り出すために，治療者としては何を工夫したらよいのか」「そのような気持ちを抱いてもらえる治療者であるためには，何を心がけ，どうしなければいけないかを考える」ことの方がより重要なのである。このように，考える軸を常にクライエントの側に置き，そこから思考を深め実践を行う点が，統合的心理療法の特徴の一つでもあり，肝の部分である。

Ⅲ　クライエントから見た良い治療者の条件とは

　村瀬（1998a）は，「クライエントの側から見た心理療法」の中で特に思春期の相談者が語った良い治療者像についてまとめている。少し長くなるが示唆に富む内容を多く含んでいるので，今回はその要約部分を引用してみよう。

1．相手の話をよく聴き，同じ地平に立つ

　クライエントは治療者が社会的通念や治療者自身の価値観から自由になり，クライエントの内的世界に波長を合わせようとするかどうかを，治療者の話の内容はもちろん，話し方，態度，雰囲気などから直観的，感覚的にとらえているという。また村瀬（1996a）は，思春期・青年期のクライエントたちは望ましい治療者の条件の中で「馬鹿にしないで真剣に聞いてくれること」を筆頭に挙げたことを指摘している。そして，ある少年の「面接が始まっての5分間で相手（治療者）が今日までどんな風に生きてきたのか，ぱっと感じられる」という発言についても取り上げている。非常に示唆に富む言葉だと思われる。

2．具体的な意味ある示唆

知識や経験を身についたものとして持ち，必要に応じて提示することが要望される。アドバイス等はクライエントにとって「役立つものであるかどうか」が重要である。

そして押し付けがましさへの強い嫌悪感を持ちながら，一方で「頼りになる」ことや現実感覚を求めているときには，物事の善悪をはっきり，しかし感情的でなく告げてもらうことを望んでいるという。それは治療者の責任感覚に関わることでもあるとしている。

3．機動性

いざというとき，そのマイナス面に十分留意しながら実際に行動して（「登校につきあう」「環境調整に出向く」等）手助けをすることが求められる。

4．治療者の人柄・人間性

純粋・誠実でありながら一方で明るさやユーモアの感覚を持ち，会うとほっとできたり，自然に話したくなる雰囲気，さまざまな事柄への関心を持っているなどが重要とされる。これらについては形式的な教育訓練や治療経験の量を増すだけでは身につきにくく，専門家としてよりもむしろ一人の人間としての生き方と密接に関連する。

これらのことから「治療者は日常の生活の中でも感受性，関心，問題意識の領域を広げ，深める必要がある」と述べている。

クライエントたちの率直な感想や意見に謙虚に耳を傾け受け止めて吟味してゆけるかどうか。そこにこそ心理療法上の工夫の余地と価値があると考えたい。

Ⅳ　統合的心理療法の特徴と具体的着眼点や工夫

次に統合的心理療法の特質（村瀬，2003b）と関連させながら，具体的工夫について述べてゆこう。なお，事例についてはプライバシー保護のため本質に影響のない範囲で改変したり，紙幅の関係で一部省略等を行っていることをあらかじめご了解いただきたい。

1．治療者の基本姿勢
①人を人として遇すること
　クライエントに対しては治療者として，一人の人間として，「人として遇する」という姿勢を大事にしたい。たとえ対象が幼児や高齢者であったり，重い症状や障害を抱えていたり，触法的行為を行っていたとしても，真摯に向き合い，彼らの存在を尊重する態度で臨みたい。もちろんこれを言うは易く，行うは難しである。しかし，ここをゆるがせないことが臨床の出発点であることは間違いない。

事例A

　筆者はかつて，自分自身の研究と修養を兼ねて，認知症の方が多く入院されている閉鎖型の精神科病棟で学んだ経験がある。そこでは最終的に述べ300人近くの認知症の患者さんの知能検査等を行ったが，重症の患者さんになると知能検査がほとんど0点という方も多数おられた。ある時，医師からの指示によって，患者Aさん（当時90歳）のアルツハイマー型認知症の進行具合を把握する必要に迫られ，ご家族の了解と同伴のもとで簡易型知能検査を実施することになった。Aさんは車椅子に乗って来室された。うつろな表情で，終始何かぶつぶつと言葉にならない言葉をつぶやいておられ，時折お口からは涎も垂れていた。カルテには異食も頻繁にあると記載されており，ご家族の献身的な介護によって，ようやく生活が支えられていることが読み取れた。重度のため心理検査の結果がよくないことは簡単に予想された。実際に検査を行ってみても，筆者からの呼びかけにもほとんど応答はされず，結果も0点であった。検査中，筆者のこころの中では「ご高齢でもあり，かなり進行した認知症でもあるので，高い結果を望めなくても致し方あるまい」というどこか諦めに似た気持ちや「早く仕事（検査）を終えてしまいたい」という意識が芽生えていた。検査はすぐに終わったが，Aさんが退室されようとしたときに，（入室されたときに比べて）表情が硬くて暗いことが少し気になった。1週間後，筆者が行ったテストの結果のフィードバックを受けられるために，ご家族が再度来室され，その場で次のようなことを述べられた。「実はあのテストを受けた後，自宅に戻ったのだが，父（Aさん）の様子がいつになく落ち着きがなく，イライラしたり，大きな声で叫ぶなど，荒れた様子がしばらく続き，家族としては落ち着かせるのが大変だったのです」「おそらく，あの子ども騙しのようなテストで本人のプライドがいたく傷ついたのではないでしょうか。家族としては，できればあのような検査は二度と受けさせたくないのです」とも仰られた。その言葉を伺っ

て，筆者は非常に強い衝撃を受け，反省をした。ご家族にはすぐにお詫びを申し上げた。検査を行わなければならなかったこと自体は，医師からの指示でもあり，おそらくは避けられなかったことであろう。いや，本当はテストをしないという選択を含めてもう一度検討すべきだったかもしれない。しかし，筆者がAさんに対して重い認知症の方だから……と，どこか諦めに似た気持ちをもち，一人の人間あるいは人生の先輩に対する尊敬の念を失っていたことは紛れもない事実であった。ご家族からの率直なフィードバックによって，己の至らなさに改めて気づかされた。ここからはあくまで推測の範囲を出ないが，おそらくAさんはそのような筆者の不遜な態度を敏感に感じとられ，検査中は随分我慢をされていたのであろう。また検査についても，たとえその内容が子ども騙しのようなものであっても，それすらできないのだということを，検査者によって無理やりに直面化させられ，いたくプライドを傷つけられたことと思われる。しかし，言葉が十分に使えず，ご自身のお気持ちをうまく伝えられないAさんだからこそ，ご自宅で「荒れる」という形で不快感を表されたのではないだろうか。そこまでAさんを追い込んで「荒れさせて」しまったことを本当に後悔した。このような関わりから，筆者はたとえ重い認知症の方であり，検査の結果がたとえ0点の状態であっても，人間としてのプライドは最後まで残っているものであること，そのような方々にお会いするからこそこちらも気を引き締めて，人を人として遇し，人生の先輩に対する敬意を失わずに面接に臨むことが，何よりも大切であることを学んだのであった。

②クライエントの潜在的可能性の発見と伸張に努めること

　クライエントを支援する上で重要かつ効果的なことは，彼らの潜在可能性を発見し，それを伸ばしてゆくことである。潜在可能性とは，クライエントが本来有しているはずの資質（リソース）であり，平たく言えばその人の良さ，強みである。しかし，それらが何らかの理由によってうまく花開かず，埋もれてしまっていることはよくある。筆者は，かつて大学院のゼミの中で村瀬嘉代子先生がこのような潜在可能性の発見に努めることを「鉱脈探し（宝探し）」に例えて説明されていたことを覚えている。その意味は，鉱脈であるがゆえに発見は容易ではないが，見つかると嬉しいし，治療上大きな効果が期待できるということである。もし仮に病理を短所と考えれば，潜在可能性とは長所の部分である。長所を大きく伸ばすことによって，短所が見立たなくなったり，症状や問題行動が落ち着いたりすることも間々ある。そこに着目するということは，

実はクライエントの健康性を伸ばし，全体像を捉えることにも繋がる。短所も長所も両方をしっかりと捉えることは，クライエントを多面的にそしてバランスよく捉えることになるからである。潜在可能性の開発と伸長を重視する点は，未来志向的な統合的心理療法の特質をよく表していると思われる。

③着手可能なところから始める

　深刻な問題を抱えているクライエントに出会うと，治療者もその問題の大きさや深さに圧倒されそうになることがある。クライエントの抱える問題が大きければ大きいほど，複雑であれば複雑であるほど，生活状況の中の着手可能なところから始めてゆくという発想が重要となる。「今，ここで私（治療者）ができることは何か。今何をすべきか」「今，ここから未来にむけてクライエント自身ができそうなことは何か」「実際の生活の中で，特に行動のレベルで具体的に工夫することで，（今の状態よりも少しでも）よくなるところはどこか」について，クライエントからよく話を伺い，共に相談しながら，無理のない目標を決めてゆく。着手可能なところから少しずつ行動を積み重ねることによって，クライエントの日常生活に微かなゆとりや潤いが生まれ，それが次の治療への意欲につながってゆくことも少なくない。

事例B

　クライエントは当時大学3年生であったB（男性）。対人関係のことで話を聴いてほしいと来談した。中肉中背。やや陰りのあるやつれた表情で，うつむきながらぽつりぽつりと話を始めた。大学に入学以降親しい友人と呼べる人物がなかなかできず，これまで一人ぼっちでいることが多かったという。なかなか人との距離感が分からず，つい過剰に関わってはうるさがられてしまい，同じ学科の集団からは敬遠されて浮いてしまうのだという。そのようなことがこれまで何度も繰り返され，Bの中にやや諦めにも似た気持ちが芽生えていた。非常に孤立感が強く，自尊心も傷つき，自信喪失状態に陥っていた。時折涙を浮かべながら「自分はこれからもう集団生活にはなじめないのだろうか。将来のことも心配だ」と訴えが続いた。これまでの履歴を聴くと，もともと人付き合いは苦手で，特にグループでの集団行動にはなじめない方だったという。中学・高校ではいじめに合うなどの経験をしてきたこともあり，同年代の学生に対しては，非常に批判的であり，どこか不信感のようなものが強く感じられた。また家の中でも孤立気味で，守りの薄い状態に陥っていることが窺えた。

　唯一，彼の趣味でもあり，自信の拠り所は，中学時代から始めているパソコ

ンであった。これについては年季が入っていて，いささか自信があるとのこと。確かにその方面については，詳しい知識と技術を持っており，友人関係の話をしているときとは打って変わって非常に生き生きとしている姿が対照的であった。当時Bはコンピューターだけが楽しみのため，それに深くはまり込んでしまい，昼夜逆転に近い生活を下宿で送っていた。その結果，ますます対人関係の広がりを持てずに焦りを深めるという悪循環にはまっていた。知的な能力は高く学業面での心配はないものの，彼の孤独感や寂しさは非常に深いものがあり，この状態を解消することは容易なことではないと筆者も思案にくれた。ただ，そのような状態であっても「勇気をふるって相談に来た点，自分自身の状態を正確に見つめ，将来のことまでよく考えている点，現状を何とかしたいという強い気持ちを感じること」などをBに率直に伝えた。当面は自分の悩みを中心に話しながら，進路のことについても一緒に考えてゆこうということで面接が始まった。開始後半年あまりは一進一退の状態が続いたが，あるときBが経済上の必要性からアルバイトをしなければならないという話を持ち出してきた。それを聞いて筆者は，彼の特徴を生かせるよいチャンスになるのではないかと思い「どうせならパソコン教室の講師でもやったらいいのではないか」と薦めてみることにした。当初Bは，あまり乗り気ではなかったが，背に腹はかえられず，パソコン教室の面接に出かけていった。面接はコンピューターに関する知識の確かさと豊富さを買われて合格した。講師の仕事は週1回程度，1回1〜2時間程度から始まった。最初はなかなか慣れないことも多く，トラブルもあったようだが，コツを掴むと欠勤もせずに勤めるようになり，勤務日数や持ち時間も徐々に増えていった。この頃から日常生活のリズムも少しずつ改善しはじめてゆく。B自身は誠実でまじめな人柄であり，かつ世話好き，教え好きの傾向があったことが幸いして，熱心に教えた教室の生徒さんたちからも感謝されることが多くなった。Bにとっては，自分の関わりが他の人の役に立ち，しかも感謝までされるという経験をしたことは，良い意味で衝撃的だったようである。彼が生きてきたそれまでの人生で，人から批判されたり，無視されたりという経験は数多くしてきたものの，人の役に立ち感謝されたという経験はあまりなかったからである。そのような体験をいくつも重ねるうちに，Bも自分自身への深い自信を持てるようになり，生活にもメリハリがついてきた。行動も積極的になり，ひきこもりがちだった生活から，時々一人で旅行にも出かけるようになった。もちろん，Bの人付き合いの下手さが急に改善されたわけではなかったが，以前のように他者に対する過度の批判的態度や恨みがまし

い言動は影を潜めるようになった。その後，Bは無事に大学を卒業した。その後いろいろと紆余曲折はあったが，現在は好きなコンピューター関係の仕事を続け，職場からは知識と経験の豊かさを高く評価されているという。Bなりに満足した生活を送れているとの報告を受けている。

　Bが現実適応能力を増していく上で意味があったと考えられる要点について考えてみよう。

1）Bの得意な領域であるコンピューターに関わる知識や経験を最大限に活用することができた（潜在可能性の開発・伸張）。
2）パソコン教室でのアルバイトを始めたことが，規則的な生活を送ることへと繋がったり，異年齢集団ではあっても対人関係を広げるのに役立った（着手可能な領域からはじめる）。
3）Bも自分でからだを動かし，汗水流して働き，その対価としてお金をもらえたことで，経済的・心理的にも少し安定し，自信も得られた。
4）人に教えるという経験を通じて，人から感謝され，自尊心が回復したと同時に，人に役立つことの嬉しさ，楽しさ，働くことの喜びを見出せた。
5）Bのやや過剰で世話好き，教え好きの傾向が，コンピューターを教えるという文脈の中では「教えることに対する熱心さ」として受講生に認知され，4）の体験に繋がった。
6）アルバイトで得られた自信が，Bの日常生活面の積極性を引き出すことにも波及し，生活圏や行動面での拡がりに結びついていった。

④治療者自身のあり方について，省察を怠らないこと
　この点は，すでに②と③のところで詳しく触れたので，ここでは省略する。

2．事実を大切にしながら緻密で的確な観察を行うこと

　面接の際には，客観的な事実のみならずクライエントの主観的な事実についても大切にする。その中で，治療者には分からない部分を大切に抱えながら，徐々に分かる部分を増やす努力を弛まず続けること。そして分からない状況，不確定な状況に耐えることが求められる。

　心理療法を支える最も基盤となるのはアセスメントである。この中には，眼前のクライエントの状態や治療状況全体に関わるものもあれば，治療者自身のあり方やふるまいに関することまでの全てが含まれており，非常に幅広い。しかし，治療者としてまず行うべきことはクライエントの生活状況ができるだけ（治療者の側にも）明確にイメージできるようになるまで，丹念に観察と質問を重ねてゆくことであろう。しかし漫然と観察や質問を繰り返しても，的確なアセスメントには結びつかない。では，何に注目し，どのような道筋でアセスメ

ントを行えばよいのだろうか。それに関しては，優れた事例から学ぶことが一番よい方法だと考える。是非，村瀬（1995a, 1995b, 1996b, 2003c）などの事例から，考える軸になるものを見つけ，実践に生かしてほしい。

3．技法を用いる場合

技法を用いる場合には，治療者の好みや関心から援用されるのではなく，眼前のクライエントについての的確な理解に基づきながら，彼らのニーズや状態に応じたものが選択される必要がある。その際に，技法のみが治療過程の中で浮き上がらないように心がけることであろう。

治療者が面接で留意すべき事柄について村瀬（2003d）は「面接者として人に会う際には，絵を描く際に，静物画でいえば自分がその静物画の真ん中のモチーフになるような服装や髪型はしない。自分はバックになって，相手がモチーフとして活きるようでありたいので，あまりパッとした花模様とかウインドウペンの柄の服は着ないようにしている。そして相手が抵抗なく自分を表現できるという，そういうことをトータルな条件に入れている」と述べている。このようにまず治療者が面接場面や過程全体を一つのゲシュタルト（全体）として知覚すること。そして，クライエントが「図」として浮かび上がるために，治療者が「地」となって機能するように心がけるという視点はいまだに非常に新鮮である。その考えを援用すれば，クライエント（「図」）のニーズに応じて治療技法の選択と使用がなされることによって，それ自体が浮き上がらずに無理，ムラ，無駄のない自然なもの（「地」）として作用するのだと考えられる。

4．柔軟性・進取性

理論や技法を目前のクライエントの必要性，治療経過の展開，クライエントの発達や変容の状態に合うように，柔軟に組み合わせて用いてゆく。常に新たな知見，理論，技法の習得を怠らない。

たとえば幼児・児童が対象となる場合には，通常大人と比べて言語の発達が未熟なことが多いため，言葉に頼らなくても自己表出，自己表現が行える遊戯療法などを用いることがある。また，絵画を描くことが得意なクライエントに対しては，アセスメントと関係づくりの両方を意図しながらスクイグルなどの方法を用いることもある。どのような理論や技法を用いるかは，治療自身がその都度メリット，デメリットをよく考えた上で判断をし，実施するしかない。例えば，これに関する優れた文献として村瀬（1998b）がある。参照されたい。

5．自己完結性

　心理療法を行うに際して，自己完結性に固執せず，何を目的にどのような方法で進めるかについては，原則としてクライエントと共有しながら進める。

　心理療法がクライエントの心理的問題解決過程を支援する協同的な営みである以上，治療に関する目標を共に考えてゆくことは必須条件である。「この面接で何に取り組みたいですか」「達成したい目標は何ですか」「今，ここで解決したいことは何ですか」「この面接が終わった後に，どんな状態になっていたいですか」などと表現の違いはあるが，まずはクライエントが進みたい方向性や達成したい目標を明確にする作業が求められる。もちろん，答えを得るのに多少時間がかかることはよくあることなので，焦る必要はない。しかし，毎回の面接だけでなく，面接が長期間に渡る場合にも初期，中期，終結期と，定期的にクライエントとよく協議し，方向性の確認と修正を常に怠らないことである。そして目標はあくまでもクライエント自身のものなのであり，治療者のものではないのだという自覚を忘れないようにしたい。治療者がよかれと思う目標を一方的に設定して，それにクライエントを向かわせることは避けたい。そのような関わりは，クライエントの主体性を損なうばかりでなく，現在の状況を改善する意欲を失わせる可能性すらあるからである。

6．チーム，連携

　クライエントの必要性に応じて，チームワーク，治療的連携を大切に考える。必要に応じて，狭義の専門家ばかりでなく，非専門家に対しても，心理治療のネットワークへの参加を求める。

　クライエントの抱えている問題のレベルや領域が大きく深い場合，治療者個人が全てを抱え込んで支援することが無理な場合がある。また多くの専門家の協力を得ることにより，速く，適切に問題解決に至る場合も少なくない。そのためにも「治療的連携」が求められるのである。ただその際には，関わる人が増えれば増えるほど，さまざまな見方や思惑が交差するため，状況の混乱を避けるための工夫が必要になる。責任をもって全体状況を把握し，関係機関との調整を図りながら支援を進めてゆく，そのような中心的役割を担う人物の存在が望まれる。個々の機関がそれぞればらばらに支援をしても，それだけでは全体としての大きな力にはなりえないからである。

事例Ｃ

　クライエントは当時小学校５年生（11歳）の男子Ｃ君。初回面接時には母親

と姉（中学1年生）のみが訪れ，C君は来談しなかった。その後の面接過程においても，C君と直に面接できたのは3回程度であった。初回時の印象は背が低く，顔は青白くか細いからだつきで，硬く緊張している様子が表情から窺えた。言葉も自ら進んで発することはなかったが，こちらの話す言葉には静かに耳を傾け，理解しようとする様子が窺えた。C君が描いた絵には歪みや内面的な崩れも見られず，意外にも健康的な部分を多く有している可能性が考えられた。今は将来の飛躍に備えての「巣篭もりの時期」のようにも思われた。ご家族の話によれば，クラス担任との関係の悪化，持病（耳鼻科系の疾患）の悪化，起立性障害などが重なり，約1年前から不登校状態が始まったという。家では自分の部屋にひきこもり，ほとんど外出もせず，昼夜逆転気味の生活。両親ともに子どもにどう接してよいか分からず，今後の進路も心配なので来談されたとのこと。家族のみの面接を続けるという選択肢もあったが，①不登校の状態が1年近くも続き膠着状態になっていたこと，②家族の混乱と焦りが非常に強かったこと，③うまくすればC君とも会えそうな可能性があること等を考慮にいれ，ご家族とも話し合って，家庭訪問を行うことを決めた。クライエントに対しては事前に治療者の自己紹介，本人のことを心配していること，困ったことがあれば役に立ちたいこと，できれば会って話しをしたいことなどを記した手紙を送ってその反応をみることとした。最初の訪問時にも本人は在宅しており，治療者を見るなり慌てて自分の部屋にひきこもり，盛んに絵を描いて，それをドアの下から渡してくるというような興味深い行動が何回か見られた。家庭訪問の時には家族の不安感の低減やC君への対応方法を中心に話し合いを重ね，親御さんの心理的安定感を高める働きかけを中心に行った。少し間隔をあけつつ約1年近く面接を重ねていったが，徐々にC君の状態にも変化が見られるようになった。昼夜逆転の生活から，午後のやや遅日の時間帯から夕方にかけての短い時間帯ではあったが外出もできるようになった。病院には定期的に通い，体調面も少しずつではあるが回復しはじめていった。筆者らはC君の回復状態を見て，将来の登校に備えるために学校訪問を行うことを決めた。校長先生をはじめ関係する複数の先生方にC君の学校復帰への協力を要請し，受けいれていただいた。担任教師とは密に連絡をとり，C君の家庭での状況やこちらの「見立て」等をお話ししながら，クラスの配布物などを定期的に送り届けてもらうことや，クラスのメンバーからのメッセージを渡すなどして，本人の孤立感を和らげる試みも行っていただいた。また学校復帰に備えて，学力面の補充を行うことも大きな課題となった。C君は長期間に渡る不登校によって学

力面での低下も来たしていたので，筆者の知り合いの大学院生に依頼して，治療的な家庭教師の派遣を試み，メンタル面での支えと学力面での補充を行うことにした。さらにＣ君の回復が進み，学校復帰が目前に迫ってきた時期には，担任教師を介して養護教諭にも協力を求め，保健室登校にむけての準備を始めていただいた。登校までの道のりは決して平坦ではなかったが，家から学校までの登校する距離を徐々に伸ばし，最初は正門の前まで，次には玄関のところまで，その次には保健室まで，そして所属教室の扉の前まで……と少しずつ慣らし運転を行って，最終的には教室で授業を受けられるまでになっていった。その後，Ｃ君は小学校を無事卒業し，中学進学後も元気な学校生活を送っているとのことである。

　Ｃ君の学校復帰に至るプロセスにおいて，大きな意味を持った働きかけとして，①ご家族の深い理解と協力を得ながら進められたこと，②Ｃ君の回復のペースに歩調をあわせつつ，関係者間での連携を密にし，復帰への環境づくりを小まめに行えたこと，③治療者側がマイナス面を考慮しつつ，状況に応じて主体性と機動力を発揮した点を挙げることができるだろう。

7．心理療法を行う場に，治療的精神風土の醸成を心がける

　心理療法を行う際にも，単に面接室内での治療者自身の振る舞いに注意を向けるだけでは不十分であろう。治療に携わる直接的，間接的なスタッフ全員が互いに違う仕事や価値観，背景を持ちながらも，一人のクライエントを共に支えるという同じ目標（ベクトル）に向かって有形，無形の形で協同してゆける治療的な精神的風土を共有することが求められる。そのような治療機関全体が持つ場の力が，実はクライエントの不安定さを支え，治療的な契機を生み出すことに役立つ。クライエントの側からすれば，「あの場所（治療機関）にゆくと，なぜか心がなごんだり，落ち着く」とか「面接者以外のスタッフの何気ない会話から勇気をもらえて元気になった」という発言が自然と生まれるような環境づくりが治療者側に望まれている。そのためには，

①スタッフが治療的精神風土の重要性に関する価値を共有していること。できればスタッフ自身が自身の体験の中で，治療的精神風土によって支えられたり，癒された経験を持っており，その大切さを実感として認識していること。
②クライエントが今どういう状態であり，何のために（目的），どうしたらよいのか（目標と方法）について，ある程度スタッフ間で情報が共有されていること（眼差しの共有）。そのためには定期的なカンファレンスなども役立つであろう。

③異なる立場にある人同士が互いに競争的にならずに，チームワーク（人の和）が取れていること。価値観が異なっても，互いに協同できることを示すことは，クライエントのものの見方の幅を広げ，よき理想モデルの提示にも繋がる。
④スタッフがそれぞれの持ち場で何ができるかを真摯に考え，己の力量に応じて創意工夫を重ね，できることを行ってゆくこと。またその結果についてもオープンに議論しあうなど。
⑤スタッフが予断や偏見に囚われず，よい意味でのバランス感覚をもってクライエントと関われるように世界に対して開かれた態度を持っていること。

V　最後に

本稿では，統合的心理療法の特質に即しながら，臨床上の工夫について述べてきた。

統合的心理療法には特定のマニュアル化された理論や技法はなく，示されているのは基本的な考え方や指針のみである。実際には，不確実な臨床状況に耐えながら「クライエントにとっての最善は何か」を考え抜き，創案工夫を重ねてゆくしかない。治療者には常に質の向上が望まれているのである。

筆者自身はこれまで家族療法，ブリーフサイコセラピー，交流分析，ゲシュタルト療法，NLP（神経言語プログラミング），エリクソン催眠，Tグループ，サイコドラマなどの各種アプローチに強い親和性を感じ，それらに関する教育・訓練を好んで受けてきた。そして1997年以降，大正大学大学院において村瀬嘉代子氏に師事し，統合的心理療法についての学びを重ね今日に至っている。

したがって本稿にも筆者の受けてきた教育・訓練の影響が有形，無形の形で現れているはずである。しかし同じ統合的心理療法を目指していても，人が違えば実践のあり方にも自ずと違いが出るはずである。筆者以外の統合的心理療法の考え方に基づく実践例を多く紹介したものとして村瀬（2007）がある。是非参照して全体像を捉えてほしい。

文　献

伊藤直文（2007）はしがき．In：滝川一廣，伊藤直文編：こころに気づく．日本評論社，p.6.
村瀬嘉代子（1995a）子どもの精神療法における治療的な展開―目標と展開．In：子どもと大人の心の架け橋―心理療法の原則と過程．金剛出版，pp.65-93.
村瀬嘉代子（1995b）さまざまな身体症状を訴えた少女のメタモルフォーゼ―わがうちなる「雪女」に気づくまで．In：子どもと大人の心の架け橋―心理療法の原則と過程．金剛出版，pp.110-127.
村瀬嘉代子（1996a）ピノキオから少年へ―臨床ケースにみる心の成長発達．In：子どもの心に出会うとき―心理療法の背景と技法．金剛出版，pp.91-109.
村瀬嘉代子（1996b）サイコセラピー・カウンセリング・ソーシャルワーク．In：子どもの心に出会うとき―心理療法の背景と技法．金剛出版，p.49.

村瀬嘉代子（1998a）クライエントの側から見た心理療法．In：心理療法のかんどころ―心傷ついた人々の傍らにあって．金剛出版，pp.49-57．
村瀬嘉代子（1998b）治療技法としての描画．In：心理療法のかんどころ―心傷ついた人々の傍らにあって．金剛出版，pp.137-157．
村瀬嘉代子（2003a）統合的心理療法の立場から考える行動療法．In：統合的心理療法の考え方―心理療法の基礎となるもの．金剛出版，p.180．
村瀬嘉代子（2003b）あとがきに代えて―統合的心理療法の考え方．In：統合的心理療法の考え方―心理療法の基礎となるもの．金剛出版，pp.219-221．
村瀬嘉代子（2003c）こころの糧と子ども時代―生きられた時間の体験．In：統合的心理療法の考え方―心理療法の基礎となるもの．金剛出版，pp.69-87．
村瀬嘉代子（2003d）こころの気づきを生み出すもの，育むものとしての「素直」．In：統合的心理療法の考え方―心理療法の基礎となるもの．金剛出版，p.117．
村瀬嘉代子監修，佐藤隆一，廣川進，藤川浩編（2007）統合的心理臨床への招待．ミネルヴァ書房．

あとがき

　これまで心理療法の世界では，いわゆる名人と言われている人がいて，その介入の仕方は神秘のベールに包まれ，面接室から外に出ることはなかったように思います。それゆえ，その独自な心理療法は他の人にはとても学べるものではなく，天性の才能によってなされているという神話が構築されたのでしょう。今でもそのような神話は継続しているかもしれません。後述するように，確かにセラピストの腕前は大切なのですが，それを神秘的なものにしないで，いかに日々磨いていくのかということが心理臨床の教育にとって課題となっています。

　その点で，心理療法の訓練スタイルが一新する時代がやってきました。これは家族療法やブリーフセラピーの貢献であると思います。それまで心理療法をライブで学べることがなかったのですが，家族療法やブリーフセラピーでは，ミラー越しにスーパーバイザーがいて，インターカムを通して面接室にいるセラピストはライブのスーパービジョンを受けることが可能になったのです。また，セラピーチームがセラピストと共に面接室に入り，セラピストと家族との面接をその後ろで観ていて，そのプロセスで感じたことを家族にフィードバックするという面接形態も出ています。いずれにしても，面接は密室で行われるのではなく，オープンにして，チームとしてクライエントや家族とかかわるのです。このような訓練スタイルや面接形態の変化は，ワークショップという実習スタイルを新たに生み出したと思います。1980年代に日本に家族療法が紹介され，それ以後，学会や研修会では，実習を主体にしたワークショップが多くなりました。その影響が他の学会にもおよび，今日では盛んにワークショップという文字の入ったパンフが目に入ります。ただ，ワークショップとパンフに書いてあっても，実質は心理療法の講義や事例検討だけに終始している研修会も多くあります。

　アメリカの心理療法の学会では，著名なセラピストであってもクライエントの同意を得て，ライブの面接を提示してくれるものがあります。そこに参加すると，セラピストの心理臨床の姿勢やコミュニケーションスタイルが手にとるようにわかります。と同時に，たとえ，著名なセラピストであろうと，彼らは聴衆から評価を受けているのです。

　今日，臨床心理士をめざして，大学院で多くの学生が心理療法を学んでいます。彼らに学んでほしいものは何で，いかにして彼らはそれらを学ぶのか，あ

るいは，学べるのであろうか。

　幸い，近年は心理療法の効果の研究が進展していて，私たちは統計を駆使した効果の分析結果を知ることができます。たとえば，ウォンポールド（Bruce E. Wampold）氏の研究では，心理療法の効果はそれを受けていない人と比べて確かにあり，しかもどの学派であれ同様に効果があるのです。彼の分析では，セラピーの効果は，それ自体によるよりもセラピー外の要因，たとえば環境における偶発的な変化によるものが圧倒的に多くなっています。セラピー自体の要因では，理論や技法という特殊な要因よりも，どの学派にも共通する一般的要因の貢献が大きいのです。その一般要因とは，セラピー同盟，セラピーへの忠誠心，期待や希望，セラピストの能力であると言われています。

　心理療法においては，まず，クライエントとセラピストとの人間関係がベースであり，どの学派のセラピーであれ，それが必須なものになります。それゆえ，たとえ，あるセラピストが同じオリエンテーションでもって，同じ症状をもつ異なるクライエントとかかわっても，それぞれのセラピーにおいてクライエントとの関係性に差異があるゆえに，その効果に差異が生じるのでしょう。

　本書では，異なるオリエンテーションをもつ，その代表的な先生方から，心理療法の実践における工夫を述べていただきました。セラピーへの忠誠心とは，セラピーは効果があるという信念です。どの先生も自分のセラピーに対しては，忠誠心に満ちていると思います。また，セラピストの能力とは，まさに腕前であり，セラピーにおける工夫でもあると思います。本書はそのようなセラピーにおける忠誠心と工夫に満ちています。読者のみなさんには学派を超えたセラピーに貢献する共通要因を本書から是非，自ら見出していただきたいと思います。

　とかく，これまではセラピー学派の差異について，とりわけ，ある一つの学派の優越性について論じることが多かったように思います。しかし，セラピー効果のリサーチが示唆するように，どのセラピーも効果があるのですから，その効果に寄与する共通要因に目をやることの方が大いに成果を得るように思います。心理療法をこれから学ぼうと燃えている人，今まさに学んでいる人，さらには，臨床経験を着実に積んできている人にも，是非，本書を一読していただき，心理臨床の実践に役立つ智慧をいくらかでもつかんでいただければ幸いです。

2009年　梅雨があけて
宮田敬一

事項索引

【A】
A-B-Cモデル　100, 102

【C】
CBT（認知行動療法）　84, 85, 87, 90-92, 94, 97, 98, 101, 207
　—家　94
　—における共同的関係　85

【D】
D-Eモデル　100

【P】
PCA（パーソン中心アプローチ）　55
PCT（パーソン中心療法）　54-56, 57
PILテスト　48

【R】
REBT（人生哲学感情心理療法）　100-106
　—が目指す目標　101
　—の13ステップモデル　103, 104
　—の治療関係　102
　—のプロセス　103
REI法（Rational Emotive Imagery）　105

【S】
Schema of Body Dynamics　190, 192, 197
SFA（ソリューションフォーカスト・アプローチ）　204, 205

【T】
TA（交流分析）　199
TAゲシュタルト療法　199

【あ】
曖昧さを受け入れる　23, 24
アセスメント　22, 44, 46, 51, 52, 102, 125, 128, 133, 135, 141-144, 210, 217, 218
焦らずゆっくり待つという態度　75
新しい知識　104, 119
アドラー派　30
アルコール依存症　126
アンカーリング　104, 122
安心して話せること　78
安心で安全な関係の確保　56
「安全感」「安心感」の育成　173

【い】
「居方」の工夫　60
移行コンテクスト　151, 152, 159
　—を構築する工夫　159
意志　19, 42, 43, 47, 49, 50
異質集団　125
依存への配慮　35
インパス状態　200, 203
イメージ　29, 31-37, 47, 59, 70, 77, 85, 104, 105, 110, 115, 119, 125, 126, 129, 162-173, 181, 182, 204, 217
　—と行動　162, 163
　—と前言語的な体験　163
　—の自律性　163, 164
　—の体験　164-166
イメージセッション　165, 167-170, 173
イメージ展開　163, 165, 169
イメージ面接　166
イメージ療法　162, 164, 165
イメージワーク　204
イラショナルビリーフ　100, 102-105, 115, 118
　—を論駁するための工夫　105
因果論　113
インフォームド・コンセント　28

227

【う】

うつ　25, 49, 97, 126, 132, 187, 204, 213, 215
うつ病　98, 125, 126, 131, 202

【え】

エリクソン催眠　175, 179, 222
円環的質問法　142
縁起論　113, 116
エンプティ・チェア　111

【お】

おすすめ介入技法セット　87
お膳立てとフォロースルー　208

【か】

解釈　18, 19, 32-34, 52, 53, 62, 134, 135, 140, 202
　　　―技法　14, 18, 19
　　　　還元的―　32
回避　45, 48, 85, 105, 116, 134
開放集団（open group）　125
解離　202, 205
確実に効果があると判定された技術　84
影　37, 38
　　　―への目配り　37
家系図　144, 145
過食　77, 79-83, 169, 170
過食嘔吐　77, 79, 81-83
家族図　144, 145
家族療法　137-139, 141-148, 222
　　　―におけるアセスメント　141
　　　―の基本的な治療プロセス　146
課題努力法　189
カタレプシー　181-183
家庭内暴力　88
過敏性腸症候群　205
からだの感覚　166, 167
関係形成　61
関係性　19, 20, 86, 158, 164, 167, 176-181
　　　―の構築　158
顔系動作法　197
感情　13-16, 18, 26, 36, 42, 54, 58-60, 67, 70, 75, 87, 92, 96, 100-105, 107, 109, 110, 116-119, 126, 129, 133, 163-165, 173, 179, 200, 201, 204
　　　―を的確に査定するための工夫　104
間接的アプローチ　150

【き】

器質障害　125
機動性　212
「起」の段階　44, 46
希望なき楽観　38
気持ちの対象化　80
逆説志向　45, 50-52
逆転移　18, 23
教育相談　23, 25, 66
教育分析　29, 36
境界性パーソナリティ障害　126
共感　20, 23, 54, 55, 58-61, 66, 70, 72-74, 82, 102, 178, 179, 181, 208
　　　―的な関係性や相互作用　176-178
　　　―的な聴き手　67
共時的な出来事　37
共通の枠　86
共同体制　90
強迫症者　167
強迫性障害　92-94
共鳴　71-74, 82

【く】

具体的な意味ある示唆　212
苦痛がやわらぐ感覚　91
苦悩感の緩和と軽減　173
クライエント
　　　―に教えてもらうためのコツ　73
　　　―のおかれているコンテクスト　151, 159
　　　―の解決能力　179
　　　―の関心　150
　　　―の主体性と安全を守るための工夫　76
　　　―の身体の使い方　189
　　　―の潜在的可能性　214
グループセラピー　124, 127, 130, 133
グループセラピストの観察眼　135
グループ体験　130
グループの終結　130
グレート・マザー　32

【け】

ゲシュタルト療法 199
「結」の段階 45, 49
元型的心理学 33
現実検討力 48, 119
現実的な認知・行動レベルの変化 173

【こ】

構造を守ること 132
肯定的相互作用 72, 82
肯定的な未来コンテクスト 152
行動化 16, 17, 19
行動実験 91, 94, 95
　　―への導入 94
行動リハーサル 121
こころに対する倫理 34
個人の生活史を探るアプローチ 126
個人の尊重 35
コンサルティ 20, 85, 87, 90, 98
　　―としての来談者への対応 20, 21
コンサルテーション 24
コンテクスト 142, 151-153, 158-161, 190
　　移行― 151, 152, 159, 190
コンプレックス 133

【さ】

再決断 199-205, 207, 208
　　―療法 199-201, 205
催眠深度 180
催眠療法 175, 179-182, 184, 185
　　―における観察 181
　　―の効果性 180
　　―の治癒機制 175
作業同盟 14, 15
指し示す（pointing）応答 74
三項随伴モデル 87

【し】

しかけのバリエーション 94
自我状態 199, 201-203, 205
　　―理論 199, 200
自己洞察 14, 18
資質 36, 49, 214

思春期適応障害 125
自然治癒力 185
「実験」を通して動機づけを高めてもらうため
　　の工夫 91
実存哲学 40
「指導しない」という教育法 28
自閉傾向 187
自閉症 23, 60, 187
社会構成主義 137
社会不安性障害 182, 184, 185
　　―の症状 182
シュヴィング的「姿勢」 55-58, 60, 61
習慣性夜尿症 197
集合的無意識 31
羞恥粉砕訓練法 105
宿題 43, 81, 103, 104, 106, 108-112, 120-122
主体性の喚起 152
主体性の再喚起 160
受容体験 126
準備化における工夫 127
ジョイニング 139, 141, 143, 144
「承」の段階 44, 45, 47
神経症 15, 17, 33, 165, 172, 187
心身症 187, 192
心身態 42, 44, 45
人生哲学感情心理療法［REBTを参照］
人生哲学の永続的変化 101
身体反応と文脈の不一致感 184
神秘的現象への慎重な姿勢 37
心理教育 56, 66, 78, 91, 95, 124

【す】

スーパーヴィジョン 23, 29, 37
スクールカウンセラー 26, 88
スクールカウンセリング 21
スケール 110, 155, 156

【せ】

精神病 15, 55, 57-59, 61, 125, 126, 131
精神分析的心理療法 21, 25
　　―の治療的アプローチの特徴 14
世界実現のための技法 65
責任性 119
接触 23, 55-61, 92, 128

一機能 58-61
　　　一反射 58-60
摂食障害 170, 197
セッション以外の日常生活から治療効果を高めるための工夫 106
セラピスト
　　　一との相互作用 69, 71
　　　一のトランス 179
セルフヘルプフォーム 103, 104, 106

【そ】
相互作用 30, 31, 33-35, 38, 69, 71, 72, 76, 78, 82, 89, 138-147, 179-181, 184
　　　家族システムの一 145
　　　一の視点 33
　　　一論 151
　　　創造的一 150
　　　対人的一 77
　　　非治療的一 72, 74
創造価値 43
躁病 126
魂（ソウル）の視点 37
ソーシャライゼーション（socialization） 91
外の情報を内に持ち込まない 23, 25

【た】
体験 188
　　　一価値 43
　　　一治療論 175, 176, 185, 188
　　　一的距離 164, 171
　　　一的傾聴 72-74, 78, 82
　　　一の仕方の変化 176-181
体験過程 59, 71, 74, 77, 82
対人不安 92
態度価値 43, 44, 48, 50
態度変換 45, 46, 48, 50
タイプ論 36
対話的自己洞察法 14, 18
タオ 153, 159
脱毛 158, 159, 187
多動児 187

【ち】
小さな達成感 82
チック 87, 187

着手可能なところ 215
中立性受身的な治療者 14, 17
直面 16, 43, 90, 133, 134, 165, 172, 173
直面化 19, 24, 127, 130, 133, 134, 214
　　　一における工夫 129
治療関係 15-17, 26, 85, 86, 102, 139, 141, 144, 145, 147
　　　一作り 56
治療契約 14-16, 22
治療システム 138, 139, 142-147
治療者
　　　一との共働作業 103
　　　一の影響力 25, 26
　　　一の基本姿勢 213
　　　一の発言 64
　　　一の人柄・人間性 212
治療的精神風土 221
　　　一の醸成 221
治療の連携 219
治療の場 138, 144, 175-179, 185
治療の不易の基盤 57, 61

【て】
デ・フレーミング 207
抵抗 16-18, 22, 26, 90, 134, 151, 166, 207, 208, 218
ディストラクション 151, 160
　　　一過程 151
哲学的理論 40
徹底操作過程 104, 122
転移 14, 16-18, 22, 23, 25, 26, 29, 33, 34
転移抵抗 14, 16
転移分析 17, 29
「転」の段階 45, 47, 48

【と】
投影同一視 18
統合化における工夫 130
統合失調症 55-59, 61, 125, 126, 131, 137, 200
統合的心理療法 210, 222
　　　一を成立させる３つの柱 210
動作 45, 93, 182, 183, 187-192, 194, 196-198
　　　一体験の変化の吟味 191
　　　一的観察眼 198
動作課題
　　　一の遂行 191, 196

―の設定　190
同質集団　124
動的モデル　202
トラウマ　92
トランス
　　―状態　197
　　―内の身体反応　184
　　―の共有　179
トランス空間　175-177, 179-181, 185
　　―を支えるセラピストの治療姿勢　178

【な】

内省　134, 135
内面侵入的な接し方　126
ナマモノとしてのリアリティ　202

【に】

二段階教示　76, 77, 81, 82
日常生活における主体性　152
日常体験の変化の吟味　191
認知行動療法［CBTを参照］
認知症　213, 214
　　アルツハイマー型―　213
認知モデル　87
認知療法　86, 91

【の】

脳性マヒ　187
能動的主体性を喚起する工夫　160
能動的想像　32, 35, 36

【は】

パーソナリティ障害　15
パーソン中心療法［PCTを参照］
曝露反応妨害法　94
曝露療法　93
箱庭　32, 70, 163
　　―療法　32, 37
パニック障害　187
場の雰囲気を読む　135
場面構成　21, 22, 122

【ひ】

ひきこもり　92, 131, 135, 216, 220
人の生きている3つの時間軸　152
描画　32, 70, 163
病態水準　26, 27, 125, 164, 165, 171, 172

【ふ】

不一致感　182, 184, 185
　　―の調整　184
部位へのアプローチ　192
フェルトシフト　71, 76
フェルトセンス　70-76, 82
フォーカシング教示　74-76, 81
フォーカシング指向心理療法　69, 71, 76, 82
フォーカシング心理療法　77
複眼的視点　22
仏教　89, 104, 153, 159
不登校　24, 26, 138, 176, 187, 205, 220
　　―傾向　88
ブリーフセラピー　148, 150-152, 157, 158, 199, 202
　　脱毛の―　157
プリセラピー　55-61, 64, 67
フロイト派　30
文脈　57, 85, 176, 182, 184, 207, 208, 217

【へ】

閉鎖集団（closed group）　125
ペーシング　176, 181-185
　　観察に基づく―　181
変容していく過程　30

【ほ】

防衛機制　17
ポジティブストローク　200

【ま】

マイクロ・プロセス　74
守らないでよい約束　81
間をとる　75, 79
慢性緊張　187, 189, 192, 194
マンダラ　37

事項索引

231

【み】

見立て　75, 79, 85, 100, 189, 190, 192, 196, 198, 220
未来　32, 70, 98, 142, 152, 157-160, 205, 215
未来コンテクスト　152
未来志向　158-160, 215
ミラクルクエスチョン　205

【む】

無意識内容の意識化　14

【め】

明確化　19, 96, 111
命名　70, 80, 137
メタ感情　104, 116, 117
メタファー　114, 150, 156, 200, 201, 206
　―課題　157

【も】

物語　30

【や】

夜尿　197, 198

【ゆ】

ユーザーの利益のための理論・実践　148
ユーモア　52, 105, 132, 212
夢　18, 29, 32, 34-36, 54, 77, 96, 154, 163, 168, 169
夢分析　33
ユンギアン・サイコセラピー　28, 38
ユング
　―との距離　38
　―派心理療法　30, 31, 33, 36
　―派心理臨床　28
　―派の工夫　33

【よ】

抑うつ　46, 47, 49, 50, 126

【ら】

来談者の協力　13
来談者の動機　19
ラショナルビリーフ　100, 102-105, 115, 118

【り】

リソース　158, 159, 205, 207, 208, 214
　―志向の臨床観　185
　―体験を喚起する工夫　158
リフレクション　54, 55, 59, 61, 64-67
リペアレンティング　200, 201, 203, 207
利用アプローチ　150, 151, 179
臨床動作法　187-189, 191, 196-198

【ろ】

ロゴセラピー　40, 41, 52
　―におけるゴール　41
　―における人間観　42
　―の基本理念　41, 42
論駁技法　105, 106

【わ】

枠組みの共有　139-141

人名索引

Achterberg, Jeanne　162
Adler Alfred　33, 40
Beck, Judith S　86, 91, 95
Boulding, Kenneth E　162
Dryden, Windy　103, 104, 106
Ellis, Albert　100, 103, 104, 106
Erickson, Milton H　144, 150, 151, 158, 175, 179, 185, 199, 200, 202, 205, 207, 222
Frankl, Viktor E　40-45, 52
Freud, S　14, 29, 33, 34, 40, 175, 206
Gendlin, Eugene T　69-76, 83
Goulding, Robert L & Goulding, Mary M　199-201, 204
Janet, Pierre　162
Jung, Carl G　29, 30, 32-38
Minuchin, Salvador　139, 144, 147
O'Hanlon, William H　153, 179, 207
Rogers, Carl R　54, 55, 57, 60, 61, 67, 69, 115, 179
Stern, Daniel　180
Schwing, Gertrud　55-58, 60, 61
Watzlawick, Paul　144
Winnicott, Donald W　180
Wolpe, Joseph　84

小此木啓吾　15, 18, 21
河合隼雄　29, 31
成瀬悟策　150, 162-164, 167, 174, 175, 187-189
村瀬嘉代子　60, 210-212, 214, 218, 222

執筆者一覧

第1章　乾　吉佑（奥付に記載）
第2章　名取琢自（京都文教大学）
第3章　吉田香里（仙台ロゴセラピー研究所）
第4章　岡村達也（文教大学人間科学部）
　　　　小林孝雄（文教大学人間科学部）
第5章　日笠摩子（大正大学）
第6章　神村栄一（新潟大学）
第7章　菅沼憲治（聖徳大学大学院）
　　　　佐藤哲康（立正大学学生カウンセリングルーム）
第8章　髙良　聖（明治大学文学部心理社会学科）
第9章　吉川　悟（龍谷大学文学部）
第10章　宮田敬一（奥付に記載）
第11章　福留留美（九州大学学生生活・修学相談室）
第12章　松木　繁（鹿児島大学大学院臨床心理学研究科）
第13章　吉川吉美（いわき明星大学）
第14章　中島　央（熊本県精神保健福祉センター）
第15章　新保幸洋（東邦大学理学部教養科）

編者略歴

乾　吉佑（いぬい　よしすけ）

東京都出身。1966年上智大学理工学部卒業，1969年早稲田大学文学部卒業。1966年慶応義塾大学医学部精神神経科入局。武田病院，明治学院大学学生相談室等を経て，1997年より専修大学文学部心理学科教授，臨床心理士。
主な編著書等：『医療心理学実践の手引き』(2007, 金剛出版, 著)，『遺伝相談と心理臨床』(2005, 金剛出版, 共著)，『心理療法ハンドブック』(2005, 創元社, 編)，『臨床心理士になるには』(2004, ペリカン社, 編)，『精神分析事典』(2002, 岩崎学術出版社, 共著)

宮田敬一（みやた　けいいち）

石川県出身。1973年金沢大学教育学部卒業，1977年九州大学大学院博士課程中退。新潟大学教育人間科学部教授，お茶の水女子大学教授を経て，2005年より大阪大学大学院人間科学研究科教授，臨床心理士。
主な編著書等：『学校臨床のヒント』(2007, 金剛出版, 共著)，『軽度発達障害へのブリーフセラピー』(2006, 金剛出版, 編)，『より効果的な心理療法を目指して』(2004, 金剛出版, 共著)，『産業臨床におけるブリーフセラピー』(2001, 金剛出版, 編)，『ミルトン・エリクソンの催眠療法入門』(2001, 金剛出版, 監訳)

心理療法がうまくいくための工夫

2009年9月15日　印刷
2009年9月30日　発行

編者　乾　吉佑・宮田敬一

発行者　立石正信
発行所　株式会社 金剛出版
〒112-0005　東京都文京区水道1-5-16
電話 03-3815-6661　振替 00120-6-34848
http://www.kongoshuppan.co.jp/

印　刷　平河工業社
製　本　誠製本

ISBN978-4-7724-1090-8 C3011　Printed in Japan　©2009

医療心理学実践の手引き
乾吉佑著 医療現場に力動的心理療法の視点を導入し，よりよい支援の方法が具体的に示されている。医療現場にかかわるすべての人に必読の一冊。3,150円

軽度発達障害へのブリーフセラピー
宮田敬一編 子どもたちの能力を引き出し，変化と解決を喚起するブリーフセラピーの考え方と技法は，すぐにでも実践できる数々のヒントを与える。3,360円

産業臨床におけるブリーフセラピー
宮田敬一編 早くから企業を対象にしたセラピーを行ってきた著者らが，ブリーフセラピーを導入し一層の効果がえられることを事例に基いて詳述。3,570円

ブリーフセラピー入門
宮田敬一編 さまざまな技法を実践の中で活用している代表的な臨床家，研究者が，その基本的な考え方と技法の実際をわかりやすく簡明に解説。3,885円

ミルトン・エリクソンの催眠療法入門
オハンロン，マーチン著 宮田敬一監訳 津川秀夫訳 ミルトン・エリクソンの本質ともいうべき解決志向催眠療法をオハンロンが明解に教授する。3,570円

ロジャーズ辞典
K・チューダー，T・メリー著／岡村達也監訳 ロジャーズの思想とパーソン中心アプローチの全体像を厳選された見出し語と有機的な構成により描き出す。3,780円

解決指向フォーカシング療法
B・ジェイソン著 日笠摩子監訳 フォーカシング指向心理療法に解決指向アプローチ」を統合，時代が求める，短く，そして深いセラピーを提示する。3,570円

フォーカシング指向心理療法（上）体験過程を促す聴き方
E・T・ジェンドリン著 村瀬孝雄他監訳 中核的部分である「体験過程」を，感動的な面接記録を通して示す。3,990円

フォーカシング指向心理療法（下）心理療法の統合のために
E・T・ジェンドリン著 村瀬・池見・日笠訳 さまざまな心理療法に通底し統合する要としての可能性を探る。3,990円

サイコドラマ
E・E・ゴールドマン，D・S・モリソン著 高良聖監訳 多くの事例をもとに，サイコドラマの複雑なプロセスを治療的に解き明かした，実践的入門書。3,150円

セラピーをスリムにする！
吉川悟著 現場主義の著者自らの臨床経験をもとに，効率的で効果的な心理臨床・対人援助法を解説したクリニカル・テキストブック。2,940円

システム論からみた援助組織の協働
吉川悟編 システムズアプローチが有効に機能する人間関係への介入を，組織間の連携に応用する「メタ・アセスメント」をわかりやすく解説。3,780円

臨床心理学
最新の情報と臨床に直結した論文が満載
B5判160頁／年6回（隔月奇数月）発行／定価1,680円／年間購読料10,080円（送料小社負担）

精神療法
わが国唯一の総合的精神療法研究誌
B5判140頁／年6回（隔月偶数月）発行／定価1,890円／年間購読料11,340円（送料小社負担）

（価格は税込（5％）です）